FORTUNÉ DU BOISGOBEY

L'AS DE COEUR

TOME PREMIER

PARIS

E. DENTU, ÉDITEUR

Libraire de la Société des Gens de Lettres

PALAIS-ROYAL, 17-19, GALERIE D'ORLÉANS

L'AS DE CŒUR

I

D. Thiéry et Cⁱᵉ. — Imprimerie de Lagny.

L'AS DE CŒUR

PAR

FORTUNÉ DU BOISGOBEY

TOME PREMIER

PARIS

E. DENTU, ÉDITEUR

LIBRAIRIE DE LA SOCIÉTÉ DES GENS DE LETTRES

PALAIS-ROYAL, 17 ET 19, GALERIE D'ORLÉANS

1875

Tous droits réservés

(C.)

L'AS DE CŒUR

I

Le bal de l'Opéra, qui a pris fin récemment avec la salle incendiée de la rue Le Peletier, était d'institution plus ancienne et plus stable que nos institutions politiques de ces quatre-vingts dernières années. Il avait survécu à cinq rois, à deux empereurs et à deux républiques, car il fut inventé en 1716 par le chevalier de Bouillon.

Ce cadet de grande maison, cherchant à se pousser dans le monde, eut le premier l'idée du double plancher qui élève le parterre au niveau de la scène.

Louis XIV était mort; la Maintenon se cachait à Saint-Cyr sous ses coiffes de veuve de la main gauche. Paris, rassasié de jeûnes et las de pénitences, courait aux amusements avec la fougue d'un écolier qui vient d'échapper enfin à la férule de ses pédagogues. Philippe d'Orléans, maître débonnaire s'il en fut jamais, gouvernait doucement la France émancipée.

La Régence commençait, cette Régence qui, toutes proportions gardées, fut à la sévère monarchie du grand roi ce que fut plus tard le Directoire succédant à la sombre tyrannie du comité de salut public, — une époque de dé· tente universelle et de transition gaie. On avait soif de liberté et de plaisir. De plaisir surtout. On en voulait à tout prix et de toutes sortes ; mais on recherchait de préférence ceux qui rappelaient le moins l'étiquette compassée et les réjouissances solennelles de Versailles.

L'invention de M. de Bouillon était donc un trait de génie, car le bal de l'Opéra semblait créé tout exprès pour rassembler sur le même plancher égalitaire la cour et la ville, la noblesse et la bourgeoisie, les grandes dames et les grisettes. Le Régent, qui menait le branle joyeux des sujets affolés d'un roi encore enfant, le Régent fut si charmé de la trouvaille qu'il récompensa l'heureux chevalier par le don d'une pension de six mille livres.

Cette salle de l'Opéra, édifiée dans une aile du Palais-Royal par le cardinal de Richelieu, qui l'inaugura en y faisant représenter sa tragédie de *Mirame*, illustrée par Molière, qui y joua lui-même plusieurs de ses chefs-d'œuvre, cette superbe salle dérogeait déjà depuis quatre ans à son glorieux passé, lorsque les chercheurs de voluptés faciles y fêtèrent le carnaval de 1720.

Cet hiver-là fut, sans contredit, le plus brillant que Paris eût vu depuis le commencement du nouveau règne. Le système de Law était alors à son apogée ; la banque de ce hardi novateur faisait encore des miracles financiers, et la France roulait, non pas sur l'or, ni sur l'argent, car personne ne voulait plus de ces vils métaux, mais sur les actions de la Compagnie du Mississipi, magiques chiffons de papier qui d'un laquais faisaient, en une heure, un opulent seigneur. La foule était, le jour, à la rue Quincampoix, où se tenait la foire aux millions; c'était raison que, la nuit, elle se ruât au bal de l'Opéra.

Celui qui se donna le 9 février de cette triomphante année avait attiré tout ce que Paris comptait de puissants, de riches et d'amis du plaisir.

La distribution du public, dans la salle, était à peu près la même que de notre temps. Sur le parquet se pressaient des masques en costume de caractère ou de fantaisie, tandis que les loges étaient occupées par des femmes en domino et par des hommes, les uns affublés aussi du domino et masqués, les autres en grand habit et à visage découvert. Seulement, on ne dansait pas. On se contentait de s'intriguer, divertissement qui avait bien son charme en ce lieu où le moindre officier de fortune pouvait faire sa cour aux plus grandes dames du royaume, où l'humble bourgeoise pouvait espérer de captiver monseigneur le Régent lui-même, qui ne dédaignait pas d'y venir très-souvent *incognito*.

Au lieu des fanfares cuivrées, des cris sauvages et des trépignements enragés qui composent à présent l'harmonie d'un bal masqué, il ne sortait de cette foule bigarrée qu'un gazouillement doux accompagné en sourdine par les sons tempérés d'un orchestre discret. On ne hurlait pas, mais on causait, de cette causerie fine et voilée dont le secret s'est perdu en France, depuis que la politique et les machines à vapeur y font tant de bruit. Les intrigues s'y menaient sur un ton si modéré, que ceux qui n'étaient pas eux-mêmes engagés dans quelque galant entretien pouvaient aisément saisir au vol la conversation de leurs voisins.

Cet innocent espionnage semblait être l'occupation favorite de deux cavaliers en domino qui se tenaient, avec une persistance évidemment calculée, à l'entrée de la salle, au pied de la balustrade d'une loge occupée par un couple jaseur.

Nonchalamment accoudée sur l'appui de velours qui la séparait du parterre, une femme ripostait gaiement aux compliments très-vifs d'un jeune seigneur assis derrière elle.

Il était difficile de juger de sa taille et de son visage, car elle était costumée en *chauve-souris*, déguisement fort usité à cette époque et qui se composait tout simplement de la réunion de deux jupons noirs, l'un serré autour de la ceinture, l'autre rabattu sur la tête, de façon à figurer deux ailes par devant et deux cornes par derrière. Avec cet accoutrement et un loup appliqué sur la figure, on avait à peu près la certitude de dérouter les curieux les plus subtils.

Au contraire, le poursuivant de la dame était très-visible, car il n'avait pas pris la précaution de se masquer et il étalait avec satisfaction un riche costume de cour. Grand, bien fait et de haute mine, il paraissait avoir tout au plus vingt-deux ans et pouvait passer pour un fort beau garçon. Il avait le teint rose, les yeux bleus, les dents blanches, le front large et le nez aquilin. Un seul trait déparait ce charmant visage : la mobilité du regard qui passait en un instant de l'expression la plus tendre à la plus irritée.

Il faut ajouter que le ton de la conversation de ce gentilhomme était aussi changeant que ses yeux.

— Madame, disait-il avec une douceur infinie, n'aurez-vous point pitié d'un pauvre étranger qui ne veut con-

naître que vous dans Paris, parce qu'il n'aime que vous,
et qui s'estimerait heureux de donner sa vie en échange
de la permission de vous revoir ?

— Mon cher comte, répondait la chauve-souris en minau-
dant, cessez ce badinage et faites-moi la grâce de quitter la
place. J'attends M. le duc d'Orléans, et, s'il vous trouvait
dans ma loge...

— S'il me trouvait ici, je n'en sortirais pas, interrom-
pait le jeune homme avec colère. Je suis d'aussi bonne
maison que lui, et je le lui ferais bien voir.

L'entretien continua avec les mêmes alternatives de
prières amoureuses et de déclarations fières. Les deux cavaliers placés sous la loge n'en perdaient pas un mot et,
de temps en temps, ils se poussaient le coude, comme
pour maintenir en haleine l'attention qu'ils prêtaient à ces
propos décousus. Bientôt, le plus grand des deux se pencha
à l'oreille de son compagnon et lui dit tout bas :

— Maintenant, je sais à qui nous avons affaire.

— La chauve-souris est la marquise de Parabère, n'est-ce
pas ? répondit l'autre sur le même ton.

— Oui, et son galant s'appelle le comte de Horn.

— Quoi ! le fils du vieux prince de Horn qui fut fait prisonnier à la bataille de Ramillies et que j'ai vu jadis à
Bruxelles ?

— Le fils cadet. Il était officier dans les troupes autri-
chiennes ; il vient d'être réformé.

— Et il courtise la Parabère. Pardieu ! voilà qui pourra
nous servir.

— C'est mon avis. Mais avez-vous entendu que Philippe
doit venir ?

— J'y compte bien.

— Et moi aussi, car j'ai donné mes ordres en conséquence. Tous nos hommes sont sur pied, de façon que, s'il se présentait cette nuit une occasion d'enlever M. le Régent, nous serions en mesure d'en profiter.

— Hum ! je crains fort que vous les ayez dérangés pour rien. Philippe ne pense guère à se garder ; mais ce furet de Dubois et ce vieux renard de d'Argenson ne le quittent pas plus que leur ombre. La salle doit être remplie de leurs espions.

— Cela se peut ; heureusement nos gens sont de force à déjouer leur surveillance. A tout hasard, j'ai fait préparer le carrosse et les relais jusqu'à la frontière.

— Bonne précaution. A propos de d'Argenson et de sa police, La Valeur s'est-il enfin débarrassé de ce misérable exempt qui rôdé autour de nous depuis un mois ?

— Pas encore ; mais il m'a dit qu'il espérait en finir avec lui aujourd'hui même.

— Ainsi soit-il, colonel ; car je ne sais pourquoi je suis persuadé que ce coquin nous jouerait un mauvais tour.

— Soyez tranquille, chevalier ; notre brave La Valeur se chargera d'y mettre ordre. En attendant, écoutons un peu ce qu'on dit là-haut.

La conversation cessa, et les deux dominos prêtèrent de nouveau une oreille attentive aux doux propos qui s'échangeaient dans la loge, mais, cette fois, ils en furent pour leur frais d'espionnage. Le comte de Horn avait fait des progrès dans le siége du cœur de la marquise, et il parlait maintenant de si près à la maîtresse favorite du Régent qu'il n'était plus possible d'entendre un seul mot de ses discours passionnés.

— La peste soit de ce jeune fou et de cette coquette ! dit à demi-voix le plus petit des écouteurs masqués.

— Silence ! souffla son compagnon en lui serrant le bras.

La porte de la loge s'ouvre. Si c'est Philippe qui arrive, nous allons assister à un spectacle intéressant, et ensuite... ensuite nos amis se promènent dans les corridors et il y aura peut-être du nouveau cette nuit.

La porte de la loge venait en effet de s'ouvrir pour laisser entrer un domino masculin et deux seigneurs superbement vêtus, l'un grand, maigre et brun, l'autre plus petit, plus gras et plus blême. Les masques, plantés au pied de la balustrade, s'étaient retournés vivement et regardaient de tous leurs yeux. Madame de Parabère tressaillit et s'éloigna aussitôt du comte qui la serrait de fort près, mais celui-ci ne daigna même pas lever la tête et continua son manége galant sans s'occuper des nouveaux venus.

— Bonsoir, marquise, s'écria le domino qui était entré le premier; il me paraît que vous vous ennuyez bien fort de ne pas me voir, puisque vous avez appelé monsieur pour vous faire compagnie.

Cela dit d'un ton leste et enjoué, il s'assit sur un fauteuil placé derrière la chauve-souris, qui paraissait fort troublée. Les deux gentilshommes de la suite restèrent debout au fond de la loge et échangèrent un regard ironique.

— Monseigneur, balbutia madame de Parabère, il n'y a en tout ceci qu'un malentendu, et je vous jure...

— Ne jurez point, marquise. C'est bon pour ce cuistre de Dubois de jurer. Apprenez-moi plutôt qui est monsieur.

— C'est moi qui vais vous l'apprendre, dit le jeune homme en se redressant fièrement. Je m'appelle Antoine-Joseph, comte de Horn, et je suis de maison souveraine.

— Moi aussi, pardieu! riposta le domino en éclatant de

rire. Marquise, je vous fait mon compliment. Quand vous me choisissez un suppléant, du moins vous ne dérogez pas, car, si je n'ai pas trop oublié ma généalogie, il me semble que monsieur est mon parent. Vos bontés ne sortent pas de notre famille. C'est à merveille, et je veux...

— Trêve de persifflages, monsieur, interrompit le comte. Madame la marquise de Parabère est sous ma protection, et je ne souffrirai pas qu'on l'insulte en ma présence.

— Je crois, monsieur, que c'est plutôt vous qui êtes le protégé de la marquise, puisque je vous trouve dans sa loge, répondit le masque avec un flegme imperturbable.

Ce sang-froid acheva d'exaspérer M. de Horn, qui se leva furieux. A ce moment le seigneur maigre et brun s'avança et lui dit d'un air railleur :

— Jeune homme, vous ignorez sans doute que c'est M. le duc d'Orléans qui vous fait l'honneur de vous parler.

— Que le diable t'emporte ! Canillac, s'écria le Régent; avec ta fureur de me nommer à tout propos, il n'y a pas moyen de garder un instant l'incognito, et voilà tout mon plaisir gâté pour cette nuit.

Le comte de Horn avait fait un mouvement plutôt de colère que de surprise en entendant décliner le titre de son heureux et puissant rival, mais il ne paraissait nullement disposé à lui céder la place.

Il y eut un moment de silence embarrassant, surtout pour madame de Parabère, qui se repentait amèrement de ne pas avoir renvoyé plus vite son jeune et trop irascible adorateur. Le duc d'Orléans, toujours calme, regardait avec curiosité cet impétueux enfant d'une race héroïque, à laquelle la sienne était alliée, et la bouillante audace de M. de Horn ne semblait pas trop lui déplaire.

—Que dis-tu de l'aventure, Nocé? demanda le marquis de Canillac à l'autre gentilhomme de la suite.

— Je dis que la jeunesse est une belle chose; mais qu'on l'élève bien mal en Flandre, répondit brusquement M. de Nocé.

Le comte de Horn se retourna aussitôt contre le courtisan malavisé qui se permettait de lui donner une leçon, et l'affaire allait prendre une fàcheuse tournure, quand le Régent jugea à propos de couper court à cette scène.

— Monsieur, dit-il en s'adressant au jeune homme, si, depuis votre arrivée à Paris, vous aviez pris la peine de vous faire présenter à Sa Majesté et à moi, je ne ferais aucune difficulté de vous offrir une place dans cette loge, car votre maison est une des premières de l'Europe. Mais, par votre faute, je ne vous connais point et vous trouverez bon qu'au nom de madame la marquise de Parabère qui est ici chez elle, je vous prie de sortir.

Le comte pâlit et fit le geste de chercher la garde de son épée, mais ses yeux rencontrèrent ceux de la marquise qui brillaient sous le masque, et qui lui lançaient des regards suppliants. Il se contint et se dirigea lentement vers la porte.

— Monsieur, s'écria-t-il, j'obéis à madame la marquise, mais sachez que si un de vos ancêtres s'était rencontré avec un des miens dans la situation où nous nous trouvons en ce moment vous et moi, il ne lui aurait pas dit : « Sortez! »

— Vraiment! ricana Nocé, et que lui aurait-il donc dit à votre ancêtre ?

— Il lui aurait dit : Sortons! répliqua le comte de Horn.

1.

Et, après avoir lancé en guise d'adieu ce défi hautain, il ouvrit la porte de la loge et disparut.

Les deux masques, restés aux écoutes dans le parterre, avaient observé cette scène avec un vif intérêt. Elle n'eut pas plus tôt pris fin que le plus grand souffla à son compagnon :

— Voilà un cavalier qui, décidément, serait pour nous une excellente recrue et il faut que je lui parle sur-le-champ. Restez ici, chevalier, et n'en bougez que je ne revienne.

Ayant dit, il se perdit dans la foule et l'autre se remit à observer ce qui se passait dans la loge. On y riait à gorge déployée.

— Quel est cet enragé, monseigneur? demandait Canillac.

— Informe-toi de cela auprès de la marquise, répondait le Régent.

— Monseigneur, je proteste que j'ai vu ce jeune étourdi pour la première fois ce soir.

— Bon! bon! marquise, vous savez que je ne suis pas jaloux. Et puis, il est charmant, cet enragé, cet étourdi. Quel air! quel feu! en le regardant tout à l'heure, je me revoyais quand j'avais son âge, et il a tenu à rien que je lui fisse l'honneur d'échanger un coup d'épée avec lui sous un réverbère.

— Y pensez-vous, monseigneur! s'écria la marquise.

— Pourquoi pas? ce petit divertissement m'aurait rajeuni de quinze ans, et sans ce damné Canillac qui s'est avisé de me donner du « monseigneur le Régent », je m'en serais passé la fantaisie. Enfin! on ne gouverne pas l'État pour son plaisir, ajouta Philippe en soupirant.

— Ce qui doit vous consoler, monseigneur, c'est que vous

avez fait vos preuves en Espagne, en Italie et ailleurs.

— Oui, oui. C'était le bon temps, et il n'y a pas de jour où je ne le regrette.

—Monseigneur, vous n'êtes guère galant, dit la marquise; mais est-il vrai que ce jeune homme soit votre parent?

— Tout ce qu'il y a de plus vrai; il l'est par ma mère, la princesse Palatine. C'est un cadet de cette grande maison de Horn qui fut souveraine dans les Pays-Bas dès le onzième siècle. On m'a dit qu'il était ici depuis un mois et qu'il y voyait assez mauvaise compagnie. Ce n'est point là un cas pendable, quoique Dubois prétende qu'il a de mauvais desseins et qu'il le faut surveiller. Mais, à propos de Dubois, ne serait-ce point lui qui se trémousse là-bas sous ce domino couleur puce et qui nous fait des signes désespérés?

En effet, dans le parterre, à quelques pas de la loge, un petit homme ridiculement affublé d'un capuchon et d'une simarre beaucoup trop larges pour sa grêle personne, se démenait de son mieux pour percer les groupes.

— Je gagerais mon marquisat contre tous les bénéfices qu'il vous a extorqués que c'est Dubois lui-même, dit Canillac.

— Il n'y a que lui pour avoir cette allure tortueuse, ajouta Nocé. Voyez-le se glisser au milieu des masques, comme une fouine à travers les barreaux d'un poulailler.

— Que peut-il me vouloir ? murmura le Régent.

Il le sut bientôt, car le domino puce, à force de se courber et de s'insinuer, finit par arriver sous la loge, et se dressant sur la pointe des pieds, tendit à bout de bras un papier plié que la marquise daigna prendre de ses jolis doigts pour le remettre ensuite au prince. Philippe l'ouvrit, y jeta un coup d'œil et haussa les épaules en grommelant:

— Toujours la même folie! il prétend qu'on veut m'enlever cette nuit et il m'avertit de me garder. Marquise, criez-lui donc qu'il me laisse en repos et qu'il s'en aille au diable.

— C'est fait, monseigneur, dit madame de Parabère. Il court comme si l'enfer était à ses trousses, et il est déjà loin.

— Bon voyage! A demain les affaires sérieuses et tâchons de nous amuser un peu. Mais qu'est-ce donc là-bas? On se pousse, on crie. Est-ce que notre jeune coq de Flandre ferait encore des siennes ?

— Non, non. Ce sont des masques grotesques qui causent tout ce tumulte.

— Oh! oh! il faut voir cela, dit le duc en avançant son fauteuil à côté de celui de madame de Parabère, et en se penchant sur le rebord de la loge.

En effet, un cortége carnavalesque faisait son entrée dans la salle et fendait la foule, qui l'accompagnait de ses rires et de ses cris. Cette bande joyeuse se composait de quatre individus masqués, travestis en médecins et en apothicaires et portant, avec une gravité risible, un brancard sur lequel était étendu un homme dont le corps et le visage disparaissaient entièrement sous un grand drap noir. Ils se dirigeaient précisément vers la loge de la marquise et s'avançaient à pas comptés, comme il convient à des membres de la docte Faculté.

— Voilà des gens qui ont vu jouer Molière, dit Canillac. On dirait des matassins de M. de Pourceaugnac.

— La mascarade me semble un peu bien lugubre, murmura le Régent.

Cependant les quatre porteurs comiques déposèrent le brancard et le prétendu malade à quelques pas de la balustrade où s'appuyaient madame de Parabère et M. le duc d'Orléans.

La foule qui s'était écartée pour les laisser donner leur parade, s'attendait à quelque spectacle récréatif. En effet, les faux médecins et les faux apothicaires se mirent incontinent à exécuter autour du patient une sorte d'intermède, composé de diverses simagrées empruntées à leur profession, les uns faisant mine de lui tâter le pouls, les autres de l'ajuster avec leurs seringues.

Le public paraissait s'amuser beaucoup de cette représentation gratuite, mais elle ne dura guère. Après trois ou quatre passes avec accompagnement de gambades ridicules, les quatre masques fendirent, tête baissée, les rangs pressés des spectateurs et s'enfuirent chacun de leur côté.

Les assistants surpris saluèrent de leurs huées cette éclipse inattendue et se rapprochèrent du brancard en interpellant l'homme couché qui persistait à ne pas bouger. L'un d'eux, plus hardi que les autres, lui prit la main, qui pendait en dehors du drap noir, et le secoua rudement en lui demandant s'il ne voulait pas danser. Le malade ne fit pas un mouvement et ne souffla pas un mot. On commençait à s'entre-regarder et à murmurer contre cette comédie, si bien jouée qu'elle devenait presque inquiétante.

—Enlevez donc le drap, mes enfants, cria le Régent qui commençait à s'intéresser à ce petit mystère; découvrez-moi ce gaillard-là et houspillez-le de la bonne façon pour lui apprendre à venir faire le moribond au bal de l'Opéra.

La foule ne demandait pas mieux. Le drap noir fut arraché et un cri d'horreur s'éleva de toutes parts.

Sur le brancard, gisait un cadavre nu jusqu'à la cein-

ture et percé au cœur d'un poignard qui était resté dans
la blessure.

Ce fut un véritable coup de théâtre, et l'affreuse découverte jeta dans toute la salle une confusion indescriptible.
Les plus rapprochés reculèrent terrifiés et cherchèrent à
s'enfuir. Les plus éloignés, qui ne comprenaient rien à cette
débandade, voulurent voir ce qui la causait et se mirent à
pousser en sens contraire. Il en résulta dans la foule un
mouvement alternatif de flux et de reflux qui menaçait
de produire les plus graves accidents. Les femmes, à moitié étouffées, poussaient des cris lamentables; les hommes
vociféraient et distribuaient force bourrades pour s'ouvrir
un passage. C'était une mêlée générale où déjà les blessés
ne manquaient pas.

Cependant le fatal brancard inspirait une telle horreur
à ce public affolé, qu'il ne fut point renversé dans la bagarre. On résistait jusqu'à se laisser écraser pour éviter
l'odieux contact de ce corps marbré de taches livides et
zébré de filets de sang.

Dans la loge princière, l'émotion avait été presque aussi
vive. La marquise appliquait ses mains fines sur son loup
pour se dérober à cet épouvantable spectacle. Nocé, le
raffiné, le voluptueux, l'insouciant Nocé, pâlissait à vue
d'œil, en dépit de toute sa philosophie épicurienne. Canillac, le roué sceptique et dogmatique, ricanait pour cacher
son trouble. Le Régent était le seul qui fît bonne contenance et qui eût gardé son sang-froid.

— Pardieu! dit-il, voilà des drôles bien insolents, et ce
vieil ours de d'Argenson remplit d'une étrange façon les
devoirs de sa charge de lieutenant de police.

— Monseigneur, insinua Canillac, qui ne perdait jamais
l'occasion de dire une méchanceté, il n'a plus le temps de

surveiller les coquins depuis qu'il est occupé à faire pénitence dans certain couvent du faubourg Saint-Antoine.

— A telles enseignes, ajouta Nocé en cherchant à prendre un air dégagé, qu'on ne sait ce qu'il est devenu et que j'ai lu ce matin son signalement sur une affiche collée au coin de la rue Saint-Honoré : « Il a été perdu un grand chien « noir avec un collier rouge et les oreilles plates. Ceux qui « le trouveront s'adresseront, pour avoir récompense, à « madame de... »

— Trêve de sottes plaisanteries, Nocé, dit le duc d'Orléans avec impatience ; tu prends mal ton temps de gausser à côté d'un mort, et tu ferais mieux de sauter dans le parterre et de me rapporter ce papier qui est attaché au manche du poignard que les meurtriers ont laissé dans la plaie.

— Quoi ! monseigneur, balbutia le roué, peu flatté d'une semblable commission, vous voulez que j'aille...

— Partons, Philippe, partons, au nom du ciel ! murmura madame de Parabère en se penchant à l'oreille du prince.

— Non, pas avant que je sache le mot de cette vilaine énigme, dit le Régent d'un ton ferme.

— Je crois que nous allons l'apprendre, s'écria Canillac, car voici les soldats aux gardes qui arrivent, conduits par un homme qui a la mine d'un exempt.

— Fort bien. Laissons-les faire et ne bougeons point, messieurs.

Le marquis avait bien vu, et une escouade de gardes françaises s'avançait, dispersant les groupes à coups de crosse. Un personnage vêtu d'une casaque grise les précédait, armé d'un bâton noir dont il se servait pour lancer à droite et à gauche des horions aux masques trop lents à se ranger.

En ce moment, la porte de la loge s'ouvrit avec violence, et un domino s'y précipita comme une trombe, le même domino couleur puce qui, un instant avant l'entrée du lugubre cortége, avait remis un billet au Régent.

— Tout beau, l'abbé, vous avez failli me renverser, grommela Canillac.

— Ah! ah! c'est toi, Dubois, s'écria le duc. Pardieu! cette fois tu arrives à propos, et tu vas m'expliquer ce que signifie ce mort que des goujats ont eu l'insolence de déposer sous ma loge.

— Il s'agit bien de cette charogne et de ceux qui l'ont apportée! dit Dubois en bredouillant outrageusement selon sa coutume.

— Dubois, mon ami, tu perds le respect.

— Il s'agit bien de respect!

— Et de quoi s'agit-il donc? car tu m'ennuies, à la fin, avec tes interminables préambules.

— Ouf! je n'en puis plus! souffla Dubois en rabattant le capuchon de son domino par un geste si brusque qu'il arracha la moitié de sa perruque.

La figure pointue du fameux ministre de la Régence apparut alors sous un aspect si saugrenu, qu'en dépit de la situation, qui se prêtait peu à la gaieté, le duc se mit à lui rire au nez.

— Et d'où viens-tu en ce piteux équipage? demanda-t-il.

— D'où je viens? Vous n'avez donc pas lu mon billet? Je viens de faire une besogne que votre lieutenant de police trouve au-dessous de sa grandeur. Je viens d'espionner et de prendre sur le fait des gens qui s'apprêtent à vous enlever à la sortie du bal, à vous jeter dans un carrosse et

à vous mener grand train jusque dans les États de votre
bon cousin le roi d'Espagne, qui vous a fait préparer un
logement dans la tour où fut emprisonné jadis Fran-
çois Ier.

— Allons donc ! c'est renouvelé de la conspiration de
M. de Cellamare, ce que tu racontes là. Tu rêves, Dubois, tu rêves, et si tu n'as que cela à m'apprendre, ce
n'était pas la peine de t'essouffler et d'arracher ta perruque.

— Ah ! je rêve !... s'écria Dubois. Ah ! c'est ainsi que vous
me recevez quand je viens vous sauver la liberté et peut-
être la vie ! Demandez à l'exempt qui m'escortait et que
je vous amènerai tantôt, demandez-lui si je rêvais tout à
l'heure, lorsque j'ai entendu le colonel La Jonquière, celui qui vous a manqué d'un quart d'heure, il y a deux ans,
dans le bois de Boulogne...

— Quoi ! cet homme est à Paris ?

— Mieux que cela. Il est dans la salle avec une demi-
douzaine de coupe-jarrets à la solde de ce damné manchot,
le comte de Schlieben, l'agent secret d'Alberoni.

— Oh ! oh ! dit le Régent en se levant, je ferai bien voir
à ces gens-là qu'on ne porte pas impunément la main sur
un prince de la maison de France. Prête-moi ton épée,
Nocé, et toi, Canillac, appelle les soldats aux gardes, et
mettons-nous à leur tête pour charger cette canaille.

— Charger ! répéta Dubois avec une grimace ironique ;
et qui diable voulez-vous charger ? Croyez-vous donc que
La Jonquière et ses sacripants seront assez sots pour se
ranger en bataille et vous attendre de pied ferme ? Point !
point ! ils se sont dispersés dans la foule, et ils espèrent
vous saisir à la faveur de quelque tumulte. Vous n'avez
qu'à détaler au plus vite et à rentrer chez vous par la pe-

tite porte qui s'ouvre, au fond du théâtre, sur les appartements du Palais-Royal.

— Venez, monseigneur, venez, je vous en supplie, murmura madame de Parabère.

— Pas avant d'avoir parlé à cet exempt, répondit le Régent. Appelle-le, Dubois.

— Nous perdons un temps précieux ; mais, puisque
vous y tenez... viens çà, Larfaille, cria le ministre en s'a-
vançant au bord de la loge.

L'homme qu'il interpellait de ce nom peu aristocra-
tique était le quidam tout de gris vêtu qui avait amené
les soldats. Il venait de retirer le poignard de la poitrine
du mort, autour duquel les gardes françaises avaient
formé le cercle, et il examinait avec beaucoup d'attention
le papier attaché au manche de l'arme.

— Donne-moi ce chiffon, lui dit Dubois.

L'exempt leva la tête. Il était très-pâle, et ses yeux brillaient. Ayant reconnu le ministre, il s'avança vivement,
arracha l'écrit et le lui tendit.

— Amusez-vous, monseigneur, bredouilla Dubois, mais
faites vite, car la foule se rapproche, et, dans la foule, il
y a des gens qui ne perdent pas un seul de vos mouvements.

Le duc d'Orléans prit, sans dissimuler un mouvement
de dégoût, le papier ensanglanté, et lut à demi-voix
cette étrange inscription :

*Ci-gît Firmin Desgrais, mouchard, fils de mouchard, exé-
cuté pour avoir fourré son nez là où il n'avait que faire.*

*Ainsi puissent finir ceux qui le payaient pour espionner, sa-
voir : le tyran Philippe, le valet Dubois et Law le voleur.*

Au-dessous de cet anathème étaient tracés en caractères
énormes ces mots :

— NUMÉRO UN —

— Diable ! dit le Régent, il paraît que ceci n'est que le commencement d'une série. Prends garde, Dubois, d'avoir le numéro deux.

— Monseigneur, votre nom est inscrit avant le mien, grommela le ministre.

— Fort bien ! mais, comme je n'entends pas que, sous prétexte de nous exterminer, moi, toi et ce pauvre Law, on assassine les sujets de Sa Majesté, je veux que les misérables qui ont poignardé ce pauvre homme soient découverts promptement et punis comme ils le méritent.

— Ils le seront, monseigneur, ou j'y perdrai mon nom, dit une voix au pied de la loge.

Le duc se pencha et vit l'homme au hoqueton gris.

— Qui es-tu ? lui demanda-t-il brusquement.

— Monseigneur, je m'appelle Jean Larfaille, et je ne suis qu'un humble exempt de robe courte ; mais Firmin Desgrais qu'ils ont tué était mon ami, et je jure devant Dieu que ses assassins expireront sur la roue en place de Grève.

— Moi, je te promets de ne pas leur faire grâce, et voilà pour t'aider à les trouver, dit le Régent en lui jetant une bourse pleine d'or.

Cependant Dubois avait déjà ouvert la porte de la loge et donné un coup d'œil rapide dans le corridor.

— Le chemin est libre, cria-t-il, profitons-en.

— Je suis, comme l'abbé, d'avis qu'il vous faut vous hâter, monseigneur, dit tout bas Nocé.

— Rester, ce ne serait pas de la bravoure, ce serait de la folie, ajouta gravement Canillac.

— Partons donc, messieurs, puisque vous le voulez, dit Philippe d'Orléans en jetant un dernier regard sur la salle, comme s'il eût voulu défier ses ennemis invisibles dans la foule ; partons, mais je regrette fort de manquer une occasion de me faire jour l'épée à la main. Pareille fortune ne m'est point arrivée depuis la bataille de Turin, au mois de septembre 1706 : la rencontrer en plein bal de l'Opéra, et n'en pas profiter, je ne m'en consolerai jamais...

A moins que vous ne m'y aidiez, marquise, ajouta-t-il en riant et en offrant pour sortir la main à madame de Parabère.

II

Les deux dominos masculins qui avaient assisté du parterre à la première de ces scènes ne se trouvaient point à la seconde.

L'un, le plus grand, avait quitté la place aussitôt après la sortie du comte de Horn et s'était mis à la recherche de ce nouvel ennemi que le hasard d'une rivalité fortuite venait de susciter à M. le Régent. L'autre, celui que son compagnon appelait « chevalier, » s'était acquitté consciencieusement de ses fonctions d'écouteur, jusqu'au moment de l'entrée des masques déguisés en médecins et en apothicaires. Mais soit qu'il eût reconnu ces lugubres farceurs, soit que tout simplement il redoutât le contact de la foule, dès que ces étranges carême-prenants eurent déposé leur brancard sous la loge princière et commencé leurs simulacres tragi-comiques, le chevalier s'était prudemment éclipsé.

Cependant le jeune comte, après sa violente incartade, avait gagné rapidement le vestibule du théâtre et s'y promenait d'un air furieux. Il n'y avait là que des laquais attendant leurs maîtres, et il pouvait donner libre carrière à son courroux, sans crainte de se faire remarquer par les gens de qualité. Il arpentait donc à grands pas ce terrain neutre, portant alternativement la main à son chapeau, pour l'enfoncer sur sa tête, et à son épée, pour s'assurer qu'elle sortirait aisément du fourreau, lançant le feu par les yeux et sacrant tout à son aise.

— Il ne viendra pas, le lâche ! disait-il entre ses dents ; il aime mieux rester dans sa loge à rire de moi avec ses plats courtisans, et... qui sait ? avec la marquise peut-être ? Par Notre-Dame de Liége ! si je croyais cela...

— Si vous croyiez cela, que feriez-vous ? dit une voix à son oreille.

M. de Horn bondit comme s'il eût mis le pied sur un serpent, se retourna impétueusement, et vit debout derrière lui une haute et massive figure habillée de noir, quelque chose comme la statue du Commandeur en domino.

— Que me voulez-vous ? demanda-t-il d'un ton à faire rentrer sous terre le diable lui-même.

— Du bien, répondit sans broncher le mystérieux domino.

— Je n'en attends de personne. Qui êtes-vous ?

— Un ami.

— Je n'en ai pas et n'en veux point avoir. Passez votre chemin.

En dépit de cette injonction, l'inconnu ne bougea non plus qu'un Terme. Horn le foudroya du regard, haussa les épaules et lui tourna le dos.

— Deux mots encore, monsieur le comte, reprit la voix.

Entendant qu'on l'appelait par son titre, le jeune homme s'arrêta surpris.

— Vous me connaissez ? demanda-t-il brusquement.

— Comme je connais celui qui vous a insulté tout à l'heure.

Horn regarda bien en face ce masque impassible, et lui dit :

— J'entends. Vous avez assisté de loin à ma querelle avec M. le duc d'Orléans, vous avez saisi mon nom au vol et vous voulez profiter de l'occasion pour vous accointer d'un seigneur tel que moi. A d'autres, mon brave ! je n'ai que faire de vos services, et je n'aime pas qu'on se mêle d'accommoder mes différends.

— D'abord, je ne veux rien accommoder du tout, répliqua froidement le domino ; et ensuite il y a fort long-temps que je possède l'honneur de votre connaissance. Vous aviez huit ans quand je vous vis pour la première fois, et il y en a bien de cela treize ou quatorze, car c'était au mois de juin 1706.

— Et où m'avez-vous vu, s'il vous plaît ?

— A Bruxelles, au chevet du prince Philippe-Emma-nuel, qu'on avait relevé sur le champ de bataille de Ra-millies, blessé de sept coups.

— Mon père !

— Je combattais à côté de lui dans l'armée du maré-chal de Villeroy, et je fus pris comme lui par les Impé-riaux.

Le jeune comte tressaillit, hésita un instant entre la co-lère qui le poussait à rompre l'entretien et la sympathie que ce souvenir éveillait en lui, puis il finit par demander presque poliment :

— Votre nom, monsieur ?

— Je vous le dirai tout à l'heure, si vous voulez me suivre, répondit l'imperturbable personnage.

— Vous suivre ! où donc ?

— En un lieu où nous pourrons parler à l'abri des espions.

— Je ne crains pas les espions.

— Vous avez tort. Le bal en est plein et ils vous surveillent, car vous leur êtes signalé depuis le jour où, en arrivant à Paris, vous êtes allé loger à l'hôtel de Flandre, dans la rue Dauphine.

— Vous savez où je demeure ?

— Je sais tout... et même quelque chose de plus...

Horn parut hésiter, mais, après de courtes réflexions, il s'écria en frappant du pied :

— Non, décidément, je ne bougerai point d'ici jusqu'à ce que...

— Jusqu'à ce que Philippe d'Orléans vienne à passer, n'est-il pas vrai ?

— Eh ! bien, oui, pourquoi m'en cacherais-je ? Il m'a gravement offensé, et il a refusé de me donner satisfaction. Je veux l'y forcer, et je l'attends pour lui infliger une insulte qui le contraindra de mettre l'épée à la main, pour peu qu'il ait du sang dans les veines.

— Il en a, jeune homme, il en a, je vous en réponds, car je l'ai vu au feu en plus d'une occasion, mais vous l'attendrez en vain. A l'heure qu'il est, Philippe soupe gaiement dans ses petits appartements du Palais-Royal, en compagnie de ses roués et de madame de...

— Ce n'est pas vrai, interrompit le comte, peut-être pour ne pas entendre le nom de la marquise ; je l'ai laissé dans sa loge, je me suis assuré que son carrosse l'attend ici près, et, comme je n'ai pas bougé de ce vestibule...

— On voit bien, comte, que vous êtes tout frais débarqué dans cette ville. Vous ignorez que la salle de l'Opéra communique par une porte secrète avec le Palais-Royal. C'est par ce chemin que M. le Régent est rentré chez lui.

— Que la foudre l'écrase et moi aussi, pour m'être laissé jouer de la sorte! s'écria le jeune de Horn en trépignant de rage.

— Calmez-vous, monsieur le comte, calmez-vous. La colère conseille mal et on ne fait bien la guerre que de sang-froid.

— La guerre! Et comment voulez-vous que je la fasse maintenant à cet homme qui est plus puissant que le roi de France? J'ai manqué l'occasion de me venger, je ne la retrouverai plus.

Le domino, sortant enfin de son immobilité de statue, fit un pas en avant, lui posa la main sur l'épaule, et lui dit en le regardant avec des yeux qui brillaient à travers les trous de son masque, comme deux charbons ardents :

— Vous parlez de vengeance... voulez-vous sérieusement vous venger de M. le Régent ?

— Si je le veux ! mais je donnerais ma vie pour le tenir cinq minutes seulement face à face et seul à seul.

— Votre vie est précieuse, et il n'en faut point faire si bon marché. Je puis vous fournir à meilleur compte la revanche que vous souhaitez.

— J'accepte. Faites vos conditions.

— Il n'y en a qu'une et je l'ai déjà posée : c'est de sortir d'ici et de venir avec moi jusqu'à un certain logis où nous serons à merveille pour faire plus ample connaissance.

— Monsieur, dit le comte après un court silence, tout autre à ma place se défierait de vous, mais vous venez de me parler de mon père, et vous avez la mine d'être un gentilhomme. Si vous m'affirmez, sur votre parole, que le duc d'Orléans n'est plus dans la salle, je suis prêt à vous suivre.

— Je vous jure sur l'honneur, qu'il n'est pas resté dans la loge plus d'un quart d'heure après que vous en êtes sorti. Je ne ferais même aucune difficulté de rentrer dans la salle avec vous pour que vous puissiez voir, de vos propres yeux, que la place est vide, s'il ne s'était passé là-haut quelque chose qui rendrait cette promenade fort dangereuse pour nous deux.

— Qu'est-il donc arrivé ?

— Je n'ai point le loisir de vous l'expliquer ici. Qu'il vous suffise de savoir que les mouches du lieutenant de police bourdonnent en ce moment dans tous les coins du théâtre, que le guet est sur pied et ne tardera guère à occuper les issues, en un mot que nous avons à peine le temps de gagner la rue, si nous ne voulons nous fourvoyer dans une bagarre dont les suites nuiraient furieusement au succès de vos projets de vengeance. Tenez ! entendez-vous ? Ce sont les gardes-françaises qui arrivent pour barrer la porte.

En effet, un bruit de pas précipités et de crosses de fusil heurtées contre les dalles résonnait déjà au haut de l'escalier, et les laquais attroupés dans le vestibule couraient au-devant des soldats.

— Partons, dit brusquement le comte.

Et, poussant une porte mobile, il franchit le seuil du théâtre.

Le domino qui l'avait suivi de près, lui prit le bras et l'entraîna rapidement vers la rue Saint-Honoré. Horn se laissait conduire, et il s'aperçut à la façon dont la large main de son compagnon lui serrait le coude que cet homme devait être d'une force prodigieuse. Quand ils furent arrivés au coin de la petite rue Pierre-Lescot, l'inconnu le lâcha et se mit à retrousser tranquillement le bas de son domino qu'il noua autour de sa ceinture en disant :

— Nous en avons bien pour une grande demi-heure à marcher, et je prends mes précautions en cas de mauvaise rencontre.

A la clarté fumeuse d'une de ces lanternes dont M. de la Reynie, lieutenant de police, avait doté la ville de Paris, sous le dernier règne, Horn put voir que l'inconnu était botté, éperonné, et portait au côté une longue rapière. Cet attirail de guerre caché sous un domino aurait donné à réfléchir au jeune comte en toute autre circonstance, et il y aurait peut-être regardé à deux fois avant de se risquer à courir les rues avec une manière d'hercule armé de pied en cap. Mais il se doutait bien déjà un peu d'avoir affaire à quelque reître renvoyé du service et conspirant pour s'entretenir la main, et, de plus, il avait le cœur si gonflé de ressentiment, que rien au monde ne l'eût empêché de pousser l'aventure jusqu'au bout.

— Où allons-nous ? demanda-t-il d'un ton bref.

— Dans le quartier Saint-Martin, répondit laconiquement le compagnon.

Et il se mit à remonter rapidement la rue Saint-Honoré. Horn suivit sans en demander davantage.

Il gelait très-fort et la neige durcie craquait sous leurs pas. C'était le seul bruit qui troublât sur leur passage le silence de la ville endormie, car ils ne desserraient pas les dents et leur voyage s'accomplit sans qu'ils eussent échangé une parole. Le comte rêvait à madame de Parabère, et encore plus à sa vengeance. L'homme masqué avait d'autres soucis, et particulièrement celui de ne pas s'égarer au milieu d'un dédale de voies tortueuses et mal éclairées, comme l'étaient celles du Paris de ce temps-là. Il paraissait, du reste, fort bien connaître son chemin, et, après avoir suivi la rue Saint-Honoré jusqu'au cimetière des Innocents, il tourna à gauche, puis à droite, s'engagea résolûment dans une ruelle où trois personnes auraient à peine pu passer de front, et finalement s'arrêta devant un mur en disant :

— Nous sommes arrivés, monsieur le comte.

— Vous moquez-vous de moi, monsieur? demanda M. de Horn.

— Dieu m'en garde! dit sans s'émouvoir l'homme au domino.

— Est-ce donc pour m'amener dans cette ruelle infecte que vous m'avez fait quitter le bal de l'Opéra?

— Qu'appelez-vous ruelle infecte? Nous sommes ici dans le quartier le plus brillant et le plus fréquenté de tout Paris. La rue Quincampoix est à deux pas d'ici, de l'autre côté de ce mur, la rue Quincampoix où les millions poussent entre les pavés comme l'herbe à la place Royale.

— Il ne s'agit point de millions, monsieur, il s'agit de me venger de M. le duc d'Orléans. Vous m'avez promis de m'en fournir les moyens, si je consentais à vous suivre. Je vous ai suivi. A vous maintenant de tenir votre promesse; sinon je vous ferai bien voir qu'on ne me berne pas impunément.

Tout en tenant ce discours menaçant, Horn s'était reculé de trois pas, comme s'il eût voulu prendre du champ pour se mettre en garde.

— Monsieur le comte, vous êtes un peu bien prompt

à dégaîner, mais je ne vous le reproche pas, dit gravement l'inconnu. Au contraire, j'aime que la jeunesse soit haute à la main et chatouilleuse au propos, mais il faut cependant écouter les gens avant de les charger.

— Assez de préambules, monsieur. Où m'avez-vous conduit?

— Où je vous avais promis de vous mener : à la porte d'une maison où m'attendent des amis qui haïssent autant que vous M. le Régent et qui s'y prennent mieux que vous pour lui nuire.

— Alors, montrez-moi cette porte et entrons.

— La porte va s'ouvrir et je vous introduirai dès que vous m'aurez fait le serment que je vais vous demander.

— Un serment! à moi?

— Oui, monsieur le comte. Vous allez me jurer, sur votre honneur de gentilhomme, que vous ne révélerez jamais à personne, et quoi qu'il advienne, ce que vous aurez vu et entendu dans cette maison.

— Que voulez-vous dire par ce : « quoi qu'il advienne? » S'il s'agissait de tremper dans une action honteuse, je vous déclare...

— Je veux dire qu'il se peut que nous ne nous accordions pas, après que je me serai loyalement expliqué devant vous sur le but que je poursuis. Je conspire contre M. le duc d'Orléans, vous l'avez certainement deviné, mais chacun conspire à sa guise ; la mienne, et celle de mes compagnons, pourrait ne pas vous convenir. Dans ce cas, rien de fait entre nous. Vous serez libre de vous en aller comme vous êtes venu ; mais alors je veux avoir le droit de compter sur votre discrétion absolue.

— Pardieu! monsieur, vous me la baillez belle! Où avez-vous pris qu'un homme de ma sorte s'en va dénoncer les gens qu'il a honorés de sa visite, ces gens fussent-ils les plus fieffés coquins du monde?

— Ainsi, vous me donnez votre parole? insista le domino, peu touché de cet étalage de beaux sentiments.

— Je vous la donne.

— Cela me suffit, monsieur le comte; veuillez me suivre.

Et l'homme masqué appuya sans hésiter la main droite sur une des pierres saillantes de la muraille, qui céda aussitôt et laissa à découvert une ouverture à peine assez large pour qu'un homme pût y passer.

Horn, dans l'obscurité, ne se rendit pas bien compte du singulier mécanisme que son compagnon venait de faire jouer. Il comprit seulement que la prétendue maçonnerie n'était qu'un trompe-l'œil habilement badigeonné pour cacher une porte secrète. Tout autre à sa place aurait sans doute hésité à franchir ce pas, au delà duquel il n'y avait plus que mystères inquiétants et dangers inconnus; mais son tempérament le portait rarement à hésiter et jamais à reculer.

Le jeune fou jeta autour de lui un coup d'œil rapide et n'aperçut rien de suspect. La ruelle était déserte et on n'y entendait d'autre bruit que le grincement monotone d'une enseigne suspendue au bout d'une tringle et balancée par le vent. Le domino était déjà de l'autre côté du mur et lui faisait signe de venir. Horn passa, et la porte se referma derrière lui.

Il vit alors qu'il se trouvait dans un jardin ou plutôt dans un enclos planté de grands arbres. A sa gauche s'élevait une maison dont les fenêtres soigneusement closes laissaient à peine filtrer de faibles rayons de lumière.

— Donnez-moi la main et venez, murmura l'homme au masque. On nous attend.

— Vous voulez dire qu'on vous attend, grommela le jeune homme, car je n'ai point coutume de fréquenter ce lieu, qui m'a toute la mine d'un coupe-gorge.

— Oh! monsieur le comte, si mon ami Blanche-Barbe vous entendait traiter son logis de la sorte, il en serait bien marri. Un coupe-gorge, le noble cabaret de l'*Epée-de-Bois* qui a pignon sur la rue Quincampoix et façade sur le cul-de-sac de Venise! Un coupe-gorge, l'illustre taverne où on lampe au rez-de-chaussée de si bon vin de l'Ermitage, où s'échangent au premier étage tant de millions en papier! Blanche-Barbe en suffoquerait de colère, dame Margot, sa digne épouse en mourrait de honte, et si vous connaissiez leur charmante fille...

— Assez, monsieur! interrompit Horn, je ne suis point venu ici pour entendre célébrer les mérites de ce Blanche-Barbe et de sa famille. Veuillez me dire sur-le-champ ce que vous avez à me proposer, sinon...

— Un peu de patience, monsieur le comte. Le temps seulement de vous conduire là-haut, dans une salle retirée où nous serons à merveille pour jaser.

Et l'inconnu, prenant M. de Horn par le bras, lui fit traverser rapidement le jardin et gravir un escalier de bois appliqué extérieurement contre la maison. Le jeune comte se laissa conduire, en ayant soin toutefois de tenir sa main droite à la garde de son épée. Son guide, après avoir monté une trentaine de marches, s'arrêta devant une porte basse et y frappa trois coups espacés d'une certaine façon.

Aussitôt cessèrent les rires et les chants qui partaient

de l'intérieur ; un pas lourd fit craquer les planches, une clef grinça dans la serrure, le battant tourna sur ses gonds, et une étrange figure apparut sur le seuil. C'était un grand flandrin, osseux et efflanqué comme un vieux cheval de fiacre, vêtu d'une longue robe fourrée aux manches et au collet, affublé d'une immense perruque noire et serrant amoureusement contre son cœur un broc gigantesque.

— Ah ! ah ! c'est vous, colonel, s'écria ce bizarre personnage ; il ne nous manque plus que le cher chevalier, mais celui-là passe tant d'heures à regarder les étoiles et à soupirer pour des divinités inconnues qu'il est toujours en retard.

— Le chevalier est à son poste. Je l'ai chargé d'une commission. Ainsi, tais-toi et livre-nous passage, à monsieur et à moi.

— Tiens ! vous amenez une recrue ! Quel est ce gentilhomme ?

— Tu le sauras plus tard. Venez, monsieur le comte.

Horn suivit l'homme au domino et entra dans une chambre carrée, où trois quidams, accoutrés dans le même goût que celui qui était venu ouvrir, buvaient assis autour d'une table chargée de bouteilles.

Cette singulière compagnie sortait probablement d'une mascarade et n'avait pas pris le temps de dépouiller les oripeaux qu'elle avait endossés pour une joyeuse expédition nocturne. Ce n'étaient que simarres tachées de vin, collerettes froissées, rabats déchirés, perruques posées de travers, ou jetées au milieu des verres cassés et des cruches vides.

— Monsieur, s'écria le comte en apercevant ce grotesque tableau, je vous préviens que je ne suis point en humeur de rire, et il faut m'expliquer ce que signifie cette ridicule pasquinade ou me rendre raison à l'instant même de votre procédé malséant.

— Ceci n'est point une pasquinade, je vous le jure, dit tranquillement le domino. Ces messieurs arrivent comme nous du bal de l'Opéra, et, si vous n'aviez pas quitté si promptement la loge de M. le duc d'Orléans vous auriez pu voir qu'ils y faisaient une très-sérieuse besogne.

— Quelle besogne ? Expliquez-vous plus clairement, ou vous vous repentirez d'avoir voulu me bafouer.

— Il n'est point question de cela ; ces messieurs qui me font l'honneur de conspirer avec moi contre le Régent, sont tous gens d'épée, et si cette nuit il se sont travestis comme vous le voyez, c'est par mon ordre et pour des raisons graves.

— Il paraît, colonel, que vous avez assisté à notre petite drôlerie, dit le grand flandrin en grimaçant un sourire. M'est-il permis de vous demander ce que vous en pensez ?

— Je pense que vous avez commis là une sottise.

— Je ne suis point de votre avis, colonel, et je prétends que mon stratagème...

— Tu me démontreras sa supériorité une autre fois. Pour le moment, borne-toi à fêter l'Ermitage de maître Blanche-Barbe, et, dès que notre ami le chevalier paraîtra, avertis-moi. Je vais conférer avec ce gentilhomme dans le cabinet du fond.

Ayant ainsi parlé, d'un ton qui n'admettait pas la réplique, l'homme masqué traversa la chambre, ouvrit une porte et, d'un geste fort noble, invita M. de Horn à passer le premier.

Le jeune comte était décidé à poursuivre l'aventure, et,

d'ailleurs, il eût été un peu tard pour reculer. Il était seul, dans un lieu à lui inconnu, seul contre cinq hommes qui, à en juger par leur mine et leurs propos, devaient être moins chargés de scrupules que d'armes offensives et défensives. Il surmonta donc la répugnance qu'il éprouvait à prolonger son séjour en pareille compagnie, et il entra sans hésiter dans le réduit dont l'homme masqué tenait à lui faire les honneurs.

Moins vaste que la salle qui le précédait, ce cabinet était en revanche beaucoup plus luxueusement meublé. On y voyait quatre fauteuils recouverts d'une belle étoffe de soie, une table en ébène avec des incrustations de cuivre, et deux grands bahuts soigneusement cadenassés, fort propres à serrer des papiers compromettants. Une lampe suspendue au plafond éclairait d'une lueur douce ce sanctuaire évidemment réservé à l'usage exclusif de celui qui paraissait être le chef de la bande.

Pendant que M. de Horn examinait avec quelque surprise les objets qui l'entouraient, son compagnon s'empressait de se débarrasser de son domino et apparaissait vêtu d'un justaucorps vert galonné d'argent, d'une veste richement brodée et d'une culotte ponceau ; botté avec cela jusqu'au genou et sanglé à la taille d'un ceinturon de cuir fauve qui supportait une longue et solide épée à poignée d'acier. Cet accoutrement tenait à la fois de l'homme de cour et de l'homme de guerre, mais la figure que l'inconnu montra en se démasquant était essentiellement une figure militaire.

Son front sillonné de rides profondes, ses épais sourcils noirs, son nez busqué, sa bouche large et charnue, son menton carré, ses pommettes saillantes, son teint basané, et, par-dessus tout, son regard perçant et dur, tout cela composait un ensemble frappant qui dénotait une audace indomptable, une invincible ténacité, l'habitude invétérée du commandement et le mépris absolu du danger. Un tel homme devait donner l'ordre d'égorger un prisonnier et monter à l'assaut d'un bastion avec la même résolution froide et implacable.

Le comte l'observait avec une curiosité mêlée d'une certaine inquiétude, car cette sombre physionomie ne promettait rien de bon, et il attendait qu'il parlât le premier, à peu près comme un duelliste prudent attend sur le terrain la première botte d'un adversaire redoutable.

— J'ai avant tout des excuses à vous faire, monsieur le comte, dit le personnage en s'inclinant courtoisement.

— Des excuses ! répéta Horn assez surpris de ce début.

— Mon Dieu ! oui. La nécessité m'a contraint de vous imposer l'ennui d'une très-fâcheuse promenade à travers les boues de Paris, mais ici, seulement, je pouvais vous entretenir librement, et le grand désir que j'avais de l'honneur de votre connaissance me servira d'excuse.

— Voilà qui est assurément très-flatteur pour moi, mais ..

— Mais vous souhaiteriez de savoir à qui vous avez affaire. Le moment est venu de vous le dire, monsieur le comte. Je suis le colonel La Jonquière.

— Quoi ! celui qui...

— Oui, monsieur le comte ; celui qui, à l'automne de 1718, faillit si bien enlever Philippe d'Orléans, et qui se dispose à essayer de nouveau d'en débarrasser la France.

Horn ne se pressa point de répondre. Il regardait de tous ses yeux ce célèbre chef de partisans dont la tentative audacieuse avait fait tant de bruit en Europe, et il cherchait à rappeler le souvenir un peu confus qu'il avait gardé de cette histoire déjà vieille de plus d'une année.

— Vous êtes étonné de me voir en liberté, n'est-il pas vrai? demanda en souriant l'aventurier.

— En effet, monsieur, on m'avait dit...

— On vous avait dit que j'étais à la Bastille.

— C'est bien cela.

— Et on ne vous trompait point. J'y étais encore il y a trois mois, et je vous jure que c'est un malplaisant séjour.

— Mais... le Régent vous a donc fait grâce?

— Oh! que non! j'en suis sorti sans sa permission, à la barbe de ses geôliers et au péril de ma vie. J'ai percé un mur plus large que cette table, scié des barreaux aussi gros que mon bras, traversé à la nage un fossé profond comme la Seine, essuyé le feu de trois sentinelles, étranglé un exempt qui s'est trouvé sur mon chemin, et je ne m'en porte pas plus mal.

— J'admire votre courage et votre bonheur, monsieur, mais j'admire aussi qu'après de telles aventures, vous osiez vous montrer dans Paris.

— Et où prenez-vous que je m'y montre? Cette nuit, j'étais masqué, et, quand je sors pendant le jour, je sais me composer un costume et un visage qui défient la sagacité des plus fins limiers du lieutenant de police. Je vous ferai voir bientôt un échantillon de mes talents en ce genre, et je gage que, vous-même, vous ne me reconnaîtrez pas.

— Voilà qui est prodigieux, en vérité, dit assez froidement le comte; mais ne m'avez-vous pas raconté tantôt que vous aviez vu mon père autrefois?

— Monsieur le comte, j'ai l'honneur de connaître toute votre parenté. J'ai servi jadis avec le prince, votre père, sous Tallard et sous Villeroy, et, l'an passé, alors que j'étais réfugié à Liége, où je me laissai prendre au piége tendu par un misérable exempt, l'an passé, dis-je, avant cette mésaventure qui m'a conduit à la Bastille, je fus présenté à votre frère aîné, le prince Maximilien-Emmanuel, et à la princesse votre mère, Antoinette, fille du prince de Ligne.

Au nom de son frère, le jeune homme avait froncé le sourcil, mais, quand il entendit le vieux partisan parler de sa mère, son visage s'illumina.

— Vous commandiez alors votre compagnie qui était cantonnée à Insprück, je crois, reprit le colonel; c'est pourquoi je n'eus point l'heur de vous rencontrer; mais vous pouvez juger maintenant, monsieur le comte, que je ne suis point tout à fait un étranger pour vous.

— Non, certes, colonel, dit chaleureusement Horn; quand on me parle de ma mère, on est toujours le bienvenu, car il n'est pas de jour où je ne regrette de l'avoir quittée, et, si je ne dépendais que d'elle...

— Oui, oui, je devine, interrompit La Jonquière; je sais ce que c'est que d'être cadet d'une grande maison et de se voir réduit à une maigre légitime, à côté d'un aîné qui porte le titre et jouit de la fortune.

Le jeune homme rougit et dit vivement :

— Vous vous trompez, colonel. Je suis riche.

— Tant mieux, mordieu! tant mieux. Cela ne vous nuira point ici auprès des dames, et il faudrait que madame de Parabère eût bien mauvais goût pour préférer ce gros ragot de Philippe à vous qui êtes jeune, beau, noble comme le roi, qui pouvez semer l'or, et qui le semez, j'en suis sûr, comme l'ont toujours fait ceux de votre race.

Ce n'était pas sans arrière-pensée que La Jonquière évoquait tout à coup le souvenir de la marquise. Il lui tardait d'aborder le seul sujet qui l'intéressât, la conspiration où il voulait attirer le comte de Horn, auxiliaire précieux s'il en fut, dans une entreprise tentée par des gens obscurs, et il savait que le meilleur moyen de l'y amener, c'était de réveiller sa haine contre le Régent, son tout-puissant rival. Il vit bientôt qu'il avait touché juste.

— Colonel, lui dit le jeune comte avec émotion, à dater de ce moment vous pouvez compter sur mon amitié...

La Jonquière salua gravement et attendit l'agréable suite que ce début promettait.

— Mais permettez-moi de vous rappeler que vous m'avez promis de me fournir les moyens de me venger de ce duc d'Orléans qui m'a insulté cette nuit.

— Ce que je promets, je le tiens, monsieur le comte, et, pour ne pas perdre de temps en vains propos, je vais jouer avec vous cartes sur table. Comme vous avez pu vous en apercevoir déjà, je commande à un certain nombre d'hommes déterminés, et je n'attends qu'une occasion favorable pour me mettre à leur tête et pour agir.

— Agir, comment? quel est votre projet? vous n'avez pas, je suppose, le dessein d'assassiner le Régent.

— Non, quoiqu'il ait mérité cent fois la mort, dit La Jonquière d'un air assez équivoque. Nous nous contenterons de l'enlever et de le conduire hors de France.

— Oh! bien, alors, je suis des vôtres. Je galoperai à côté du carrosse qui l'emportera, et, une fois que nous aurons passé la frontière, je le forcerai bien à descendre et à mettre l'épée à la main.

— Pardon, monsieur le comte, dit le partisan en dissimulant avec peine un sourire narquois; pardon, mais il me paraît difficile que les choses se passent ainsi.

— Pourquoi? Dès qu'il sera sorti du royaume qu'il régente, le duc ne sera plus qu'un simple gentilhomme, et il ne pourra plus se retrancher dans sa grandeur pour me refuser satisfaction.

— Non, mais je dois vous avouer qu'il n'aura guère le temps d'engager le fer avec vous, ni avec personne, car on l'attend à la frontière.

— On l'attend? qui donc?

— Les agents de S. M. le roi d'Espagne, qui s'empresseront de le conduire dans quelque forteresse où on le gardera étroitement. C'est le vieux plan d'Alberoni et du prince de Cellamare que j'ai repris pour mon compte personnel et que j'espère mener à bonne fin.

— S'il en est ainsi, colonel, dit nettement M. de Horn, ne comptez pas sur moi. Je hais le Régent, mais les affaires du roi d'Espagne ne sont pas les miennes.

La Jonquière ne put retenir un mouvement de dépit et lança au jeune homme un regard qui n'était pas précisément chargé de bienveillance, mais il se contint et dit avec beaucoup de calme :

— Vous êtes maître de vos actions, monsieur le comte; et il ne m'appartient pas de les juger. Moi, quand j'avais votre âge et que j'étais amoureux, si je rencontrais un obstacle entre moi et la femme aimée, je ne prenais point de repos que je n'eusse supprimé l'obstacle, n'importe par quel procédé. Autres temps, autres mœurs. C'est tout naturel.

— Colonel, s'écria M. de Horn piqué au vif, je veux me battre avec le duc d'Orléans; tout le reste m'est indifférent, mais, si vous pouviez me procurer la seule revanche que je poursuive, je vous jure que je m'associerais de grand cœur à votre entreprise.

Un éclair brilla dans les yeux de l'aventurier.

— Eh bien! monsieur le comte, dit-il lentement, je crois que j'ai trouvé un moyen de vous satisfaire.

— Indiquez-moi ce moyen et je suis tout à vous, s'écria M. de Horn.

— Je le veux bien; mais, pardonnez-moi d'insister encore sur ce point, je vais être obligé pour cela de vous livrer un secret qui ne m'appartient pas à moi seul, — le secret du plan de la conspiration. La moindre indiscrétion pourrait faire tomber bien des têtes, et...

— Il me semble, monsieur, que ma parole doit vous suffire, interrompit le comte, visiblement offensé d'un pareil doute.

— Sans nul doute et ce que j'en disais n'était que pour vous rappeler que j'ai peut-être quelque mérite à servir vos rancunes personnelles en une occasion si grave. Sachez donc que tout est préparé pour l'enlèvement. Nous aurions peut-être risqué le coup cette nuit même, si nous n'avions préféré attendre une rencontre plus favorable; cette rencontre, nous sommes certains qu'elle est prochaine, et voici comment.

Le duc d'Orléans, quoiqu'il fasse beaucoup l'esprit fort, a toujours eu un grand penchant pour le surnaturel. Je ne sais s'il croit à Dieu, mais je suis sûr qu'il croit au diable, et qu'il y croit jusqu'à espérer de levoir et de l'entretenir, car il confère souvent sur les moyens propres à l'évoquer avec un gentilhomme italien, fort versé en ces matières et fort de nos amis. Ledit gentilhomme lui a persuadé qu'il l'aboucherait avec Belzébuth en personne, si lui, Régent de France, ne craignait point de venir à minuit en un certain lieu fort désert.

— Ah! ah! je crois que je commence à comprendre; quel est ce lieu?

— Une carrière abandonnée dans la plaine de Vanves. Je n'ai pas besoin de vous dire que moi et mes hommes, avertis à temps par notre Italien, nous nous y trouverons au moment opportun. Philippe n'y verra certainement pas le diable, mais il y rencontrera des gens qu'il n'y cherchait point.

— Et vous croyez qu'il y viendra ?

— J'en suis sûr, et cela pour deux raisons : la première, c'est qu'il est depuis longtemps infatué de toutes ces sottises de sorcellerie; la seconde, c'est que son ministre Dubois ne manquera pas de lui représenter qu'il y a pour lui un danger sérieux à courir ainsi les champs au milieu de la nuit, et que Philippe est homme à jouer cent fois sa vie plutôt que de laisser croire qu'il a peur.

— C'est possible, après tout. Je le crois brave, et c'est même sur sa bravoure que je compte pour obtenir la réparation qu'il me faut à tout prix. Mais je ne vois pas encore comment vous le contraindrez à me l'accorder.

— C'est pourtant très-facile à concevoir. Nous serons embusqués au fond de la carrière, vous, moi, mes deux lieutenants et quatre ou cinq des plus déterminés de mes hommes. Les autres nous attendront à deux cents pas de là, dans la plaine, avec une voiture attelée. Dès que le duc sera descendu dans ce trou sans issue, je me montrerai, je le ferai entourer par mes gens, et je lui dirai à peu près ceci : Monseigneur, n'essayez par de résister. Vous m'obligeriez à recourir à la violence et c'est ce que je veux éviter. Votre vie n'est point menacée, et vous en serez quitte pour un petit voyage dans ce beau pays d'Espagne, que vous connaissez si bien et dont vous aimez tant le climat et les femmes. Seulement, ajouterai-je, il y a ici un gentilhomme que vous avez gravement offensé, et s'il vous plaisait, avant de monter en chaise de poste, de lui accorder l'honneur d'un coup d'épée, je suis tout disposé à vous en laisser le temps.

Philippe acceptera, n'en doutez point, monsieur le comte, et, maintenant, permettez-moi de vous demander ce que vous pensez de mon plan.

— Je le trouve fort ingénieusement combiné, colonel, répondit Horn avec quelque hésitation. Il me paraît même, comme à vous, très-probable que le duc ne reculera pas, mais...

— Mais, quoi?

— Si je le tue, qu'arrivera-t-il?

— Si vous le tuez, tout sera dit. Nous n'aurons pas la peine de l'escorter jusqu'à la frontière d'Espagne, et sa mort assurera le triomphe de notre cause.

— C'est fort bien ; seulement, je vous l'ai déjà dit, votre cause n'est pas la mienne, et je ne me soucie pas d'être accusé de guet-apens, de meurtre...

— Fi ! les vilains mots, monsieur le comte, et comme vous les employez mal à propos. D'abord, le combat sera loyal, et, de plus, personne en France ne saura ce qui s'est passé, puisque les seuls témoins de la rencontre s'empresseront de sortir du royaume. Mes hommes, d'ailleurs, ne savent pas votre nom, ils ne le sauront jamais, et ni moi, ni mes deux lieutenants que nous serons sans doute obligés de mettre dans la confidence, nous ne le révélerons à qui que ce soit.

Horn réfléchissait et paraissait très-perplexe. On devinait qu'il était partagé entre l'ardent désir d'une rencontre avec son rival et la répugnance que lui inspirait une complicité avec des gens de cette sorte.

— Voulez-vous que nous examinions ensemble d'autres suppositions, demanda le colonel ; celle, par exemple, où le duc ne serait que blessé ? celle, au contraire, où ce serait lui qui vous blesserait ? Dans le premier cas, nous déposerions M. le Régent au fond du carrosse de voyage ; dans le second, nous vous porterions jusqu'à la première maison de paysan ; et, comme j'ai dans ma troupe un ancien chirurgien d'armée, le blessé, quel qu'il fût, serait toujours assuré d'un premier pansement.

— Et si j'étais tué, vous n'auriez qu'à me laisser là, ajouta le comte pour compléter la série des hypothèses.

— Non pas, dit vivement La Jonquière ; si ce malheur arrivait, je vous jure que vous iriez reposer à côté de votre père, en pays wallon, sur la terre de Baussignies, dont vous êtes comte souverain, dussé-je, pour y rapporter votre corps, exposer ma vie et le succès de ma mission.

Cette protestation de dévouement à toute épreuve fut lancée avec tant de chaleur qu'elle émut visiblement le jeune homme.

— Eh bien ! monsieur le comte, est-ce convenu ? sommes-nous alliés ? s'empressa de demander l'aventurier pour profiter de l'heureuse impression qu'il venait de produire.

La réponse se fit un peu attendre.

— Je serais heureux de vous compter dans nos rangs, reprit l'adroit colonel, mais vous n'êtes point encore engagé, et s'il vous reste quelque scrupule...

— Pas précisément, dit M. de Horn, j'ai un doute.

— Confiez-le-moi, et si je puis l'éclaircir...

— Je me demande, — excusez-moi d'être si soupçon-

neux, — je me demande en quoi mon concours peut vous
être utile, ou, pour parler plus clairement, quel intérêt
vous avez à ce que je conspire avec vous... car, bien que
je n'agisse pas pour le compte du roi d'Espagne, je n'en
serai pas moins lié à la conspiration.

La Jonquière se mordit les lèvres ; il ne s'attendait pas
à cet argument. Il répondit pourtant avec beaucoup de
sang-froid :

— Je pourrais protester que mon but en cette affaire
est de vous obliger en vous fournissant l'occasion de vous
battre avec le duc d'Orléans. En affirmant cela, je ne
dirais que la vérité, mais je ne la dirais pas tout entière,
et je ne veux pas qu'il puisse exister entre nous le moindre malentendu. Je ne vous cacherai donc point que,
dans le cas bien peu probable où nos projets viendraient à être découverts, ou bien à échouer pour une
cause quelconque, ce nous serait une garantie que
votre participation à notre entreprise. On ne se gênerait
pas pour couper la tête à d'obscurs officiers, comme
moi et mes lieutenants, tandis qu'on y regarderait à deux
fois avant de toucher au rejeton d'une race illustre,
alliée à la maison Palatine, et, par conséquent, au duc
d'Orléans. S'il arrivait malheur à la conspiration, la princesse votre mère demanderait au Régent notre grâce en
même temps que la vôtre, et le Régent n'oserait pas la
lui refuser.

— Colonel, je crains bien que vous n'exagériez beaucoup l'influence de ma famille ; mais vous me parlez avec
tant de franchise, que j'accepte.

— A la bonne heure ! s'écria La Jonquière, je savais
bien que nous finirions par nous entendre. Touchez là,
mon cher comte, et comptez qu'à partir de ce moment,

moi et les miens, nous vous serons dévoués jusqu'à la mort.

Le jeune homme ne serra qu'avec une certaine hésitation la main que lui tendait le colonel. L'orgueil de la naissance se réveillait en lui, un peu tard, il est vrai, mais il n'en mesurait pas moins assez dédaigneusement la distance qui séparait de lui, cadet de maison princière, ce ramassis d'aventuriers au milieu desquels son ardeur de vengeance venait de le jeter.

— Il faut bien que je vous l'avoue, colonel, dit-il en baissant la voix, autant il me convient de marcher à côté de vous, qui fûtes le compagnon d'armes de mon père, autant il me déplairait de me trouver confondu avec des gens dont le langage et les façons me répugnent.

— Bon ! interrompit La Jonquière, vous voulez parler de ces joyeux garçons qui vident des pintes dans la chambre voisine. N'ayez souci d'eux. Vous ne les rencontrerez guère, hors un que je vous demanderai la permission de vous présenter tout à l'heure.

— Serait-ce, par hasard, ce long sacripant qui nous a ouvert la porte ?

— Lui-même. Je conviens qu'il ne paye pas de mine, mais c'est un brave à toute épreuve ; d'ailleurs, capitaine réformé dans un régiment allemand et noble Piémontais. Nous l'appelons familièrement La Valeur, mais son véritable nom est de Mille, *il cavaliere Lorenzo de Mille*, comme on dit de l'autre côté des Alpes. Quand vous le connaîtrez, monsieur le comte, vous verrez que c'est un franc, loyal et hardi compagnon.

— J'aime mieux vous en croire sur parole, colonel, et vous trouverez bon que...

— Ce n'est pas tout. Laurent de Mille, dit La Valeur, a

de grandes qualités, mais il faut qu'il cède le pas à mon premier lieutenant, le chevalier Floris du Terne de Grandpré, un gentilhomme de la première noblesse du Hainaut, presque votre compatriote.

— En effet, ce nom ne m'est point inconnu.

— J'en étais sûr ; et vous allez juger par vous-même des mérites de celui qui le porte, car il me semble que j'entends sa voix.

En effet, le bruit d'une conversation animée qui se tenait dans la chambre des buveurs, arrivait jusqu'aux oreilles de M. de Horn. Presque aussitôt la porte s'ouvrit et l'escogriffe en robe fourrée parut sur le seuil.

— Le chevalier vient d'arriver, colonel, dit-il d'une voix légèrement avinée.

— Prie-le d'entrer, cria La Jonquière, et, vous autres, tâchez de faire moins de tapage en buvant. Vous menez si grand bruit, que le guet envahirait le jardin sans qu'on l'entendit.

— Oh ! que non, colonel, grommela le sacripant ; j'ai beau jaser, j'ai toujours une oreille aux écoutes, de même que je ne dors jamais que d'un œil.

Et il s'effaça pour laisser passer le nouveau venu.

Ce personnage ne ressemblait guère aux autres. Vêtu d'un domino noir dont il avait rabattu le capuchon sur ses épaules, il montrait une figure fine et intelligente, éclairée par de grands yeux bleus d'une douceur infinie, et on devinait sous son ample robe de bal masqué, une taille élégante et bien prise.

Le comte se sentit pris, à première vue, d'une très-vive sympathie pour ce charmant cavalier fourvoyé comme lui en médiocre compagnie.

— Venez, mon cher du Terne, cria La Jonquière ; venez

que je vous présente à M. le comte de Horn, qui veut bien être des nôtres.

Du Terne salua avec l'aisance d'un gentilhomme qui ne se trouve pas embarrassé en présence d'un seigneur plus qualifié que lui et dit courtoisement :

— C'est un grand honneur que nous fait M. le comte et qui me touche plus que personne, étant né moi-même dans les Flandres, où le nom de Horn compte parmi les plus illustres.

— J'ai déjà entendu prononcer le vôtre, monsieur, s'empressa de répondre le jeune comte, et je m'estime heureux de rencontrer un cavalier qui le porte si bien.

Du Terne ne paraissait guère avoir que deux ou trois ans de plus que Horn qui en avait à peine vingt-deux. A cet âge et entre gens de même caste, les sympathies se prononcent bien vite. En moins d'une minute, le comte se trouva plus lié avec le chevalie rqu'il ne l'était avec La Jonquière, qui ne l'avait pas quitté depuis plusieurs heures.

— En trois mots, cher ami, dit le colonel, je vais vous mettre au courant de la situation. M. le comte a été gravement insulté au bal de l'Opéra par M. le Régent, et ne pouvant l'appeler en duel, il s'en remet à nous du soin de lui procurer l'occasion d'une rencontre. J'ai promis de la lui fournir un de ces soirs dans les carrières de Vanves... vous m'entendez ?

— A merveille. Puisse ce soir-là être prochain, et puisse M. le comte châtier comme il le mérite le prince qui abuse de son rang pour maltraiter un gentilhomme.

— Vous aurait-il, à vous aussi, fait quelque injure ? demanda vivement Horn.

Du Terne rougit, et il allait répondre quand le colonel lui coupa la parole :

— En attendant l'heure de notre vengeance à tous, mon cher chevalier, je compte sur vous pour faire à M. le comte les honneurs de Paris, où il est arrivé tout nouvellement. Il importe que nous nous tenions en communication constante avec lui, puisque le moment d'agir peut se présenter inopinément ; or, je suis, comme vous le savez, fort empêché par les nécessités où je me trouve de surveiller nos gens et par mille autres soins. Ce grand coquin de Mille est homme de main, mais point du tout homme de cour, et sa société pourrait bien ne pas convenir à M. le comte, tandis que vous, chevalier...

— Je serai ravi d'avoir pour compagnon M. du Terne de Grandpré, dit le jeune Horn avec un empressement très-sincère.

La personne et les façons de son compagnon lui agréaient fort, et, de plus, il souhaitait vivement de ne pas pousser trop loin l'accointance avec le colonel et le reste de sa bande.

— Alors, c'est à merveille, s'écria La Jonquière, et, si vous le permettez, mon cher comte, le chevalier va entrer en fonctions tout de suite. Aussi bien il se fait tard, et je n'ai que tout juste le temps d'envoyer chacun de mes hommes à son poste et de revêtir un costume approprié à la besogne que je me suis assignée pour la journée. L'ami du Terne qui n'a, lui, qu'à quitter son domino, va donc vous initier aux détours et aux mystères de la maison gouvernée par notre vieux camarade Blanche-Barbe, et ensuite, je m'en rapporte à vous, messieurs, pour employer le temps comme on sait l'employer à votre âge.

Parbleu ! je ne croyais pas si bien dire... il fait grand jour... écoutez plutôt, ajouta-t-il en tendant l'oreille.

Le son d'une cloche lancée à toute volée vibrait dans le lointain, et une rumeur confuse montait du dehors.

— Que veut dire cela? demanda Horn en se levant.

— C'est la cloche placée à l'entrée de la rue Quincampoix qui annonce l'ouverture du marché des millions, dit le colonel. Il est huit heures, et il faut nous séparer. Mais... j'y pense... chevalier, montrez donc à M. le comte cette foire aux écus. Je gagerais qu'il n'y est jamais venu, et c'est un spectacle qui vaut bien qu'on s'attarde un peu pour le voir.

— Il y a longtemps que je souhaite de me le donner, dit Horn, et je ne saurais trouver une meilleure occasion, ni un meilleur guide.

— Je suis à vos ordres, monsieur le comte, dit du Terne en se hâtant de dépouiller son domino.

Il apparut alors vêtu d'un élégant costume du matin, dont les couleurs sombres faisaient admirablement valoir sa taille mince et sa tournure dégagée. Il compléta sa toilette en tirant d'un des bahuts qui garnissaient le cabinet un chapeau bordé de point d'Espagne et une mince épée de cour à poignée de cuivre niellé.

Horn le regardait faire avec un certain étonnement, et se disait que ses nouveaux amis étaient sans contredit des gens de précaution, puisqu'ils avaient établi là un vestiaire à leur usage.

Il vit bientôt que leur magasin de costumes était encore plus complet qu'il ne le pensait, car, en traversant la chambre voisine avec du Terne, il y retrouva les buveurs entièrement transformés, qui en soldats, qui en clercs de procureurs, qui en bons bourgeois. Le Piémontais, *il cavaliere Lorenzo de Mille*, était en abbé, un abbé terriblement déhanché d'allure, et de physionomie furieusement rébarbative. Des perruques, des simarres et autres accessoires de la mascarade, il ne restait plus vestige.

Évidemment, tous ces gens-là se disposaient à prendre leur volée dans Paris pour y travailler séparément à l'œuvre commune, ét il était à croire que leur grand chef, le colonel La Jonquière, n'allait pas tarder à en faire autant.

Le comte se laissa conduire par son aimable compagnon, qui s'approcha de la boiserie, fit jouer un ressort et s'engagea dans un escalier tournant que le panneau mobile avait laissé à découvert. Ce chemin étroit et assez malaisé conduisit les deux jeunes gens dans une grande salle du rez-de-chaussée, et Horn y retrouva, non sans quelque surprise, la clarté du jour.

Le temps avait marché, sans qu'il pût s'en apercevoir dans les chambres hermétiquement closes du premier étage, et les rayons un peu ternes d'un beau soleil d'hiver brillaient à travers les petits carreaux en losange des deux larges fenêtres du cabaret.

Car c'était un cabaret que cette salle basse, et même un cabaret tenu avec une propreté qui rappela au comte de Horn les tavernes du pays de Flandre. Les gobelets d'étain, soigneusement frottés, reluisaient comme s'ils eussent été d'argent, et les tables en chêne, noirci par l'usage, avaient l'air d'être en ébène, tant une main diligente les avait polies.

Derrière un comptoir chargé de brocs de toute dimension trônait une grosse commère d'une quarantaine d'années, dont la face vermeille et les plantureuses épaules auraient tenté Rubens, le peintre des kermesses flamandes. Son digne époux, le maître cabaretier, accoté dans l'embrasure d'une porte ouverte sur la rue, fumait silencieusement sa pipe en attendant la pratique. Il ne se retourna point au bruit des pas de ces deux visiteurs qui lui arrivaient d'en haut, mais sa compagne s'empressa de l'appeler :

— Pierre! Pierre! viens donc recevoir M. le chevalier.

En même temps, elle regardait avec une attention singulière le jeune comte, que son compagnon avait amené devant le comptoir, et qui semblait assez embarrassé de se donner une contenance.

— Dame Margot, dit à demi-voix du Terne, voici monsieur qui est un de nos amis...

— Depuis quand, seigneur Dieu! demanda la tavernière d'un air étonné.

— Depuis cette nuit, répondit le chevalier, et je vous recommande, à vous et à maître Blanche-Barbe, de lui prêter assistance en cas de besoin, de le laisser passer à toute heure de jour et de nuit par l'escalier dérobé, de...

Du Terne n'acheva point ses recommandations, car le tavernier vint tout à coup lui intercepter la vue de dame Margot, en plantant sa massive personne devant le comptoir.

A la grande stupéfaction du chevalier, le visage ordinairement assez calme de maître Pierre trahissait une émotion violente. Il regardait le jeune comte avec des yeux flamboyants, et, symptôme non équivoque d'un trouble profond, il avait ôté sa pipe de sa bouche. En même temps, il remuait les lèvres sans proférer un son, il avançait d'un pas, puis reculait et s'adossait au comptoir, comme s'il eût craint de chanceler sous le coup d'une prodigieuse surprise.

Le chevalier avait bonne envie de rire et le comte était sur le point de se fâcher, lorsque maître Pierre lui posa la main sur l'épaule et dit d'une voix creuse :

— Avouez que vous êtes du sang des Horn.

A cette interpellation, assurément fort inattendue, le

comte se redressa brusquement pour se dérober à l'insolent attouchement du cabaretier, et dit d'un air hautain :

— Et quand cela serait, que vous importe ?

Si sèche que fût cette réponse, on devinait aisément que le jeune gentilhomme faisait un grand effort sur lui-même pour ne pas l'appuyer de mots plus durs. L'envie de ne pas contrarier son nouvel ami, le chevalier du Terne, le retenait certes beaucoup plus que la crainte de se compromettre par un esclandre.

Peut-être aussi la frappante figure de ce tavernier si familier lui imposait-elle un peu.

Maître Pierre ne devait pas son nom bizarre de Blanche-Barbe à une particularité physique, car il avait le menton complétement rasé, et d'ailleurs, comme ses cheveux commençaient à peine à grisonner, il est probable que, même barbu, il n'aurait pas ressemblé du tout à un patriarche blanchi par l'âge et par la sagesse. Quoiqu'il touchât à la cinquantaine, il était droit comme un jonc, ferme sur ses longues jambes comme un roc, et doué d'un regard clair et vif qui semblait chercher à lire au fond des cœurs. Au total, une prestance militaire, une physionomie rude et chagrine, mais des yeux intelligents et inquisiteurs, qu'on pouvait s'étonner de rencontrer sous les sourcils en broussaille d'un vulgaire cabaretier.

— M'expliquerez-vous enfin, reprit le comte avec colère, m'expliquerez-vous pourquoi vous vous permettez de prononcer mon nom... de m'interroger, veux-je dire... ou faudra-t-il que je vous coupe les oreilles pour vous apprendre à parler ?

— C'est inutile, mon gentilhomme, et ce serait dangereux pour votre seigneurie, dit Blanche-Barbe avec un imperturbable sang-froid. Je suis le maître ici, et on n'y coupe jamais rien sans ma permission ; c'est pourquoi je ne m'inquiète guère de vos menaces, mais je consens à vous répondre. Je vous ai demandé tout à l'heure si vous étiez de la famille de Horn, parce que j'étais frappé de votre ressemblance avec le chef de cette maison, que j'ai vu jadis dans les Pays-Bas. Maintenant, je ne vous demande plus rien ; je suis sûr de mon fait. Il n'y a qu'un Horn pour s'emporter hors de propos, comme vous venez de le faire.

Ayant dit, maître Pierre remit sa pipe entre ses dents, et, tournant le dos sans cérémonie aux deux jeunes gens, il se dirigea à pas comptés vers le fond de la salle.

Exaspéré des façons dédaigneuses de ce maraud, comme il l'appelait entre ses dents, le comte se serait certainement porté à quelque extrémité, si du Terne ne l'eût retenu en lui glissant à l'oreille ce très-sage avis :

— Au nom du ciel, monsieur le comte, n'oubliez pas où nous sommes !

Horn fit un geste de colère et dit tout haut :

— Vous avez raison, chevalier ; je ne puis pas me quereller avec un cabaretier. Partons d'ici sur-le-champ.

Le chevalier ne se le fit pas répéter deux fois. Il entraîna son jeune compagnon dans la rue, non toutefois sans avoir adressé un signe de tête amical à dame Margot, qui avait assisté avec une émotion visible au colloque entre le comte et maître Pierre, quoiqu'elle se fût abstenue de s'y mêler. Du Terne, en homme prudent, s'empressa même de conduire Horn assez loin du cabaret pour lui ôter la tentation d'y revenir.

La rue Quincampoix, où le comte mettait le pied pour la première fois de sa vie, commençait à se peupler, quoique la cloche qui annonçait l'ouverture de la Bourse en plein vent eût à peine cessé de sonner.

Chacun sait que, par une fortune bien rare en ce siècle de démolitions, cette voie célèbre, qui vit jadis tant de curieuses scènes, a échappé au marteau destructeur des perceurs de boulevards. Elle a même fort peu changé d'aspect depuis ses jours de gloire, car elle est toujours aussi longue, aussi étroite et bordée de maisons aussi noires. Seulement on y fait beaucoup moins de bruit, car les agioteurs qui foulaient alors son pavé boueux ne daignent plus aujourd'hui opérer ailleurs que dans un superbe palais copié sur un temple grec.

Au fond, c'est la seule modification qu'un siècle et demi ait apportée aux habitudes des marchands de crédit, des acheteurs d'espérance, des chasseurs de richesses chimériques, des prôneurs de découvertes imaginaires, en un mot de toute cette cohue d'habiles et de fous, de dupeurs et de dupés, de ruinés et d'enrichis de frais, qui se rassemble et s'agite chaque jour, de midi à trois heures, sous les hauts plafonds et les longues colonnades de la Bourse d'à-présent.

En 1720, tout comme de nos jours, on se démenait et on se bousculait terriblement sur ce champ de bataille de l'agio, où on ne ramasse jamais les blessés et où personne ne plaint les morts. C'était la même ardeur fébrile, le même vacarme assourdissant, la même insouciance de tout ce qui ne se peut mettre en actions.

On y criait le *Mississipi* en hausse de cent livres, de mille livres, de dix mille livres, tout comme on a proclamé naguère les prodigieuses ascensions d'un Crédit quelconque destiné à finir à peu près de même que la banque de Law.

Rien ne manquait à la ressemblance, ni les gros seigneurs de la finance, majestueusement campés dans un coin de choix, — en 1720, c'était vers le haut de la rue, non loin de l'hôtel de la Compagnie des Indes, — ni les spéculateurs faméliques se glissant timidement le long des murs, en quête d'un détenteur d'actions disposé à en livrer quelques-unes payables seulement le soir, après la fermeture de la rue ; ni les courtiers fluets et hardis, jouant des coudes et rampant à travers les groupes, pour colporter les cours des terrains de la Louisiane, pour exécuter les ordres d'un duc et pair encanaillé parmi les traitants, ou d'un fermier général exposant les deniers du roi contre des tas de papiers signés : Law ; ni les commis opérant pour le compte de Fargès, le grand agioteur, le roi de la rue Quincampoix, qui ne procédait que par millions et qui mourut sur la paille un peu plus tard, après avoir eu maille à partir avec la justice ; en quoi il finit précisément comme un financier dont le nom rimait avec le sien, et dont notre génération a connu les grandeurs et les décadences.

Le grand chemin où roulait incessamment le char rapide de la décevante déesse Fortune présentait ce matin-là un tableau si animé et si saisissant, que le jeune comte oublia bientôt, non ses griefs contre M. le Régent, mais, du moins, sa dispute avec maître Pierre. Il regardait de tous ses yeux, et il écoutait de toutes ses oreilles, comme un franc provincial fraîchement débarqué dans la grande ville, et le chevalier du Terne, qui s'était fait son initiateur, remplissait consciencieusement son rôle.

— Voyez donc, monsieur le comte, disait-il à son jeune ami, voyez donc ce gros seigneur doré sur toutes les coutures, qui porte à ses pieds plats des souliers ornés de boucles de diamants de dix mille livres. La semaine passée, il était encore laquais d'un sous-fermier des gabelles, et il s'estimait heureux quand dame Margot consentait à lui faire crédit d'une bouteille, en ce cabaret de l'*Epée-de Bois*, d'où nous sortons.

— C'est prodigieux, en vérité, murmura Horn. Et que sont ces gens de basse mine qui lui font la courbette en lui présentant des papiers, comme s'ils cherchaient à remettre un placet à un premier ministre ?

— Ceux-là appartiennent presque tous à la tribu d'Israël, et, mieux avisés que tous ces fous, ils se bornent à placer les actions du Mississipi, en prélevant pour leurs peines un léger bénéfice. Ce sont des courtiers qui ne risquent rien et qui gagnent gros. Tenez ! voilà justement le plus riche de la bande, le père Abraham.

— Qui ? ce vieillard en surtout râpé qu'on prendrait pour un mendiant ?

— Oh ! ici, il ne se faut pas fier aux apparences. Abraham a toujours ses poches pleines d'actions au porteur pour plusieurs centaines de mille livres, et je gagerais que ses coffres regorgent de louis d'or. Il est une des meilleures pratiques de maître Pierre, qui lui loue le soir un certain cabinet situé au-dessus de sa taverne, et très-commodément placé pour y terminer les marchés conclus dans la journée. Ce qu'on étale de trésors sur la table grasse de ce bouge, et ce qu'il passe d'écus par les doigts crochus de ce juif, c'est à donner la fièvre à un pauvre officier réformé comme votre serviteur.

— Ou comme moi ; car vous savez qu'on m'a retiré ma compagnie. Mais est-il donc vrai qu'on puisse si rapidement faire fortune en spéculant sur les inventions de cet Écossais ? Je pensais que ce n'était que jongleries.

— Et vous aviez raison. Le *système*, les actions, la banque et M. Law lui-même, tout cela s'évanouira un beau jour comme les brouillards du Mississipi; mais, en attendant, les habiles s'enrichissent en vendant aux niais de simples morceaux de papier. C'est comme à ce jeu où l'on se passe de main en main une bûchette allumée par un bout, en disant : « *Je l'ai vu vif, je l'ai vu mort, je l'ai vu vif après sa mort.* » Le perdant est celui entre les doigts de qui elle s'éteint. Malheur à ceux qui resteront les derniers porteurs des chiffons de la Compagnie des Indes !

— Oui, oui, je conçois, murmura le comte, que cette explication avait rendu pensif; ici comme ailleurs, la fortune est à qui sait la brusquer.

— Oh ! oh ! s'écria le chevalier ; voyez-vous ce mouvement à l'entrée de la rue. Ou je me trompe fort, ou c'est le prince de l'agio, le grand monarque du Mississipi, qui daigne venir se mêler, pour un instant, à ses humbles sujets.

— De qui parlez-vous?

— Eh ! pardieu ! du très-illustre, très-opulent et très-puissant seigneur Jean Law (1), Écossais de naissance, charlatan de profession, que les Parisiens acclament jusqu'au jour où ils voudront le pendre, et que, faute de pouvoir bien prononcer son nom ¹, ils appellent communément Las, et même, par forme de jeu de mots, *l'as de cœur*, à cause de ses succès auprès des dames.

— Oh ! bien, s'écria le comte, cela se trouve à merveille, car j'ai toujours eu envie de voir cet homme.

— C'est une envie qu'il est aisé de contenter ici. Il ne se

(1) Law doit se prononcer Lau. Le calembour sur ce nom, prononcé à la française, se trouve dans beaucoup de pamphlets du temps.

passe guère de semaine où le potentat du *système* ne traverse à pied ses États, — c'est-à-dire la rue Quincampoix, — en se rendant à l'hôtel de la Compagnie des Indes, ce grand portail que vous apercevez là-bas. On dit pourtant qu'il commence à se dégoûter de ce vilain quartier, et que l'agio sera bientôt transféré dans la place Vendôme.

— Alors, il nous faut profiter de l'occasion pour nous régaler de son visage. Plaçons-nous de façon à ce qu'il passe à nous toucher.

— Ce serait une grosse imprudence, dit du Terne en baissant la voix. Law a l'œil perçant et une mémoire incroyable : je ne tiens pas du tout à lui montrer ma figure, car il ne manquerait pas de la remarquer et, de plus, comme il est fort avant dans les bonnes grâces de M. le Régent, il marche toujours escorté d'agents du lieutenant de police, avec lesquels je ne me soucie point de me trouver face à face.

— A votre aise, chevalier, dit le jeune homme ; tenez-vous donc contre ce mur, pendant que, moi qui n'ai pas les mêmes raisons pour me cacher, je vais m'avancer jusqu'au milieu de la rue.

— Faites à votre volonté, monsieur le comte, soupira du Terne, mais n'oubliez pas que, depuis deux heures, vous êtes un peu des nôtres.

Horn l'entendit à peine et le laissa se reculer prudemment, tandis que, lui-même, il se poussait au premier rang des spectateurs.

La rue Quincampoix avait pris, en moins d'une minute, l'aspect d'une allée de jardin royal le jour de l'entrée d'un souverain, et le vacarme y avait cessé comme par enchantement. L'annonce de l'approche du maître suprême s'était

répandue avec une rapidité inouïe, et la voix avait manqué
subitement à tous ces gosiers d'agioteurs hurlant le cours
des actions, absolument comme elle manque aux chacals
lorsque le lion paraît.

En même temps qu'ils interrompaient l'hymne entonné
en l'honneur de leur dieu, les adorateurs du Veau d'or se
partageaient les rôles suivant la place qu'ils occupaient
dans la longue rue Quincampoix. Ceux qui se trouvaient
au bas, là où le grand Law était descendu de son carrosse,
s'étaient aussitôt formés en cortége, et le suivaient respectueusement. Ceux au contraire qui, comme le comte et le
chevalier, occupaient le haut de la rue, s'étaient rangés en
haie, bordant des deux côtés et laissant libre le pavé
qu'allait fouler tout à l'heure l'illustre novateur.

Il est vrai qu'à mesure qu'il passait, les deux files se
réunissaient derrière lui et se confondaient dans son
escorte, qui grossissait comme un fleuve recevant les eaux
riveraines.

Law, précédant de quelques pas cette foule à demi pros-
ternée, s'avançait majestueusement, la tête haute, le regard assuré, portant sous son bras le pactole, représenté
par un vaste portefeuille en maroquin rouge, gonflé d'actions et de billets de banque.

On se tromperait si, pour se figurer cette marche triomphale, on se rappelait une entrée à la Bourse du baron de
Rothschild.

Law ne posséda jamais la centième partie des richesses
accumulées par le grand financier du dix-neuvième siècle,
mais il fut l'objet de félicitations et d'adulations qui feraient
rougir aujourd'hui le coulissier le moins soucieux de sa
dignité. Ses courtisans ne le suivaient que courbés respectueusement, et peu s'en fallait qu'ils ne rampassent à plat

ventre sur le sol fangeux du grand chemin de la fortune.

Il s'élevait de cette tourbe avilie une sorte d'harmonie suppliante, comme si tous ces mendiants eussent marmotté des prières au Dieu Plutus; parfois, des mains se tendaient pour provoquer l'aumône d'une promesse, des yeux décochaient un regard pour quémander une audience — des mains et des yeux de femmes, de grandes dames même, car les mémoires du temps racontent que des duchesses allèrent jusqu'à s'introduire chez l'illustre Écossais par les fenêtres et par la cheminée.

Law, il faut en convenir, jouait son rôle de dieu descendu de l'Olympe dans la rue Quimcampoix, comme s'il n'eût de sa vie fait autre chose. Grand et fort bien fait, d'un visage et d'une physionomie agréables, il joignait à ces dons naturels un air de majesté incomparable, tempéré par un sourire bienveillant. Il avait alors quarante-neuf ans, et cependant bien peu parmi les jeunes seigneurs de la cour eussent pu soutenir la comparaison avec lui pour l'élégance de la taille, la grâce de la démarche et la séduction des manières. Il ne fallait que le voir pour reconnaître en lui un de ces hommes qui exercent sur les femmes une influence magnétique, un de ces hommes forts et doux qui subjuguent et qui charment.

Horn, qui le regardait de tous ses yeux, fut si frappé de son air et de sa prestance, qu'il ne put s'empêcher de dire entre ses dents :

— Le drôle a bien la mine d'un grand vainqueur, et je comprends à merveille que les Français l'aient appelé l'*As de Cœur.*

Après avoir murmuré cette réflexion, il donna par hasard un coup d'œil vers le haut de la rue, du côté opposé à celui par lequel s'avançait Law. Il y aperçut un objet presque aussi intéressant que M. le contrôleur général des finances.

Cet objet était une fort jolie jeune fille qui venait à la rencontre du cortége, un panier de fleurs au bras gauche et un bouquet de violettes dans la main droite.

Vêtue d'une courte robe d'indienne rayée, coiffée d'un coquet chapeau de paille et chaussée de mules à hauts talons, elle marchait d'un pas leste et dégagé, de ce pas que les Grecs attribuaient aux déesses, effleurant si légèrement les pavés, qu'un poëte aurait pu, sans trop de hardiesse, la comparer à cette nymphe de la mythologie, qui courait, sans les courber, sur les cimes des épis mûrs. Elle s'avançait ainsi allègre, accorte, point timide, point effrontée non plus, mais gaie, vive et simple comme une enfant accoutumée de bonne heure à se protéger elle-même.

Et, pour un observateur, ce n'était pas un spectacle médiocrement curieux que ces deux êtres si heureusement et si diversement doués qui s'en venaient au-devant l'un de l'autre, comme deux puissances terrestres que le hasard mettait pour un instant face à face.

D'un côté, la beauté, la santé, la jeunesse, toutes les joies de cette vie incarnées dans la plus ravissante créature de Dieu. De l'autre, la richesse, la puissance, la volonté, la force, le talent, presque le génie, rassemblés en cet homme imposant qui tenait alors entre ses mains les destinées financières du royaume.

A bien prendre, l'avantage ne restait pas à Jean Law, parvenu au déclin de la vie et accablé de graves soucis. Au sourire doux et triste qui éclaira son visage en apercevant la bouquetière, on eût été tenté de croire que tel était son avis et qu'il eût volontiers troqué les honneurs et la fortune de l'âge mûr contre les naïves amours de l'adolescence.

Cette idée vint au comte de Horn, qui regardait beaucoup plus la petite marchande de fleurs que le fameux inventeur du *système*. Il la trouvait si charmante, qu'il se retourna pour la désigner d'un coup d'œil à son nouvel ami et lui exprimer de cette façon son admiration muette.

A sa grande surprise, le chevalier, qu'il croyait tapi contre les maisons, se trouva justement à côté de lui, le cou tendu, le sourcil froncé, contemplant la jeune fille avec une émotion visible, et avançant la tête entre deux spectateurs, au risque de se faire remarquer et au mépris de ses propres recommandations.

— En vérité, pensa Horn, on jurerait qu'il est amoureux de cette petite.

Cependant la reine de beauté et le roi de l'agio se rencontrèrent précisément à deux pas du comte et de son compagnon. Sans se déconcerter en présence de cette majesté Mississipienne, la fillette fit sa plus belle révérence et d'un geste gracieux et preste, planta son bouquet à la boutonnière de Law.

Le galant Écossais s'arrêta et attacha sur cette délicieuse figure son regard de flamme, ce regard qui domptait les cruelles, ce regard que Dubois ne put jamais soutenir en face, et qui fit parfois baisser les yeux au Régent lui-même. Le troupeau servile des courtisans attendait respectueusement, prêt à se jeter aux pieds de la bouquetière, ou à lui rire au nez, selon qu'il plairait au maître de l'accueillir ou de la repousser.

— Comment vous nommez-vous, mon enfant? demanda Law de sa voix harmonieuse et grave.

— Violette, mon beau monsieur, répondit la jeune fille avec un sourire qui mit à découvert une double rangée de perles.

— Comme vos fleurs, alors.

— Comme mes fleurs. J'aimais déjà les violettes quand j'étais toute petite : c'est à cause de cela qu'on m'a donné leur nom, et je n'en vendrai jamais d'autres.

En effet, le panier qu'elle portait au bras ne contenait que des violettes.

Law y mit la main, prit une fleur, la respira un instant et dit en baissant le ton :

— Si tu veux, petite, m'apporter le reste à l'hôtel de la Compagnie des Indes, où je me rends de ce pas, je mettrai un rouleau d'or à la place de chacun de tes bouquets.

— Excusez-moi, monsieur, mes violettes ne valent pas si cher, et je n'ai point affaire à la Compagnie des Indes, riposta vivement la bouquetière.

Et, se jetant de côté par un saut gracieux comme le bond d'une gazelle, elle s'effaça pour laisser passer le grand financier et son cortége.

Law, peu habitué aux refus, resta un instant tout surpris de celui-là, mais il se remit bien vite, et se contenta de menacer gaiement du doigt la farouche grisette, tout en continuant son chemin.

Le comte remarqua cependant qu'un homme de son entourage lui dit à l'oreille quelques mots auxquels il répondit par un signe de consentement. Un instant plus tard, il observa aussi que ce personnage, d'assez piètre mine, se détachait du groupe de l'escorte, et se glissait dans la foule, pendant que Law poursuivait sa marche triomphale vers l'hôtel où il s'en allait tenir conseil.

En ce moment, il sentit qu'on le tirait par la manche,

et il entendit la voix très-émue du chevalier murmurer ces mots :

— Puis-je compter sur vous pour m'aider à parer à un danger immédiat ?

— Sans nul doute, dit le comte sur le même ton. Je suis tout à vous, mais quel est donc le danger qui vous menace ?

— Il ne s'agit pas précisément de moi, mais de quelqu'un qui m'intéresse fort, répondit du Terne avec une vivacité singulière.

— Bon ! j'y suis. Il me semble, chevalier, que vous dérogez un peu en vous faisant le champion de cette petite fille ; mais, sur ma parole, elle vaut la peine qu'on prenne sa défense, et, à nous deux, nous viendrons bien à bout de tous ces drôles qui la serrent de près.

— Merci, monsieur le comte, dit le chevalier avec une émotion contenue. Je n'oublierai jamais le service que vous allez me rendre.

Pendant que ce bref dialogue s'échangeait entre les deux nouveaux amis, Law disparaissait sous le portail de l'hôtel de la Compagnie des Indes, laissant ses courtisans se morfondre devant la façade de ce sanctuaire privilégié.

Le gros du troupeau s'arrêta sur le seuil et y resta planté, les yeux en l'air et la bouche béante, comme si les actions du Mississipi avaient dû tomber du ciel, à l'instar de la manne qui nourrit jadis les Hébreux dans le désert. D'autres, et ce n'étaient pas les plus mal-avisés, se mirent incontinent à entourer la bouquetière que le maître avait honorée d'un regard et même de quelque chose de plus.

Après s'être dérobée aux galanteries un peu trop accentuées du tout-puissant M. Law, l'enfant avait poursuivi son chemin en sens inverse du cortége, essayant de remonter le courant de la foule, tout en offrant pour six liards au premier venu les fleurs que l'Ecossais millionnaire avait voulu lui payer trop cher. Si grand que fût l'écart entre le prix qu'elle demandait de ses violettes et celui que le roi des financiers venait de lui en offrir, elle eût fait encore une bonne spéculation, si elle avait voulu écouter les propositions qui lui arrivaient de toute parts.

— Petite, je me recommande à toi, lui soufflait un grand diable de porte-épée, qui avait la mine d'un hobereau de province ; foi de gentilhomme, je t'achèterai un déshabillé de soie et une engageante couleur de feu, si tu peux obtenir de M. Law qu'il accorde cent actions au pair, à moi, Sigismond-Adalbert, baron de la Carcandière, noble Poitevin...

— Votre servante, monsieur le baron, répondit Violette avec une belle révérence. Je n'obtiendrai rien de M. Law, car je ne lui demanderai rien.

— Ma charmante, disait à l'autre oreille de la jeune fille un gros traitant tout galonné d'or et tout bouffi d'orgueil et de sottise, cent louis pour toi si tu veux me permettre de t'accompagner seulement jusqu'à l'antichambre de M. Law, quand tu entreras tout à l'heure dans l'hôtel de la Compagnie, par la porte dérobée.

— Gardez vos cent louis, monsieur le Mississipien, ripostait la bouquetière ; je ne suis point curieuse d'aller aux Indes et je n'entrerai dans l'hôtel ni par la petite porte, ni par la grande.

Et, sans se déconcerter, elle allait son chemin le nez au vent, l'œil au guet, le sourire aux lèvres, jouant des coudes et de la main quand les solliciteurs devenaient trop pressants.

Cependant les drôles ne se décourageaient point et la foule qui se pressait autour de la petite marchande de fleurs ne faisait qu'augmenter.

Le chevalier du Terne avait saisi le bras du comte de Horn, pour mieux s'assurer de son appui dans l'entreprise qu'il méditait, et, l'entraînant à sa suite, il cherchait à percer les groupes de curieux et d'intéressés. Cette manœuvre n'avait évidemment d'autre but que de se rapprocher de Violette, afin d'être à portée de la secourir en cas de besoin.

Horn, qui ne voyait pas trop quels dangers pouvait courir en faisant son métier cette accorte grisette, s'étonnait un peu du beau zèle que son ami déployait pour la protéger et ne pouvait s'empêcher de trouver assez mal placées ces allures de chevalier errant dédiées à une Dulcinée de carrefour. Mais, comme du Terne lui inspirait déjà une très-vive sympathie et qu'il comptait en faire son compagnon et son confident, il n'avait garde de lui marchander son appui.

Ils étaient parvenus avec beaucoup de peine à s'insinuer à travers la masse compacte du cortége improvisé qui suivait la bouquetière, et ils allaient arriver à l'escorter de près, lorsqu'un mouvement singulier se produisit dans la foule. Elle se mit à refluer de leur côté et, comme en ce monde il n'y a point d'effet sans cause, ils supposèrent que ce changement de direction était dû à une poussée venue du côté opposé.

Il ne fallait point songer à résister au courant qui venait de s'établir si subitement. Les deux amis se laissèrent donc aller, en se bornant à se maintenir de leur mieux

au rang qu'ils avaient conquis, et ils ne tardèrent guère
à s'apercevoir que cette marée humaine les chassait vers
l'entrée d'une ruelle qui débouchait justement à cet endroit dans la rue Quincampoix.

D'où partait l'impulsion donnée à ce public de trafiquants de papier pour lui faire ainsi abandonner la voie
sacrée de l'agio? C'est ce que du Terne ne démêlait pas encore, quoiqu'il soupçonnât déjà qu'il y avait là-dessous
l'exécution d'un mauvais dessein contre Violette. Horn
comprenait encore moins et maugréait de se sentir froissé
par des manants, lui, comte, fils de prince, et, il s'en
flattait, aimé d'une marquise, et tout cela pour les beaux
yeux d'une fillette en cotillon d'indienne.

A force de se débattre et de s'élever au-dessus de ses
voisins en leur marchant sur les pieds et en s'appuyant
sur leurs épaules, le chevalier finit par dominer les groupes et il lui suffit d'un coup d'œil pour deviner la cause
de ce reflux. Au lieu des solliciteurs qui, tout à l'heure
encore, entouraient Violette, trois ou quatre quidams de
vilaine apparence la serraient de près, et l'un d'eux que
du Terne reconnut fort bien l'entourait même de ses bras
et semblait, de la voix et du geste, la presser d'avancer.
Cet homme était celui qui avait parlé bas à Law après le
refus de la bouquetière, et qui très-vraisemblablement lui
avait offert d'apprivoiser cette petite sauvage.

Au fond de la ruelle où, en ce moment, le drôle la poussait, s'élevaient les communs de l'hôtel de la Compagnie
des Indes. C'était par là qu'étaient reçus chez M. Law les
favoris et surtout les favorites qui jouissaient des petites
entrées chez sa majesté Mississipienne.

Plus de doute! Le misérable agent du tout-puissant
financier, aidé de quelques coquins de son espèce, ma-

nœuvrait de façon à entraîner la pauvre enfant dans un
piége odieux, et la foule inconsciente favorisait, par son
empressement stupide, l'enlèvement de la bouquetière.
Pas une minute à perdre si on voulait la sauver, car la
porte secrète n'était pas loin et, si on la laissait se refermer sur la jeune fille, c'était le siége de l'hôtel à entreprendre, avec bien peu de chances de succès.

Du Terne était décidé à ne pas permettre que ce
rapt abominable s'accomplît, et pourtant il hésitait
encore à recourir à la violence pour l'empêcher. Non qu'il
craignît d'exposer sa personne dans une bagarre dangereuse, mais parce qu'il sentait fort bien que sa situation
de conspirateur lui interdisait de se compromettre pour
une cause qui n'intéressait que son cœur. La Jonquière
lui avait fait à ce sujet les recommandations les plus
formelles.

Pendant qu'il cherchait un moyen de délivrer la jeune
fille, sans commettre trop d'imprudences, un cri partit,
qui lui fit oublier à l'instant même toutes ses résolutions
de sagesse.

— Au secours ! appelait la voix émue de Violette.

— A moi, comte ! dit entre ses dents du Terne.

Et, sans même se retourner pour voir si son compagnon se disposait à lui prêter main forte, il écarta de
deux coups de poing vigoureusement appliqués ses deux
voisins les plus rapprochés et se rua tête baissée, sur le
groupe qui entourait la bouquetière. Le comte n'était pas
homme à rester les bras croisés pendant qu'on livrait
bataille à côté de lui et il se jeta dans la mêlée, pour
le moins avec autant d'ardeur que le chevalier.

Leur attaque combinée fit tout d'abord merveille. Les
curieux indifférents s'empressèrent de prendre la fuite

pour éviter les horions, et les ravisseurs de Violette, chargés à l'improviste, n'opposèrent aucune résistance; si bien que du Terne put arriver tout près de la jeune fille, qui poussa un cri de joie en l'apercevant et lui tendit les bras. Mais l'affaire prit aussitôt une tournure imprévue.

Le drôle qui menait l'enlèvement, le même qui, tout à l'heure, avait échangé quelques mots avec M. Law, ne se trouva pas plus tôt nez à nez avec du Terne qu'il lâcha Violette et chercha à saisir l'assaillant au collet. En même temps, il criait à ses camarades :

— C'en est un! aidez-moi, vous autres, et ne vous occupez plus de la fille. Le tour est joué.

Le chevalier comprit sans doute ce langage, car il bondit en arrière comme un homme qui a failli mettre le pied dans un piége à loups. Horn n'y entendait rien, mais il arriva à la rescousse et mit flamberge au vent. Du Terne avait déjà dégaîné sa mince brette et criait :

— Place! faites-moi place, marauds, où je vous éventre tous.

Violette était libre, et elle aurait pu fuir; mais, au lieu de songer à se mettre hors des atteintes de ses persécuteurs, elle vint se jeter entre eux et le chevalier.

Cependant, l'homme qui semblait commander toute cette canaille ne perdait point la tête. Il n'avait pas engagé le fer par l'excellente raison qu'il ne portait pas d'épée au côté, mais il s'était mis en garde à sa façon, c'est-à-dire qu'il se tenait les jambes pliées, le corps ramassé, les bras ouverts et étendus, dans la pose classique dont les gamins de Paris ont conservé la tradition jusqu'à nos jours. En même temps, il disait d'une voix contenue et pourtant très-distincte : ...

— Hardi, mes enfants ! Prenez-les par derrière et tirez aux jambes.

L'ordre s'exécutait pendant qu'il parlait et les deux jeunes gens s'aperçurent en tournant la tête qu'ils étaient cernés par une demi-douzaine de coquins à faces patibulaires. Horn, furieux, allait leur courir sus et du Terne prenait son temps pour clouer son vil adversaire sur le pavé, quand une grande rumeur s'éleva du côté de la rue Quincampoix. En même temps, la foule qui se tenait à distance respectueuse des combattants, s'agita comme s'agitent les foules à l'approche d'un représentant de l'autorité, et des voix crièrent :

— Le commissaire ! Voilà le commissaire !

— Je suis perdu ! murmura le chevalier.

Jamais peut-être homme ne se trouva si perplexe que le chevalier Louis du Terne de Grandpré dans cette conjecture éminemment critique. Il était littéralement pris entre deux feux. D'un côté, une bande de drôles, qu'il jugeait devoir appartenir à la police de M. d'Argenson ou tout au moins à celle de M. Law, lui barrant le passage et manœuvrant de façon à lui couper la retraite. De l'autre, un commissaire, c'est-à-dire un magistrat subalterne, curieux par profession et rigoureux par instinct, s'avançant avec son cortége ordinaire d'exempts et de soldats du guet. Un interrogatoire en perspective, avec toutes les tracasseries obligées, et ensuite, faute de vouloir répondre, un voyage au Grand-Châtelet. Il n'en fallait pas tant pour faire avorter la conspiration.

Du Terne, qui entrevoyait tout cela, maudissait sa mauvaise étoile. Qu'allait-il faire dans cette bagarre ? aurait pu demander le colonel La Jonquière, s'il eût eu vent des faits et gestes de son premier lieutenant. Eh ! mon Dieu, défendre une femme qu'il aimait, l'arracher à la redoutable protection de M. Law, le favori du Régent et, par conséquent, leur ennemi à tous. Mais ce n'était point le moment de se perdre en discussions imaginaires, et le chevalier, décidé à éviter à tout prix un entretien avec le commissaire, se mit en devoir de passer sur le ventre aux coupe-jarrets qui le cernaient.

Le comte était déjà en bon chemin de se faire place en leur portant aux yeux la pointe de son épée. Du Terne entoura de son bras gauche la taille de Violette, et, de son bras droit, commença d'espadonner de la belle manière. Son adversaire recula, mais lentement, et en criant à tue-tête :

— A moi le guet ! à moi, camarades !

Cet appel eut-il pour effet d'accélérer la marche du commissaire ? Ce qu'il y a de certain, c'est qu'au lieu de s'avancer à pas comptés, selon l'invariable coutume de ses pareils, ce grave magistrat arpentait le pavé de la ruelle à grandes enjambées et qu'il entra en scène alors qu'on pouvait encore le croire à distance raisonnable des combattants.

Il apparut entre deux soldats aux gardes françaises qui l'escortaient, la baïonnette au bout du fusil, et, à son aspect, la bataille cessa comme par enchantement.

On se ferait une très-fausse idée de ce que pouvait être un commissaire au commencement du dix-huitième siècle, si on allait s'imaginer que ce personnage ressemblait aux fonctionnaires qui portent aujourd'hui ce titre. Un commissaire, en ce temps-là, cumulait certaines attributions de basse judicature avec d'autres qui sont aujourd'hui dévolues aux juges de paix. Il représentait à la fois le lieutenant de police, le lieutenant civil et le lieutenant criminel ; c'est-à-dire qu'il était appelé à se mêler tantôt de l'instruction des crimes, tantôt de la procédure civile, tantôt de la police secrète. Mais qu'il exerçât l'une ou l'autre de ses attributions, il ne se montrait jamais qu'en grand costume, robe, rabat et perruque. Les plaisants de l'époque prétendaient que ces respectables magistrats couchaient dans cet imposant appareil ; quelques-uns allaient même jusqu'à assurer que leurs enfants naissaient ainsi harnachés.

Celui qui venait mettre le holà entre les défenseurs et les ravisseurs de la jolie bouquetière ne dérogeait point à l'usage. Son corps disparaissait totalement sous les vastes plis d'une immense robe noire, la moitié de sa figure plongeait dans un large rabat, l'autre moitié se cachait sous une perruque monumentale, si bien qu'on n'apercevait guère que son nez affublé d'une monstrueuse paire de bésicles en or. Tout ce qu'on pouvait voir, c'est qu'il était de forte et haute encolure et qu'il se rengorgeait d'un air tout à fait majestueux.

Du Terne était beaucoup trop échauffé pour faire attention à ces détails de costume, mais son adversaire examinait minutieusement le magistrat. Le comte de Horn se contentait de le regarder avec une indifférence dédaigneuse. Violette, encore émue du danger quelle avait couru, ne pensait qu'à se serrer contre le chevalier, son protecteur.

— Qu'est-ce ? demanda le commissaire d'une voix nasale, qui rappelait assez les sons émis par un tuyau d'orgue.

Du Terne sentit qu'il fallait payer d'audace et s'empressa de répondre.

— Monsieur, je passais par hasard en ce quartier, lorsque j'ai vu des drôles qui entouraient cette jeune fille et cherchaient à l'entraîner de force. J'ai pris sa défense contre eux, et j'ai réussi à la leur arracher. Il ne me reste plus qu'à la mettre sous votre protection.

Le magistrat hocha gravement la tête et ouvrit la bouche, probablement pour trancher le différend. Mais, avant qu'il ne prononçât une parole, le ravisseur de Violette s'approcha vivement et lui coula dans l'oreille trois phrases aussi brèves que significatives.

— Je suis à M. d'Argenson et j'agis par ses ordres. La fille n'est qu'un prétexte, et on peut la relâcher. L'homme est recherché pour un crime d'État, et il vous faut l'envoyer en prison.

Après avoir lancé cet avis, le quidam se recula et attendit la sentence, avec un respect apparent et une confiance entière dans le succès de sa requête. Mais le commissaire, qui n'avait point sourcillé à une si étrange révélation, assura ses lunettes sur son nez magistral, et dit de sa voix de basson :

— Qui êtes-vous, s'il vous plaît, vous, l'homme en habit gris, qui vous permettez de me parler de si près ?

Celui qu'il interpellait en ces termes rogues fut tellement stupéfait de la question, qu'il s'abstint d'y répondre. Il rougit et marmotta quelques mots que personne n'entendit, mais qui exprimaient à peu près cette pensée :

— La peste soit du sot et de ceux qui l'ont fait commissaire !

— Savez-vous, mon petit ami, reprit le magistrat, qu'il ne tient à rien que je vous fasse jeter dans un cul de basse-fosse, en punition de votre insolence, et aussi pour vous apprendre à provoquer des désordres sur le pavé du roi ?

L'homme ne branla point à cette menace, mais il continua de maugréer tout bas :

— Cet âne bâté va me faire manquer ma prise. D'où sort-il ? Je ne l'ai jamais vu. Il faut que ce soit quelque commissaire au Petit-Châtelet qui sera venu faire sa ronde par ici pour trancher du lieutenant civil.

— Ça, drôle, parlerez-vous enfin ? nasilla la voix autoritaire.

— Monsieur, je ne saurais m'expliquer ici, dit l'inculpé. Faites-nous conduire tous chez M. le lieutenant général de poli°° et je parlerai.

— Ouais ! pensez-vous que je ne sois pas bon pour juger le cas d'un maraud de votre sorte ? Je vais vous en donner, moi, du lieutenant général de police ! Hé ! vous autres, ajouta le commissaire, est-il vrai que ce coquin a voulu enlever cette jolie fille

Il n'y eut qu'un cri pour répondre : oui. La foule amassée à l'entrée de la ruelle avait assisté au commencement de cette scène sans prendre parti dans la querelle, mais ses sympathies pour la bouquetière indignement violentée n'étaient pas douteuses, et dès qu'elle se sentit appuyée par l'autorité, elle se tourna contre les ravisseurs.

— Assommons les voleurs d'enfants ! à l'eau les mouchards !

Ce chœur d'injures éclata avec un ensemble formidable.

— Mettons le feu à l'hôtel de la Compagnie ! Brûlons *Las* et les actions de sa banque !

— Au feu l'*As-de-Cœur* ! répondirent d'autres furieux, sans doute des agioteurs malheureux qui gardaient rancune au Mississipi.

— Tout beau, mes amis ! cria le commissaire, dont la

voix se mit à tonner comme la trompette du jugement dernier. Point d'émeute, ou je fais appeler la garde qui veille aux deux bouts de la rue Quincampoix.

Les deux soldats d'escorte firent sonner la crosse de leurs fusils sur le pavé pour corroborer ce discours, et l'agitation se calma. L'homme en habit gris avait jugé sainement la tournure que prenait l'affaire, et il s'était prudemment replié sur les sacripants qui le soutenaient.

— Allons, l'ami ! lui dit le commissaire, détalez au plus vite, si vous tenez à ne pas coucher ce soir dans une geôle.

Et voyant que le quidam hésitait encore à battre en retraite, il ajouta :

— A moins que vous n'aimiez mieux que je laisse faire ceux qui se proposent de vous mettre en charpie sur place.

Ce dernier argument fit de l'effet.

— Je pars, monsieur le commissaire ; je pars, cria le drôle ; mais vous aurez de mes nouvelles avant qu'il soit longtemps, ou je consens à perdre mon nom de Larfaille.

Et, jouant des jambes avec un ensemble remarquable, les persécuteurs de Violette s'enfuirent vers l'autre bout de la ruelle, poursuivis par les huées de la foule.

Le chevalier, qui n'en pouvait croire ses yeux, se demandait par quel miracle se dénouait si heureusement une aventure si mal commencée, et le comte de Horn, que cette scène n'intéressait pas personnellement, ne pouvait s'empêcher d'admirer la façon dont elle prenait fin.

— A nous deux maintenant, ma mie, dit le commissaire en s'adressant à la jeune fille ; venez çà, que je vous gronde avant de vous renvoyer à la maison.

— J'y vais, monsieur, dit Violette toute tremblante ; mes parents demeurent ici tout près, à l'enseigne de *l'Epée-de-Bois*.

— Allez, mon enfant, allez, et soyez plus prudente à l'avenir, prononça le digne magistrat en appuyant ce conseil paternel d'une légère tape sur la joue. Et vous, messieurs, une autre fois, soyez moins prompts à dégaîner.

Cette invitation était à l'adresse des deux gentils-hommes.

— Venez, vous autres, escortez-moi jusqu'à mon fiacre, qui m'attend là-bas, dit le commissaire à ses deux soldats, qui mirent aussitôt l'arme au bras et lui emboîtèrent le pas.

En se dirigeant majestueusement vers son carrosse de louage, l'équitable magistrat passa tout près de M. de Horn et lui dit à l'oreille, d'une voix qui ne nasillait plus :

— Eh bien ! monsieur le comte, croyez-vous maintenant que je puisse me montrer dans Paris sans être reconnu ?

— Le colonel La Jonquière ! murmura le jeune seigneur, confondu d'étonnement.

Le respectable commissaire poursuivit son chemin sans se retourner, sans accélérer son allure, laissant derrière lui Violette et ses protecteurs, et accompagné de loin par les murmures flatteurs de la foule émerveillée de tant de sagesse et d'équité. Le roi Salomon, après avoir rendu sa mémorable sentence entre les deux mères qui se disputaient un enfant, ne devait pas être plus fier de lui-même.

Les deux soldats qui l'escortaient semblaient partager sa satisfaction. Ils se poussaient le coude en riant tout bas. Parfois même ils échangeaient quelques mots, et alors ils riaient plus fort, si fort que le digne magistrat se

croyait obligé de réprimer ces velléités de gaieté intem-
pestives.

Ce n'était pourtant pas qu'ils courussent grand risque
d'être entendus, car autant l'entrée de la rue était encom-
brée de monde, autant l'autre extrémité était déserte.
Distraite un instant de ses préoccupations financières, la
foule des spéculateurs s'était ruée de nouveau dans la
rue Quincampoix pour y faire la chasse aux actions. Le
Mississipi eut tôt fait oublier la bouquetière, et le commissaire, qui l'avait sauvée, put gagner son fiacre sans
être suivi.

Ce bon juge, en passant devant les communs de l'hôtel
de la Compagnie des Indes, donna sans affectation un
coup d'œil à une certaine porte bâtarde, et, voyant qu'elle
était entre-bâillée, il se hâta un peu plus.

Le fiacre stationnait au coin de la rue Saint-Martin, et,
dès que le cocher aperçut sa pratique, il se hâta de rassembler ses rênes et de saisir son fouet. Il n'y avait là
que des passants, fort accoutumés à rencontrer des magistrats subalternes courant les rues en robe et en perruque, et qui ne s'arrêtèrent point pour voir celui-là
monter en voiture. Un des soldats ouvrit la portière,
l'autre abaissa le marchepied.

— Allez m'attendre où vous savez, leur dit à haute voix
le commissaire. Et toi, cria-t-il au cocher, touche où je
t'ai dit, et touche ferme. J'ai rendez-vous à dix heures
avec M. le lieutenant de robe courte et M. le prévôt de la
maréchaussée.

— Ce discours put être entendu des chalands qui remplissaient la boutique de l'épicier du coin, et peut-être
leur était-il adressé, car, en le prononçant, le robin les
regardait.

Le bonhomme grimpa dans le fiacre qui fila vers le bas de la rue Saint-Martin, pendant que les deux soldats regagnaient au pas accéléré la rue Quincampoix. Mais les chevaux n'eurent pas plutôt commencé à trotter qu'un homme quitta précipitamment le comptoir où il paraissait occupé à marchander un fromage de Hollande et sauta sur la chaussée. Là, il hésita quelques secondes, regardant alternativement les gardes-françaises qui s'en allaient par la ruelle, et le carrosse de louage qui roulait vers la Seine.

— Avec les soldats je n'apprendrai rien, dit-il entre ses dents; c'est le faux commissaire qu'il faut suivre.

Et il se mit à courir après le fiacre.

Il le rattrapa au premier embarras, s'accrocha lestement aux ressorts et s'y assit, les jambes pendantes, à la façon des polissons de Paris. Il s'y prit si adroitement que le cocher ne s'aperçut point de ce surcroît de charge.

Quant aux passants, bien peu s'occupaient de ce quidam en habit gris, commodément assis derrière la caisse du fiacre qui le voiturait gratis. A ceux qui, par hasard, prenaient garde à lui, il faisait de si drôles de grimaces, qu'ils se mettaient à rire et à hausser les épaules, au lieu d'avertir le cocher.

Et pourtant le quidam n'avait guère envie de faire le plaisant; car, en ce moment même, il enrageait de tout son cœur.

Pas n'est besoin de dire que ce singulier voyageur n'était autre que le persécuteur de Violette, l'adversaire du chevalier du Terne, celui qui, tout à l'heure, exécutait si hardiment les ordres secrets de M. Law. En se décidant à prendre la fuite devant les menaces du commissaire, il n'entendait pas abandonner la partie. Au contraire, il avait conçu un plan assez ingénieux. Le magistrat qui

était venu si mal à propos se mêler de ses affaires ne lui
inspirait qu'un respect fort médiocre et une confiance très-
limitée. Sous son ample robe noire et sa vaste perruque à
marteaux il flairait un commissaire de contrebande, et il
n'était pas jusqu'aux soldats d'escorte qu'il ne soupçonnât
d'avoir moins servi dans les gardes françaises que sur les
galères du roi.

Larfaille, — car l'homme en habit gris et l'exempt qui
avait juré de venger le mort du bal de l'Opéra ne faisaient
qu'une seule et même personne, — Larfaille connaissait à peu près tous les subordonnés de M. le lieutenant
général de police, et la figure de celui-là lui était totalement étrangère. Il en avait conclu que la robe, la perruque
et les bésicles n'étaient qu'un déguisement, et il voulut
absolument savoir à quoi s'en tenir. Pour ce faire il n'avait
rien trouvé de mieux que de s'attacher aux pas du prétendu commissaire.

Le fiacre devait finir par s'arrêter quelque part, et, où
qu'il déposât celui qu'il conduisait, l'exempt aurait beau
jeu pour s'assurer de l'identité du personnage, car il ne
serait plus entouré, comme dans la rue Quincampoix,
d'une foule hostile, ameutée par des ennemis invisibles.

C'était un entêté que ce Larfaille, et sa persévérance dans
l'exécution de ses desseins n'était égalée que par sa prodigieuse activité. Il avait quitté à trois heures du matin le
bal de l'Opéra; il avait employé le reste de la nuit à commencer une enquête sur l'assassinat de son malheureux
camarade; et, au petit jour, il était déjà mêlé à la foule
des agioteurs qui s'agitaient autour de l'hôtel de la Compagnie des Indes.

Ce n'était pas sans motif qu'il était venu là. Agent préféré du vieux d'Argenson, très-apprécié par Dubois et

avantageusement connu de M. Law, Jean Larfaille était l'homme des missions les plus secrètes et les plus difficiles.

Or, il y en avait une dont il était chargé spécialement depuis trois mois et qui consistait à rechercher l'insaisissable colonel La Jonquière, le dangereux échappé de la Bastille, dont la présence à Paris empêchait le premier ministre et le lieutenant de police de dormir. Cette tâche ardue et périlleuse entre toutes, Larfaille s'y était donné tout entier; chaque jour il y usait ses forces et il y risquait sa vie sans avoir encore recueilli d'autre prix de ses peines que des indices assez vagues.

Le terrible chef de partisans n'avait point quitté la ville, l'exempt en était sûr; il le sentait, pour ainsi dire, comme le chien de chasse sent le gibier; mais le gibier se dérobait toujours. Dix fois il avait cru le tenir et dix fois il avait perdu la piste.

Cependant, depuis quelques jours, des renseignements un peu plus précis le portaient à croire que le colonel et sa bande fréquentaient volontiers les parages de la rue Quincampoix, soit qu'ils méditassent un coup contre M. Law, en attendant l'occasion d'attaquer M. le Régent, soit qu'ils eussent trouvé un asile aux environs. Une lettre anonyme adressée à M. Lebrun, prévôt de l'île et chef de la maréchaussée, avait même signalé, comme étant la maîtresse d'un des conjurés, la jolie bouquetière qui fleurissait tous les matins les trafiquants d'actions.

Larfaille en était là de ses investigations quand le meurtre abominable de son confrère et ami Desgrais vint surexciter son ardeur.

L'inscription attachée au poignard enfoncé dans ce corps si imprudemment jeté au milieu du bal de l'Opéra fut un nouveau trait de lumière, et il ne douta plus que

La Jonquière eût juré la mort de tous les agents qui le recherchaient. C'était comme un défi appelant les exempts à un duel sans trêve et sans merci.

Ce défi, Jean Larfaille l'avait accepté, et c'était pour commencer la lutte que, sans hésiter, sans prendre un instant de repos, ni même le temps de consulter Dubois ou d'Argenson, il était accouru dans la rue Quincampoix. Il avait le pressentiment d'y surprendre quelque agissement suspect d'un des galants de la bouquetière, et un caprice de M. Law pour la jolie marchande lui avait justement fourni l'occasion qu'il voulait faire naître. Mais l'aventure si bien engagée avait tourné à sa confusion par l'intervention maladroite d'un commissaire imbécile ou traître, et on peut aisément se figurer de quels sentiments Larfaille était animé à l'endroit de ce malencontreux personnage.

— Le coquin va me payer ce tour-là, pensait-il tout en roulant derrière le fiacre qui venait d'entrer dans la rue de la Ferronnerie; si par hasard c'est un vrai commissaire, je le dénoncerai à M. d'Argenson, qui le chassera honteusement. Si, comme je le crois, au contraire, La Jonquière a imaginé cette nouvelle mascarade, c'est au mieux, et, cette fois, je les tiens tous, car je fais arrêter le bandit dans la maison où il descendra, et, par celui-là, nous aurons bientôt les autres.

Et l'exempt souriait à cette douce perspective. Il y avait cependant un point noir à l'horizon de ses espérances. Le fiacre allait peut-être le conduire dans quelque faubourg désert et s'arrêter à la porte d'un repaire occupé par les brigands du colonel, et Larfaille, seul contre toute une bande, aurait alors mal passé son temps; mais il n'était pas homme à s'arrêter pour si peu.

5.

Au surplus, le cocher ne faisait pas mine de vouloir sortir de Paris. Il avait lancé son attelage dans la rue Saint-Honoré.

— Il paraît que M. le commissaire n'a point affaire au Châtelet ni au palais de Justice, car nous n'en prenons pas le chemin, ricanait l'exempt. Le drôle ne se doute pas que je suis là. Je gagerais qu'il va se faire mener tout droit à la maison où ce damné colonel a établi son quartier général et que je cherche depuis si longtemps. Allons! allons! voilà qui finira bien.

Dix minutes après, le fiacre ralentit son allure, probablement parce qu'il approchait de sa destination.

— J'avais toujours pensé que les coquins s'étaient établis dans le voisinage du Palais-Royal, disait Larfaille entre ses dents. Ils veulent avoir le Régent sous la main... Patience, messieurs, patience! c'est vous qui allez tomber sous la mienne.

Il parlait encore quand le fiacre tourna par la rue de Valois et vint au petit pas se ranger contre le mur à gauche. On était arrivé.

L'exempt, qui ne s'attendait pas à un arrêt si brusque, n'eut que le temps de sauter à terre pour être en mesure d'assister à la descente de M. le commissaire. Il ne se doutait guère de la surprise qui l'attendait sur le pavé du roi.

Avec une prudence qui témoignait de sa longue pratique des arrestations difficiles, il avait eu soin de sauter à droite, de façon à laisser le fiacre entre lui et le voyageur qui allait en descendre. Abrité derrière ce rempart, il comptait pouvoir observer, sans être vu, les faits et gestes de M. le commissaire.

Ce qui se passa alors eut moins de durée qu'il n'en faut pour le raconter, et cependant l'exempt de robe courte

eut le temps de subir coup sur coup deux ou trois déceptions bien cruelles. La première fut de reconnaître que le
carrosse de louage s'était arrêté précisément devant l'entrée latérale du Palais-Royal.

— Me serais-je trompé ? commençait à murmurer Larfaille stupéfait de voir celui qu'il prenait pour un conspirateur déguisé se faire conduire à la porte des appartements
du duc d'Orléans.

Mais il n'était pas au bout de ses étonnements.

Au moment où il s'apprêtait à dévisager de près le
faux magistrat, un officier sortit du fiacre. Oui, un officier ;
il n'y avait pas moyen d'attribuer une autre qualité
au personnage qui se montra tout à coup, serré dans un
habit bleu de coupe militaire, botté jusqu'aux genoux,
coiffé d'un petit tricorne incliné sur l'oreille et orné d'un
nœud de rubans jonquille tombant coquettement sur
l'épaule gauche. Seulement, c'était, selon toute apparence,
un officier retiré du service, après de longs exploits et de
nombreuses blessures, car il s'appuyait péniblement sur
une longue canne à bec de corbin ; de plus, il portait un
bras en écharpe et un large bandeau qui lui couvrait la
moitié du front, l'œil droit et presque tout le côté droit
de la figure. Depuis le maréchal de Rantzau, qui n'avait
qu'un œil, un bras et une jambe, on n'avait peut-être
jamais vu guerrier si mutilé.

Ce glorieux débris des armées françaises ou étrangères
s'arrêta un instant pour refermer la portière, comme s'il
eût voulu laisser à l'exempt abasourdi le temps de bien
l'examiner. Puis, d'un geste fort noble, il fit signe au
cocher, qu'il avait sans doute payé d'avance, de quitter
la place, et celui-ci s'empressa d'obéir. Fouettant vigoureusement ses chevaux, il leur fit tourner bride, et, après

avoir dépassé le coin de la rue de Valois, il les lança à toute volée vers la porte Saint-Honoré.

La stupeur de Larfaille ne fut pas de longue durée, et, de fait, ce n'était pas le moment de perdre la tête. Il avait failli être écrasé par la brusque évolution du fiacre, mais il esquiva adroitement les roues et ne fit qu'un bond à travers la rue, bien décidé à aborder sous un prétexte quelconque un homme qui lui était suspect au premier chef.

L'exempt était leste comme un renard et l'officier se traînait comme un vieux chien éclopé. Ce contraste n'empêcha pas que l'exempt arrivât tout juste pour voir le dos de l'officier occupé à parlementer avec le suisse du Palais-Royal.

Pour comble de malheur, le colloquo fut très-court. Le suisse, édifié sur la qualité du visiteur, s'effaça respectueusement pour le laisser passer, et le vénérable invalide se mit à grimper, en faisant sonner sa canne sur les marches, l'escalier qui conduisait au premier étage de l'aile gauche habitée par M. le Régent.

Larfaille, qui connaissait à merveille la disposition intérieure des appartements du palais, demeura confondu, en voyant le gibier qu'il chassait prendre tranquillement le même chemin que les roués et les maîtresses du duc se rendant aux petits soupers par les petites entrées.

Cet équivoque individu se trouvait-il dans le fiacre quand le commissaire y était monté au coin de la rue Saint-Martin, ou bien ne faisait-il qu'un avec ce même commissaire, qui aurait alors changé de costume en route ? Et, dans l'un et l'autre cas, comment se pouvait-il qu'il fût reçu sans difficulté dans les cabinets les plus intimes, surtout à cette heure matinale où le duc d'Orléans était occupé à tenir conseil avec ses ministres? Toutes ces questions, et bien d'autres encore, se pressaient tumultueusement dans la tête de Larfaille, qui n'y trouvait point de réponse satisfaisante.

— Imbécile que je suis! s'écria-t-il tout à coup ; c'est le fiacre que j'aurais dû continuer à suivre. Le faux officier ou le faux commissaire, c'est tout un, a renvoyé le cocher sans le payer. Donc, ce cocher est son complice ; donc, c'est à lui qu'il faut s'attacher.

Et il se mit à courir après l'attelage. Il n'eut pas plutôt atteint l'angle de la rue de Valois, que le sang-froid lui revint. Le fiacre était déjà bien loin, et il n'y avait plus la moindre chance de le rattraper.

— Oui, je suis un sot, murmura l'exempt en s'arrêtant sur place et en se frappant le front, je suis un grand sot, car je perds mon temps à soupirer après les pistes perdues, au lieu de m'attacher à celles que je tiens. Tantôt, je regrettais de n'avoir pas suivi les deux prétendus gardes-françaises, maintenant je regrette d'avoir laissé partir le fiacre... et je suis à la porte du Palais-Royal où ce coquin vient d'entrer... En vérité, je ne me reconnais plus, et il faut que la fin tragique de ce pauvre Desgrais m'ait troublé l'esprit.

Et, avec la soudaineté d'action qui le caractérisait, Larfaille courut à l'entrée où était passé le vétéran au nœud jonquille. Il courait si fort qu'il tomba justement dans les bras du suisse, lequel barrait de son imposante rotondité toute la largeur du vestibule.

— Tout *peau*, l'ami ! où allez-*fous* ? cria le compatriote de Guillaume Tell avec l'accent traditionnel des treize cantons.

— Il faut que je parle à M. d'Ibagnet, l'huissier de

M. le Régent, ou à M. Coche, son premier valet de chambre... Je viens pour affaires d'État.

À ces mots, le suisse, qui toisait déjà fort dédaigneusement le solliciteur, partit d'un éclat de rire homérique. Sa large bouche se fendit jusqu'aux oreilles pour laisser échapper des sons semblables au grondement du tonnerre, et son énorme ventre eut des soubresauts formidables.

L'exempt aurait étranglé de bon cœur ce Cerbère malappris, mais il avait besoin de lui, et il attendit patiemment que cet accès de lourde gaieté eût pris fin.

— *Gomment gue* tu dis cela, *bedit?* demanda le facétieux portier entre deux hoquets d'hilarité.

— Je vous dis que j'ai besoin de voir l'huissier ou le valet de chambre de service. Ces messieurs me connaissent et...

— Ah ! ils te *gonnaissent !* Et qui es-*du*, mon *prafe*, *bour* être *gonnu* de ces messieurs ?

— Je suis exempt de robe courte, attaché au service personnel de M. le lieutenant de police, dit Larfaille, croyant, un peu à la légère, que ces titres allaient lui faire livrer passage, au moins jusqu'à l'antichambre.

Il s'aperçut bien vite qu'il se trompait du tout au tout.

— Un *achant te bolice !* un *esbion !* s'écria l'enfant de l'Helvétie en frappant furieusement du manche de sa hallebarde les dalles du vestibule ; et il ose se *brésender* ici !

— Mais je viens par ordre de mon maître, monseigneur d'Argenson.

— Foin de ton maître !

— Et quand M. Dubois, le premier ministre, saura que vous m'avez refusé l'entrée...

—Il *tira que* j'ai bien fait d'*exéguder* ma *gonsigne*... Hors *t'ici, fermine!* hors *t'ici, chipier* de *bodence!* vociféra le suisse.

En même temps, il présentait la pointe de sa hallebarde à l'exempt, qui se vit forcé de reculer pour éviter d'être embroché.

Le pauvre Larfaille étouffait de colère, mais il comprit qu'il n'obtiendrait rien de ce cube de chair et de bêtise, et il commença par se mettre hors de la portée du redoutable insigne de sa profession.

— C'est bon ! je m'en vais, vieux *lifrelofre,* cria-t-il de la rue ; je m'en vais de ce pas chez le lieutenant de police lui conter que tu barres la porte aux gens qui viennent pour le service du roi et que tu laisses entrer des aventuriers déguisés en officiers...

— Qu'est-ce à *tire, trôle?* Que *barles-*tu d'*afenduriers?* Le *gabidaine qui fient te basser il étre* de la *gonnaissance indime* de monseigneur le *réchant... abbrends* cela, *faurien,* et *dourne-*moi les *dalons,* ou sinon...

La terrible hallebarde menaçait de faire son jeu. Larfaille fit un bond de six pieds et s'enfuit en grommelant :

— Cette brute ne m'en dira pas davantage. Je n'ai plus qu'une chose à faire, c'est d'aller avertir le ministre. Il m'écoutera, lui, il accourra au Palais-Royal et nous saurons ce que c'est que ce capitaine qui est de la connaissance intime du Régent, à ce que prétend cet ivrogne, et qui tantôt se promenait dans la rue Quincampoix habillé en commissaire ; car je gagerais ma tête contre une action du Mississipi que les deux ne font qu'un.

Pour aller chez Dubois, il fallait remonter la rue et s'adresser au concierge d'un passage étroit qui donnait sur la cour des Fontaines. C'était par là que l'infatigable secrétaire d'État recevait ses familiers , et l'exempt, qu'il employait sans cesse à des missions secrètes, y était toujours admis sans difficulté.

Le valet de confiance chargé de reconnaître les visiteurs l'accueillit à merveille, mais il lui apprit que le ministre, appelé à Versailles par des affaires urgentes, avait fait demander son carrosse dès l'aube et ne rentrerait vraisemblablement que fort tard dans la soirée.

Larfaille jugea superflu de confier ses angoisses à ce subalterne et s'en alla la tête basse. Il songea un instant à se mettre en sentinelle dans la rue de Valois pour guetter la sortie du problématique officier ; mais il réfléchit que les appartements du Palais-Royal avaient deux ou trois issues et qu'il en serait probablement pour ses peines, sans compter que l'intraitable suisse était homme à lui chercher noise et à le faire arrêter, s'il le voyait rôder devant sa porte.

Il se rabattit alors sur l'hôtel d'Argenson, où il espérait être reçu par le lieutenant de police. M. d'Argenson était allé faire ses dévotions au couvent de la Madeleine de Traisnel, tout au fond du faubourg Saint-Antoine.

Larfaille, découragé, se décida à rentrer chez lui pour prendre un peu de repos dont il avait grand besoin, car il était sur pied depuis trente-six heures.

III

Pendant que l'exempt courait après le commissaire, faux ou vrai, qui lui avait causé tant de chagrin, le comte de Horn et le chevalier du Terne de Grandpré se conduisaient comme de vrais gentilshommes qu'ils étaient tous les deux. Au lieu de songer tout d'abord à se mettre en sûreté, ils pensèrent d'un commun accord à protéger Violette.

La pauvre petite était plus morte que vive et palpitait comme un passereau qui vient d'échapper aux serres d'un épervier. Elle se serait même probablement évanouie, si Louis du Terne ne s'était trouvé là pour la recevoir dans ses bras.

Horn, moins ému que son ami, se contenta de monter la garde autour d'eux, et, comme il avait l'épée à la main, il eut bientôt fait d'éloigner les curieux.

Les agioteurs ne se souciaient point de se frotter à ces deux cavaliers si prompts à dégaîner, et, d'ailleurs, ils avaient d'autres soucis que de s'intéresser à une bouquetière persécutée. Ils retournèrent à leur Mississipi, lequel justement ce jour-là, faisait rage, les actions montant par bonds de cinq cents livres, sur le bruit qui courait que M. Law venait d'être nommé contrôleur général des finances. Et cependant la place n'était pas tenable pour Violette et ses défenseurs, car leurs ennemis, après avoir pris la fuite devant l'autorité, pouvaient reparaître d'un moment à l'autre, maintenant que le commissaire était loin.

Le comte, du reste, n'était pas encore revenu de sa surprise, depuis que le colonel La Jonquière lui avait jeté à l'oreille, en passant, le secret de son travestissement. Tant de prestesse à se déguiser en magistrat, tant d'à-propos pour intervenir, tant de hardiesse à tirer ses complices d'un mauvais pas, il y avait là de quoi confondre d'admiration un jeune seigneur qui conspirait pour la première fois de sa vie. Il s'y mêlait bien un peu de dépit et même de mécontentement : dépit d'être forcé de reconnaître la supériorité d'un aventurier, mécontentement de se trouver engagé dans le complot plus vite qu'il ne l'aurait souhaité.

M. de Horn pensait aussi, à part lui, que le chevalier s'enflammait par trop pour une simple grisette, et la comparaison entre cette amourette roturière et son intrigue ébauchée avec la marquise de Parabère flattait agréablement son amour-propre. Ces sentiments, très-complexes, se traduisirent par une invitation adressée à du Terne en termes assez brefs :

— Chevalier, dit-il dédaigneusement, il me semble qu'il s'en va temps de reconduire cette enfant chez elle. Nous avons, comme il convenait à des gens d'épée, mis ces marauds en fuite. N'attendons pas qu'ils ramènent du renfort. Et puis, ajouta-t-il sur un ton plus bas, il n'est pas

trop bon à nous de prendre publiquement sous notre protection une petite marchande. Il faut laisser cela aux commis de la Compagnie des Indes.

— Monsieur le comte, répliqua du Terne avec une vivacité singulière, je serais désolé de vous compromettre, et
je crois que nous ferons bien de nous séparer sur-le-champ,
car je suis décidé à ne pas abandonner cette jeune fille.

Horn se demanda un instant s'il allait prendre au mot
son compagnon, mais il réfléchit que tout danger n'était
pas encore passé et qu'il y aurait peu de générosité à dé-
serter la partie.

— Qu'à cela ne tienne, dit-il en riant, je suis à vous,
chevalier, à vous et à toutes les belles qu'il vous plaira de
défendre. Seulement, n'oubliez pas les bons avis de cet
obligeant commissaire, qui nous a si adroitement tirés des
mains de ces goujats.

L'allusion aux recommandations de prudence lancées à
mots couverts par La Jonquière fut comprise de du Terne,
qui avait très-bien reconnu le colonel sous sa robe noire
et sa vaste perruque.

— Venez, mademoiselle, dit-il à Violette en lui prenant
la main pour la conduire et l'aider à fendre la foule.

La jeune fille, encore toute troublée, se laissa emmener
et le comte suivit, non sans faire quelque peu la moue.
Tant qu'il s'était agi de batailler en vrai Don Quichotte
pour une simple bergère insultée par des malandrins,
Horn n'y avait pas regardé de trop près, mais il ne lui
plaisait guère de faire escorte à Dulcinée après la victoire,
surtout à une Dulcinée qui portait des jupes d'indienne et
qui vendait des bouquets pour six liards.

— Si la marquise me voyait! pensait le vaniteux gentilhomme.

C'était là une crainte bien puérile, attendu qu'à pareille
heure la marquise dormait à poings fermés, ayant passé
la nuit entière à souper en compagnie de M. le duc d'Orléans et de ses deux fidèles, Canillac et Nocé. Mais, à
vingt-deux ans, on croit toujours que la femme qu'on
aime emploie ses heures nocturnes à contempler au firma-
ment l'étoile du berger.

L'amour-propre du comte ne fut pas mis à une trop
longue épreuve. Le chevalier et sa protégée traversèrent
rapidement la cohue, tournèrent à gauche dans le cul-de-
sac de Venise et s'arrêtèrent devant le cabaret de l'*Epée de
bois*, toujours suivis par le cadet de l'illustre maison de
Horn.

Blanche-Barbe, le rude tavernier, était revenu s'installer
sur le seuil, debout, les bras croisés, la pipe aux dents,
et paraissait s'inquiéter fort peu des pratiques attablées
dans la salle basse. En revanche, du plus loin qu'il aperçut Violette et le chevalier la tenant par la main, il commença de froncer terriblement le sourcil, et il fit trois pas
à leur rencontre.

— Maître, dit du Terne d'un air assez embarrassé, votre
fille, en vendant ses fleurs, a été insultée par une demi-
douzaine de garnements que nous avons mis en fuite,
monsieur et moi.

— Ah! ah! s'écria le cabaretier dont les yeux lançaient
des éclairs, monsieur aussi en était!

— Sans doute, balbutia le chevalier tout décontenancé.

— Par saint Liévin, voilà qui passe la permission!

— Et qu'y trouvez-vous à reprendre? demanda le comte
avec hauteur.

— Vous, je ne vous parle pas, grommela maître Pierre.

— Qu'est-ce à dire, drôle?

A cette injure, le tavernier fit trois pas en avant les poings fermés, mais il se contint aussitôt et dit froidement :

— Monsieur, nous ne sommes point ici au pays de Liége, où, vous et les vôtres, vous pouvez impunément abuser de vos droits seigneuriaux. Nous sommes en France, et je n'y souffrirai point qu'on me maltraite. Passez donc votre chemin, si vous ne voulez qu'il vous arrive malheur.

Horn allait répondre de la bonne sorte, mais le chevalier se hâta de prendre la parole pour détourner l'orage :

— Maître, pas de querelle ici, je vous en prie. Vous savez bien que monsieur est des nôtres, qu'on nous épie sans cesse, et qu'il faudrait peu de chose pour donner l'éveil au lieutenant de police. Au nom du colonel, modérez-vous.

Il fallait qu'à tous ses autres mérites, La Jonquière joignît le talent d'apprivoiser les ours, car du Terne n'eut qu'à invoquer son autorité pour calmer le brutal Blanche-Barbe.

— Soit! grogna le cabaretier; je ne m'occuperai plus de ce gentilhomme, s'il veut me faire la grâce de ne plus se mêler de mes affaires.

— Pardieu! je n'ai garde, car elles ne m'intéressent guère, dit le comte en lui tournant le dos avec mépris.

— Occupons-nous plutôt, reprit le chevalier, occupons-nous, maître, de votre fille qui est encore toute tremblante.

— Elle n'a que ce qu'elle mérite, riposta Blanche-Barbe, en attachant sur Violette un regard sombre où il était bien difficile de démêler le sentiment paternel.

— Mon père, je vous jure... commença la pauvre enfant.

— Taisez-vous et écoutez ce que j'ai à vous dire, interrompit durement maître Pierre. Vous aviez un métier honnête. Il vous a plu de le quitter pour vous en aller vendre des fleurs à tout venant comme une effrontée.

— Ma mère me l'avait permis, soupira Violette.

— Et moi je vous le défends, car je n'ai point envie d'être contraint de vous réclamer à l'hôpital où on jette les abandonnées.

— Maître ! cria du Terne pâle de colère.

— Laissez-moi achever, monsieur. Ma fille est à moi, et je suis seul responsable de l'honneur de mon nom, dit le tavernier d'un air que n'aurait pas désavoué un duc et pair. Et vous, ajouta-t-il en toisant la jeune fille, obéissez à ce que je vais vous commander. Avant la sotte fantaisie qui vous prit de vous faire bouquetière, vous étiez ravaudeuse.

Violette baissa la tête ; le chevalier rougit jusqu'aux oreilles, et le comte de Horn ne put dissimuler un sourire ironique.

— C'est un bon état, reprit l'impitoyable Blanche-Barbe, et j'exige que vous le repreniez à l'instant. Le tonneau où vous étiez installée l'an passé est encore à sa place, là, contre le mur d'en face. La place est excellente, les pratiques ne vous manqueront pas, et vous travaillerez sous les yeux de votre mère et sous les miens. Cela vous vaudra mieux que de courir les rues avec un panier au bras.

Le chevalier aurait voulu être à cent pieds sous terre. A peine eut-il le courage de murmurer :

— Vous n'y songez pas, maître Pierre. Votre fille ne saurait, sans s'avilir, faire un métier qui la mettrait en contact avec le plus bas peuple.

— Pardon, monsieur, vous oubliez que ma fille aussi

est du peuple, comme sa mère, comme moi. Elle ne dé-
rogera donc point en gagnant sa vie à ravauder des bas,
fussent ceux des laquais et des servantes du quartier.
Ça, Jeannette, — car on vous a appelée Jeannette à votre
baptême, et j'entends que vous ne portiez plus d'autre nom,
— jetez-moi là ce panier et allez, sans plus tarder, vous
asseoir là-bas dans ce tonneau. Vous n'y chômerez point,
et je vais dire à votre mère de vous y envoyer des écheveaux de fil et des aiguilles.

Décrire ce qui se passait dans le cœur de Violette et dans
celui du chevalier, pendant ce terrible discours, serait
aussi impossible que de rendre l'expression de sévérité
cruelle qu'y mit maître Pierre.

La pauvre petite leva sur son cher défenseur ses grands
yeux pleins de larmes et laissa tomber son panier. Les
fleurs roulèrent sur le pavé et Violette se mit à les regarder
tristement. Son beau rêve s'envolait.

Du Terne fit un mouvement pour sauter à la gorge
de ce père implacable qui avait repris son attitude impassible, mais il se contint par un suprême effort de volonté.

Alors il se baissa, ramassa un bouquet de violettes, le
serra contre son cœur en lançant à la jeune fille un regard
expressif, et dit d'une voix ferme :

— Venez, monsieur le comte, notre place n'est plus
ici.

Cette scène avait plus choqué le comte de Horn qu'elle
ne l'avait intéressé. Le cabaretier, la bouquetière et leurs
querelles de famille le laissaient fort indifférent. Les petites gens n'existaient pas plus pour lui que les humbles
et laborieuses fourmis n'existent pour un lion, et il n'é-
tait pas éloigné de trouver prodigieusement ridicule le

chevalier, qui dérogeait jusqu'à s'occuper de ces croquants.
Aussi ne se fit-il pas prier pour quitter la place.

De son côté, du Terne avait hâte de s'éloigner de cette
ruelle, où il venait de souffrir dans son amour et dans
son amour-propre. A vingt-cinq ans, ces sortes de blessures saignent longtemps, et on aime mieux les cacher
que de chercher à les guérir en les montrant à un ami.

Le chevalier entraîna donc le jeune Horn à travers les
groupes compactes des Mississipiens, et marcha longtemps à côté de lui sans entrer dans la voie des confidences. Il eut soin de s'éloigner de la rue Quincampoix
par un chemin tout différent de celui qu'avait pris le colonel La Jonquière, et bientôt ces deux gentilshommes, qui
se ressemblaient si peu, se trouvèrent marchant côte à côte
et silencieusement dans le cloître Saint-Jacques-de-la-
Boucherie.

On aurait dit qu'ils s'étaient donné le mot pour se taire,
et pourtant, au fond, ils mouraient d'envie de parler ; mais
c'était à qui ne commencerait pas le premier. Horn, enfin,
rompit la glace au moment où ils débouchaient sur le
quai de la Ferraille.

— Pardieu ! chevalier, dit-il d'un air dégagé, il faut
avouer que Paris est une étrange ville. Il y a un mois
tout au plus que j'y débarquai pour la première fois, dans
l'unique intention d'y mener joyeuse vie, et voilà que,
depuis cette nuit, je suis lancé tout à plein dans une belle
et bonne conspiration, où il me paraît que je joue ma
tête.

— Vous ne vous trompez pas, monsieur le comte. C'est
notre vie à tous qui est en jeu.

— Eh bien ! je puis vous avouer cela, — d'autant mieux
que je n'ai pas la moindre envie de reculer maintenant —

si j'avais su que je me lançais dans une véritable guerre de partisans, j'y aurais peut-être regardé à deux fois avant de m'enrôler dans les troupes de l'illustre colonel La Jonquière.

— Et vous auriez eu raison d'hésiter. Le métier de conspirateur est dur et pénible ; de plus, il rapporte rarement ce qu'il coûte, et lorsque, comme vous, on a l'avenir devant soi, il faut être bien fou pour le choisir de gaieté de cœur.

— Et cependant vous conspirez.

— Oh ! moi, c'est différent.

— En quoi, s'il vous plait ?

— En ceci, comte, que vous, quoique cadet, vous êtes de trop grande maison pour ne pas faire un beau chemin dans le monde, tandis que moi, pauvre officier réformé au moment où j'espérais obtenir un régiment, je suis à peu près forcé de risquer le tout pour le tout, si je ne veux végéter toute ma vie dans la gêne et dans l'obscurité.

— C'est singulier, murmura Horn, à votre air gai et ouvert, je n'aurais pas cru que vous fussiez ambitieux, et j'ai encore plus de peine à le croire depuis que...

— Achevez, je vous prie, mon cher comte.

— Pourquoi ne le dirais-je pas, après tout ?... Depuis que j'ai vu que vous portiez un intérêt très-tendre à cette... à cette jeune fille.

Avant de qualifier ainsi la bouquetière, Horn avait eu évidemment sur les lèvres un mot moins honnête. Du Terne sentit l'hésitation et rougit bien fort. Cependant il répondit avec assez de calme :

— J'entends, monsieur le comte, vous vous étonnez qu'un noble, — je le suis autant que vous, mes ancêtres ayant figuré comme les vôtres à la première croisade, — qu'un noble, si déchu qu'il soit, puisse aimer sérieusement une fille de basse naissance.

Horn ne répondit que par un signe affirmatif.

— J'aurais bien des raisons à vous donner pour m'excuser de déroger ainsi, reprit le chevalier d'un ton grave et triste. Je pourrais vous dire qu'étant né sans biens et sans protections, je n'ai dû qu'à moi-même le grade de capitaine dans les gardes wallonnes, ce grade que m'a enlevé une criante injustice, et que, par conséquent, je suis délié de toute obligation de caste et libre d'aimer où je veux. J'aime mieux vous avouer tout simplement que je ressens pour la pauvre enfant que vous venez de m'aider à sauver une passion qui domine les petits intérêts et les vains préjugés du monde, une passion à laquelle je suis prêt à sacrifier ma vie.

— Lui sacrifieriez-vous aussi ceux de la conspiration? demanda le comte avec une pointe d'ironie.

— Non, répondit nettement du Terne, car ce serait sacrifier en même temps mon honneur ; mais je ne serai point, Dieu merci, mis en demeure de choisir entre mon amour et mon devoir. Si Violette n'est pas initiée au complot, du moins elle est de cœur avec les adversaires de ces exploiteurs de la France, de ce Régent, qui souffre tout de ses roués et de ses maîtresses; de ce vil Dubois, qui est vendu à l'Angleterre; de ce Law surtout, de cet orgueilleux aventurier, qui ose poursuivre de ses insolentes propositions une enfant fière et pure.

La fin de cette tirade fit que le comte hocha la tête. Il pensait : « C'est ici, chevalier, mon ami, que le bât vous blesse. » Mais il était trop poli pour exprimer sa pensée.

— Au surplus, dit du Terne, son père est l'âme de la conspiration, quoiqu'il n'y prenne pas une part active, car sa maison est devenue, comme vous l'avez pu voir, le quartier général du colonel.

— Son père ! répéta Horn. Hum ! il ne paraît pas lui porter une affection bien tendre, à en juger par la façon brutale dont il l'a traitée tout à l'heure. Et, à propos de cet ours mal léché qui rabroue si vilainement sa charmante fille et qui prétend me connaître, sans doute pour excuser vis-à-vis de moi ses familiarités malséantes, apprenez-moi d'où il sort.

— De votre pays et du mien, comte. Il y a quinze ans tout au moins qu'il est venu s'établir à Paris ; mais il est né dans les Flandres, et je crois même qu'il y a été longtemps garde d'une forêt qui faisait partie des domaines de votre maison.

— Ah ! ah ! voilà qui expliquerait comment il a pu voir autrefois mon père, comme il le prétend ; mon père qui l'a chassé sans doute pour quelque infidélité dans son service.

— Nul ne sait pourquoi maître Pierre Barbe-Blanche s'est expatrié.

— Quoi ! personne, pas même sa femme, cette joyeuse commère que vous nommez dame Margot, et qui m'a semblé mieux disposée pour vous que son rustre d'époux.

— Sa femme connaît certainement le secret de cet exil, et elle le garde, et mal lui en prendrait, je crois, de le laisser échapper, car son mari est un maître aux ordres duquel il ne fait pas bon manquer.

— Je m'en suis aperçu, et je plains votre belle d'être sous l'autorité de ce rustique despote. Mais, dites-moi, mon cher chevalier, puisque nous en sommes aux confidences, est-il indiscret de vous demander comment vous comptez mener vos amours, maintenant que voilà cette pauvre petite condamnée à ne plus quitter ce ridicule tonneau de ravaudeuse?

— Mes amours sont vouées à toutes sortes de tribulations jusqu'au jour où, la conspiration ayant réussi, je serai libre de mes actions et assuré de ma fortune, c'est-à-dire pourvu d'un régiment par S. M. le roi d'Espagne. Ce jour-là, avec ou sans la permission de maître Pierre, j'emmènerai Violette en Espagne, et nous nous marierons devant le curé de la première bourgade que nous rencontrerons au delà des Pyrénées. En attendant, je saurai souffrir ce que je ne puis empêcher, car je me sens de force à protéger ma future femme contre les sévérités de son père et surtout contre les entreprises galantes de l'*As de Cœur* et de ses misérables agents.

— Ainsi soit-il, chevalier, dit gaiement le jeune comte. Pour la fidélité autant que pour la bravoure, vous marchez de pair avec les héros des romans de chevalerie ; et, depuis Amadis de Gaule...

— Parlons maintenant de vous, mon cher comte, interrompit du Terne, qui n'entendait pas raillerie sur ses affaires de cœur. Vous m'avez dit que vous éprouviez quelques scrupules à vous engager davantage avec le colonel...

— Mais non, j'y suis décidé, car je veux que Philippe me rende raison.

— Me permettez-vous de vous donner un bon conseil ?

— Oh ! très-volontiers.

— Eh bien ! comte, renoncez à un projet dont l'exécution pourrait vous mener beaucoup plus loin que vous ne pensez. La Jonquière serait fort mécontent s'il m'entendait vous dissuader de conspirer avec nous, mais peu m'importe ! et, au surplus, je me charge, s'il vous plait de vous dégager, de lui expliquer votre conduite. Nous sommes assurés de votre discrétion, et je me fais fort de démontrer au colonel que cela doit nous suffire.

Horn se recueillit un instant avant de répondre. Son orgueil luttait contre sa raison, qui lui disait de s'arrêter sur une pente dangereuse.

Les deux jeunes gens venaient de traverser le pont Neuf, et ils arrivaient à l'entrée de la rue Dauphine, où logeait le comte, que son nouvel ami avait voulu reconduire jusqu'à sa porte.

— Ma foi ! s'écria-t-il, je persiste. A part la satisfaction que j'espère du duc d'Orléans, je suis trop intéressé à supprimer le seul obstacle qui me sépare de la marquise pour ne pas aider de ma personne les honnêtes gens qui se proposent de m'en débarrasser.

— Ainsi, dit tristement du Terne, c'est pour mener plus à l'aise une intrigue avec madame de Parabère que vous allez jouer votre existence.

— La marquise en vaut, pardieu ! bien la peine, mon cher, et ce n'est pas de vous que j'attendais pareille objection.

— Et si elle vous avait déjà oublié, cette coquette, cette ambitieuse, qui n'a jamais aimé sérieusement, dit le chevalier, sans relever l'allusion à ses amours roturières.

— Si je croyais cela...

— Hélas ! vous ne serez que trop tôt obligé de le croire. Madame de Parabère a pu être flattée de la passion qu'elle a inspirée à un seigneur de votre mine et de votre rang, elle a pu l'encourager un instant ; mais elle n'aime que le plaisir, l'opulence et le pouvoir. Le Régent lui donne tout cela. Elle risquerait trop à se compromettre.

Les sentiments contradictoires que ce discours fort sage fit naître dans l'âme de Horn se reflétaient sur sa figure, et le chevalier commençait à espérer de le convaincre, quand leur entretien fut dérangé par un laquais vêtu d'une livrée très-simple, qui s'approcha du jeune comte et lui remit respectueusement une lettre.

— Que signifie?... Qui t'a chargé de cela? demanda Horn.

— Un coureur, monsieur le comte, un coureur qui a recommandé de vous faire tenir ce message le plus tôt possible. J'étais fort tourmenté de n'avoir point vu rentrer cette nuit monsieur le comte, et je me suis permis de venir à sa rencontre, pensant bien qu'il passerait par le pont Neuf...

Horn n'écoutait guère son vieux serviteur. Il avait fait sauter le cachet, il lisait la lettre et sa figure s'épanouissait à vue d'œil.

— Tenez, chevalier! que pensez-vous de vos craintes et de vos phrases moroses? s'écria-t-il en passant le billet à du Terne.

Il était d'une écriture de femme, fine et irrégulière comme il convenait à une grande dame, en ce joyeux temps où on ne se piquait point d'orthographe, et il disait ceci :

« La chauve-souris ne saurait vous revoir dans Paris, où il y a trop de lumières. Elle va quelquefois se réfugier dans un réduit bien sombre au bord de la Seine, près d'Asnières. Là encore, vous ne pouvez point entrer. Mais, si vous achetiez dans ce village une petite maison, la chauve-souris viendrait sans crainte s'y poser à la brune.

Soyez prudent et discret. Mais hâtez-vous. On vous aime. »

— Eh bien! chevalier, dit le comte à l'oreille de du Terne, prétendrez-vous encore que je n'ai pas de bonnes raisons pour conspirer contre un homme qui fait obstacle à mon bonheur? Je cours m'enfermer pour relire vingt fois, cent fois cette bienheureuse lettre. Venez me voir bientôt. Je suis tout à vous. Au diable les scrupules et vive le colonel La Jonquière!

IV

Jean Larfaille demeurait rue du Pont-au-Choux, au Marais, dans un petit logement sous les toits d'une vieille maison toute noire et toute branlante.

Il y avait bien vingt ans qu'il occupait ce taudis, et il songeait d'autant moins à le quitter qu'il y jouissait des sympathies de ses voisins et de l'estime des bourgeois de son quartier. Sa qualité d'exempt ne lui nuisait point trop aux alentours, quoique, de tout temps, les Parisiens aient porté une médiocre tendresse aux individus attachés, de près ou de loin, à la police. Il est vrai qu'en dehors de ses redoutables fonctions, Larfaille était le plus doux et le plus obligeant des hommes.

Au surplus, un exempt du dix-huitième siècle ne saurait être assimilé ni à un sergent de ville ni à un agent de la brigade de sûreté du dix-neuvième.

D'abord, il y avait des exempts de plus d'une sorte. Dans certains corps de cavalerie, l'exempt était un officier, ayant rang de capitaine et chargé de la police du régiment. Dans la connétablie, autrement dit la maréchaussée,

qui exerçait certaines attributions de la gendarmerie d'à-
présent, les exempts appelés de robe courte, placés sous
les ordres directs du lieutenant-criminel, avaient pour mission de veiller à la sûreté de Paris, de surveiller les vagabonds et les gens sans aveu, de notifier certains ordres
du roi, notamment les terribles lettres de cachet, par lesquelles Sa Majesté octroyait à un de ses sujets un logement dans son château de la Bastille, enfin de rechercher
et d'arrêter les voleurs et les meurtriers, voire même d'assister à leur exécution.

Quoique de pareilles fonctions n'eussent rien de bien
relevé et encore moins d'attrayant, il se trouvait parfois
des gentilshommes pour les remplir, à telles enseignes
qu'en juillet 1737 un exempt de robe courte, nommé Jean-
Baptiste de Beaulieu de Montigny, écuyer, ayant tué un
homme dans une rixe, fit valoir ses droits à la décapita-
tion et obtint, au lieu d'être roué, d'avoir la tête tranchée
comme un noble qu'il était.

Tel n'était point le cas de Jean Larfaille, issu d'une
vieille souche roturière. Il s'était fait exempt, d'abord par
tradition de famille — son père et son oncle avaient servi
dans la compagnie du guet à cheval — ensuite et surtout
par suite d'une vocation naturelle.

Il était né avec le génie de l'intrigue, non dans le mauvais sens du mot, car il n'avait jamais tourné ses rares
facultés vers un but coupable, mais il possédait au plus
haut degré le talent d'éclaircir les mystères les plus obscurs, de démêler les écheveaux les plus embrouillés, de
combiner les marches les plus savantes et de déjouer les
ruses les mieux ourdies. Il avait ce qu'on pourrait appeler la passion de l'inconnu. Tout petit, il s'amusait
à deviner des charades ou à résoudre des problèmes

d'arithmétique. Jeune homme, il voulut appliquer son esprit à des opérations moins enfantines. C'est pourquoi il suivit la même carrière que son père, et certes il en aurait difficilement trouvé une qui convint mieux à ses aptitudes.

De nos jours on a usé et abusé, — j'entends les romanciers, — de l'agent de police moderne, et on a cent fois mis en évidence les côtés dramatiques, imprévus, presque poétiques, de cet étrange métier de chasseur d'hommes qui transporte en pleine civilisation les stratagèmes, les dangers et les péripéties de la vie des Peaux-Rouges.

Javert et M. Lecoq descendent en droite ligne du dernier des Mohicans.

On a décrit l'attrait de cette existence aventureuse, la séduction qu'elle exerce sur certaines natures tout à la fois ardentes et concentrées; on a dit les déceptions et les jouissances intimes de l'homme luttant seul, avec son courage et son intelligence, contre l'ennemi social qui a pour lui le nombre, car il s'appelle légion, et la force, car il est armé de toute pièces et il ne craint pas de tuer.

Combien plus justement encore ces analyses des sensations entraînantes d'une vie exceptionnelle pourraient-elles s'appliquer aux siècles passés!

Aujourd'hui, un agent secret, si habile, si ingénieux, si brave qu'il soit, se meut enfermé dans les limites étroites de la légalité et n'a presque jamais la possibilité d'agir à sa fantaisie. Son imagination a beau être fertile en ruses contre les coquins, elle est forcément contenue par l'obligation de rendre des comptes à un supérieur.

La trame la plus cachée aboutit bien vite à un rapport officiel.

La police se fait dans l'ombre, mais la justice se rend au grand jour, et, des prodigieux travaux des obscurs héros de l'espionnage, il n'arrive jamais à la connaissance du public que des renseignements anonymes.

Les choses ne se passaient point ainsi sous Louis XIV, qui le premier créa dans Paris une véritable police, ni sous son successeur.

En haut, tout en haut de la hiérarchie, il y avait un magistrat portant le titre de lieutenant général, et occupant de fait une des charges les plus importantes de l'Etat — La Reynie, les deux d'Argenson, Sartines — un personnage sur qui reposaient de si grands intérêts politiques, administratifs et municipaux, qu'il n'avait guère le temps de s'occuper des détails. Plus bas, toute une armée d'agents inférieurs, lieutenant-criminel, lieutenant-civil, prévôt de l'île, chevalier du guet, conseillers au Châtelet, tous sortis de la bonne bourgeoisie pour s'avancer dans la magistrature, tous pourvus de charges payées à beaux deniers comptants et dédaignant fort de mettre eux-mêmes la main à la pâte.

Après les commissaires, baillis, huissiers à verge et autre menu fretin de la judicature, venaient les exempts.

A ce dernier degré de l'échelle policière, on rencontrait enfin la passion du métier.

L'exempt, tri-parti de magistrat, de soldat et d'espion, était la cheville ouvrière de toute la machine. Sur lui seul portait le poids de la recherche des crimes et de la poursuite des criminels, et, pour peu que son mérite fût connu et apprécié en bon lieu, on lui donnait carte blanche.

C'est alors vraiment que s'engageaient des luttes inouïes

entre cet humble agent, élevé un niveau des plus hauts par le sentiment de sa responsabilité absolue, et le coupable rusant, résistant, combattant jusqu'à ce que l'un des deux succombât. De ce coupable, l'exempt faisait sa chose, son but invariable, son souci unique. Il le poursuivait jusqu'à ce qu'il l'eût atteint, toujours et partout, dans Paris, dans la province, dans les rues et dans les bois, en-deçà et au-delà des frontières du royaume.

La Brinvilliers, réfugiée à Liége après avoir empoisonné son père et ses frères, y fut arrêtée par un exempt qui s'était déguisé en abbé de cour pour la séduire avec de belles paroles et l'attirer dans un guet-apens tendu par la police française. Cet exempt, dont la renommée est venue jusqu'à nous, s'appelait Desgrais, et il était le père de ce Desgrais, deuxième du nom, lequel, chassant de race, avait, lui aussi, arrêté à Liége le colonel La Jonquière.

Seulement, Desgrais fils avait mal fini, puisqu'on l'avait poignardé et porté mort au bal de l'Opéra, pour servir d'exemple à ses confrères.

Jean Larfaille était son ami et, on l'a vu, il avait juré de le venger. Mais on a vu aussi qu'il n'avait pas été heureux au début de la campagne entamée contre la bande du colonel, bande dont il soupçonnait que les assassins du malheureux exempt faisaient partie.

Le lendemain du jour où il s'était si fâcheusement cassé le nez à la porte des petits appartements du Palais-Royal, Larfaille, encore tout déconfit de sa mésaventure et tout honteux de s'être laissé jouer par un commissaire de contrebande, Larfaille, dans son modeste logement de la rue du Pont-aux-Choux, se hâtait d'achever un repas matinal, pour courir à ses affaires.

Et ce jour-là il en avait beaucoup. D'abord, la veille au

soir, il avait reçu un billet du premier ministre Dubois, qui lui enjoignait de se présenter de bonne heure dans son cabinet, pour y recevoir des instructions importantes, et il n'avait garde de manquer le rendez-vous d'un si puissant personnage. Ensuite, il s'était assigné à lui-même une tâche dont l'exécution lui tenait fort au cœur. Il avait résolu d'aller rôder seul dans la rue Quincampoix, pour y observer de plus près les allures de la bouquetière.

Son instinct d'exempt l'avertissait que c'était dans ces parages qu'il fallait chercher le quartier général de la conspiration et qu'il ne s'était pas trompé la veille, quand il avait imaginé de se servir de la pauvre Violette pour forcer les conjurés à se montrer, à peu près comme les chasseurs à l'appeau se servent d'un passereau qu'il font crier pour attirer les oiseaux du voisinage et les prendre au piége. Seulement, il sentait bien qu'il n'y pouvait point reparaître sous la même forme, à moins de s'exposer grandement, et il était décidé à se déguiser de façon à dérouter tous ceux qui auraient pu le reconnaître.

En attendant l'heure du travestissement, il avait endossé un costume très-simple et très-propre, celui qu'il portait d'habitude en dehors de l'exercice de ses fonctions. Vêtu de noir de la tête aux pieds, il avait l'air d'un procureur en petite tenue.

Ainsi équipé pour s'en aller en guerre, il s'apprêtait à partir pour le Palais-Royal où Dubois l'attendait, et il aurait même déjà dû être en route. Mais ce repas du matin était pour lui le meilleur de la journée, et il s'y attardait volontiers à causer comme un bon bourgeois, voire même à s'égayer en plaisantant doucement; car Jean Larfaille n'habitait pas seul.

Et pourtant, il n'avait jamais connu sa mère, qui était

morte en le mettant au monde; il avait perdu son père
depuis une vingtaine d'années; il était fils unique, il ne
possédait ni oncles, ni tantes, ni cousins à aucun degré,
et, de plus, il ne s'était jamais marié. Ses fonctions ne lui
en auraient pas laissé le temps, alors même qu'il en aurait
eu envie.

Tout cela n'empêchait point que les bons habitants de
la maison de la rue du Pont-aux-Choux, qui l'avaient pour
voisin depuis l'an de grâce 1709, l'eussent toujours vu par-
tageant son logement avec une personne du sexe féminin.

Cette personne, qui était une enfant quand l'exempt vint
demeurer là, avait un peu plus de seize ans au commencement de 1720. Elle ne pouvait pas être sa sœur, puisque
le père et la mère Larfaille avaient quitté ce monde bien
avant qu'elle y entrât. Sa fille? on l'avait dit tout bas, et
bien des gens le croyaient encore, mais elle lui ressemblait
si peu que la supposition semblait hasardée.

Une autre conjecture se présentait naturellement à
l'esprit de ceux qui ne l'avaient jamais vue : mais cette
conjecture-là tombait d'elle-même quand on la connaissait. La pauvre petite qui vivait avec Jean Larfaille était
fâcheusement contrefaite.

Beaucoup même la prenaient pour une bossue, quoi-
qu'elle n'en eût ni la difformité caractéristique, ni les traits
étirés, ni les extrémités disproportionnées.

Au vrai, c'était une créature non pas bossue, mais déjetée. Son corps chétif et souffreteux penchait d'un côté,
comme ces arbrisseaux trop faibles qui ont poussé de travers au lieu de grandir. Le souffle vital semblait avoir
manqué à cet être malingre, à ce point qu'à l'âge où elle
aurait dû être une jeune fille elle avait l'air de sortir à
peine de l'enfance. Son visage n'avait ni régularité ni fraî-

cheur, et son teint, plombé comme le teint des fiévreux, donnait à sa physionomie une expression de tristesse maladive.

Et pourtant l'ensemble de sa personne ne manquait pas d'une certaine grâce timide. Elle avait les pieds mignons et cambrés, la main fine et blanche, une voix d'une douceur infinie et, par-dessus tout, de grands yeux bleus d'un éclat singulier et d'un charme pénétrant. Mais, pour apprécier ces avantages, il aurait fallu être plus observateur que ne l'étaient les bonnes gens de la rue du Pont-aux-Choux, et la pauvre Gudule passait dans le quartier pour un monstre de laideur.

Car elle s'appelait Gudule — un nom de sainte fort vénérée à Bruxelles — et, de fait, elle était née au pays de Flandre.

Son histoire, que personne ne connaissait dans le voisinage et qu'elle-même ne savait qu'imparfaitement, son histoire était bien simple.

Vers la fin de 1703, Larfaille avait été envoyé en mission à Amsterdam pour y découvrir certains folliculaires véhémentement soupçonnés de s'y être réfugiés après avoir inondé la France de pamphlets contre Louis XIV et contre la Maintenon. Il ne les trouva point et il entreprit de les rechercher dans d'autres villes des Pays-Bas. Il finit par les découvrir à Maëstricht, et comme il n'était point en mesure de les arrêter, il se hâta de revenir à Paris, pour y rendre compte de son expédition.

En passant par Liége, il lui advint une fortune sur laquelle il ne comptait guère.

C'était le soir ; il venait de souper à l'auberge du *Coffy* et il s'en allait prendre le coche qui était au moment de partir pour Namur, lorsqu'en passant dans une rue déserte il crut entendre comme une plainte ou un vagissement. Il s'arrêta, s'approcha d'un mur d'où les cris semblaient partir et là, dans une espèce de niche, au pied d'une statue de la Vierge, faiblement éclairée par un lampion, il vit un enfant emmaillotté.

La trouvaille n'était pas plus rare en ce temps-là que de nos jours et l'exempt ne se sentait pas la vocation de saint Vincent de Paul. Cependant, comme, en dépit de son métier, il n'avait pas le cœur dur, il ramassa le nouveau-né et se mit à le réchauffer sous son manteau.

Sa première idée fut de revenir sur ses pas et de remettre ce pauvre petit être entre les mains de l'aubergiste, qui se serait chargé d'en faire un citoyen ou une citoyenne de la ville de Liége, mais il réfléchit qu'il allait manquer le coche et que ce retard serait de grave conséquence.

Alors il lui passa par la tête une fantaisie bizarre. Il se dit qu'il était seul au monde, sans intérêt dans la vie, voué au célibat par goût et par les nécessités de sa profession; il pensa que la Providence lui envoyait peut-être justement ce qui lui manquait, — une créature à protéger, à aimer. Sans trop réfléchir aux suites de l'aventure et aux impossibilités du transport d'un nourrisson, il continua bravement son chemin jusqu'au coche où il avait à l'avance envoyé ses bagages.

La voiture était déjà attelée et, parmi les voyageurs qui attendaient dans une salle basse, Larfaillé avisa une grosse commère wallonne qui portait un superbe poupon. Cette rencontre inespérée le décida tout à fait.

Il aborda la commère, apprit qu'elle s'en allait à Paris rejoindre son mari, officier de bouche chez M. le prince de Conti, et lui raconta une histoire si adroitement fabriquée que la brave femme consentit à partager son lait, pendant le voyage, entre son enfant et celui que l'exempt venait de sauver d'une mort certaine. Elle tint religieusement sa promesse et le cinquième jour toute la carrossée entrait dans Paris saine et sauve, y compris l'enfant abandonné qui se trouva être une fille et que Larfaille s'empressa d'aller mettre en nourrice à Gonesse.

Il l'y laissa cinq ans, mais il ne cessa pas un instant de s'occuper d'elle, et, dès qu'elle fut en âge de se passer des soins d'une femme, il la prit avec lui et vint s'établir rue du Pont-aux-Choux.

Il était d'autant plus attaché à cette pauvre créature, qui lui devait la vie, qu'elle avait bien de la peine à vivre. Elle ne grandissait point et restait si faible et si chétive, que sa nourrice prétendait qu'elle était nouée, comme disent les paysans; en quoi, malheureusement, elle ne se trompait guère. Elle n'avait, pour ainsi dire, que le souffle, mais si son corps se déjetait au lieu de prendre des forces, son intelligence se développait avec une rapidité incroyable, et ce n'était point aux dépens de son cœur, car elle se montrait douce et aimante au-delà de ce que Larfaille espérait.

De son origine, nul indice, si ce n'est un scapulaire passé à son cou et renfermant un papier où il y avait écrit : « Je m'appelle Gudule et je suis née le 9 décembre 1703. »

L'exempt l'avait fait baptiser sous ce nom-là et n'avait point cherché à percer le mystère de sa naissance. Il la chérissait trop pour souhaiter de retrouver ses parents.

Il lui laissait même croire qu'elle était véritablement sa fille, et l'enfant l'aimait certes autant que s'il eût été son père. Du reste, il l'avait accoutumée de bonne heure à prendre soin du ménage et à employer utilement les longues heures où elle restait seule au logis.

Protégée d'abord par son âge, et plus tard par ses disgrâces physiques, la chère petite pouvait sans inconvénient se passer toute la journée de son père, que ses devoirs retenaient au dehors.

Quand il rentrait le soir, presque toujours excédé de fatigue, souvent accablé de soucis, Larfaille trouvait le repas préparé et Gudule affectueuse, avenante, Gudule heureuse de le revoir et empressée à le distraire de ses âpres travaux. Il lui avait appris tout ce qu'il savait et, pour un exempt, il ne manquait point d'instruction; tant que la petite était aussi bien en état d'écrire un rapport sous sa dictée que de charmer ses soirées en lui faisant quelque lecture à haute voix.

Le temps n'avait fait que resserrer les liens qui unissaient ces deux êtres rassemblés par le hasard, et, à l'époque où commence cette histoire, Jean Larfaille ne vivait plus que pour Gudule.

Il avait concentré sur elle toutes les facultés aimantes qu'il était perpétuellement obligé de refouler dans son cœur, lui, l'agent du lieutenant de police, le passif instrument de volontés impitoyables, l'exécuteur de lois cruelles, lui que ses terribles fonctions contraignaient à ne jamais s'attendrir. Quand, après une campagne contre des malfaiteurs, où il venait de jouer sa vie, après l'affreux spectacle d'un supplice où son devoir l'avait forcé d'assister, l'exempt retrouvait Gudule qui l'attendait pour lui sauter au cou, il croyait passer de l'enfer au paradis. Aussi, s'estimait-il heureux, en dépit de tous les périls, de tous les déboires du métier, et son seul souci était-il d'assurer l'enfant qui lui faisait ce bonheur contre les éventualités de la vie qu'il menait.

Au surplus, il y avait pourvu, et une douzaine de mille

livres, — ses économies de vingt ans, — avaient été déposées par lui chez un notaire avec un testament en bonne forme qui instituait Gudule sa légataire universelle.

On s'en doutait un peu dans le voisinage, si bien que de hardis clercs de procureurs ou d'intrépides courtauds de boutique ne craignaient pas de poursuivre Gudule de leurs galants propos quand ils la rencontraient trottant menu par les rues du Marais.

Cette engeance est sans vergogne lorsqu'elle entrevoit la perspective d'une dot, mais ils y perdaient leurs peines. Gudule, quand ils osaient la serrer de trop près, les regardait d'une certaine façon qui les clouait sur place, et puis, passant son chemin sans tourner la tête, s'en allait visiter ses pratiques ; car Gudule avait des pratiques. L'exempt, par surcroît de prévoyance, tenait à ce qu'elle sût un métier propre à l'aider à subsister en cas de malheur, et Gudule était blanchisseuse, ou pour mieux dire repasseuse.

Elle occupait deux lavandières qui lui épargnaient les travaux les plus pénibles de son état, et elle se réservait personnellement le plissage et l'empesage des jabots, des manchettes et des cravates, besogne délicate dont elle s'acquittait avec une adresse merveilleuse.

Sa clientèle, comme on dirait de nos jours où, jusqu'aux décrotteurs, tout industriel a des clients et non des chalands, sa clientèle se composait surtout de jeunes conseillers au Parlement ou de fils de famille de la bonne bourgeoisie, qui ne regardaient guère une pauvre créature contrefaite. C'est pourquoi sa vertu ne courait aucun danger.

Ce matin-là donc, Larfaille venait d'achever le frugal repas préparé par les soins de la chère petite, et endossait son manteau pour s'en aller à l'audience du ministre, lorsque Gudule lui adressa à brûle-pourpoint cette question singulière :

— Père, qu'est-ce que c'est qu'un chevalier ?

La foudre tombant dans la tasse de chocolat de Jean Larfaille ne l'aurait pas plus surpris que cette simple question posée à l'improviste par sa fille adoptive.

Gudule avait vécu jusqu'alors, il le croyait du moins, dans la complète ignorance des distinctions sociales. Aussi, le pauvre exempt n'en revenait pas de l'entendre s'enquérir de la signification précise d'un titre de noblesse. Il avait bien envie de l'interroger au lieu de lui répondre, mais, à tout hasard, il s'en tira par un phrase évasive :

— Mon enfant, dit-il doucement, il y a M. le chevalier du guet, sous les ordres de qui j'ai servi souvent....

— Non, non, père, ce n'est pas cela, interrompit Gudule.

— Qu'est-ce donc alors ? demanda Larfaille en s'efforçant de sourire.

— Un chevalier, dit la petite, c'est un jeune homme qui ne ressemble point aux autres. Il a l'air fier et pourtant il est doux. Il parle de haut à son hôte, qui est un gros marchand et civilement à moi qui ne suis qu'une pauvre fille. Il est simplement vêtu et il porte du linge fin et des dentelles comme un seigneur.

— Que me contes-tu là ? S'agirait-il, par hasard, d'une de tes pratiques ?

— Vous avez deviné, père. Je vous parle du locataire de maître La Perrelle, le mercier de la rue Saint-Antoine. Je le blanchis depuis trois mois et j'y vais deux fois chaque semaine, car il est fort soigneux de sa personne.

— Et que fait-il, de son état, ce beau muguet ?

— Oh! pour cela, père, je n'en sais rien, mais je suis bien sûre qu'il ne travaille point de ses mains. Elles sont trop blanches.

— Tant pis pour lui, mon enfant, L'homme oisif est de trop en ce monde. Mais qui te fait croire que celui-là a droit au titre de chevalier? Ce titre ne peut appartenir qu'à un gentilhomme, et m'est avis qu'un gentilhomme ne viendrait point loger chez La Perrelle.

— Je n'en sais rien, père, mais ce que je sais bien c'est que, hier, l'après-dînée, j'étais allée reporter des manchettes en dentelles de Malines chez M. Lestang...

— Ah! il se nomme Lestang?

— Oui, père. Je l'ai trouvé sur le pas de sa porte s'entretenant avec un homme dont la figure m'a fait peur et qui est parti aussitôt en disant à demi-voix : « A demain, chevalier. Je compte que vous serez exact, car ce sera peut-être le grand jour. »

— Voilà qui est étrange, murmura Larfaille.

Et il tomba dans des réflexions suggérées par l'habitude invétérée du métier d'exempt. Tout ce qui lui était inconnu lui était suspect, et il voyait des pistes à suivre dans le moindre petit bout de mystère. Cependant sa tendresse pour Gudule eut vite raison de ses préoccupations d'agent de police, et il prit tout de suite à cœur de prémunir l'enfant contre les séductions volontaires ou inconscientes de ce chevalier de bon ou de mauvais aloi.

— Mon enfant, dit-il en l'attirant contre son cœur, tu m'aimes bien, n'est-ce pas?

— Oh! père, pouvez-vous demander si je vous aime !

— Et tu ne voudrais pas m'affliger ?

— Oh! non.

— Eh bien, fais-moi le plaisir de ne plus aller chez le

locataire de maître La Perrelle jusqu'à ce que je me sois informé de sa véritable condition.

Gudule leva sur Larfaille de grands yeux étonnés où on lisait clairement son innocence et le chagrin que lui causait cette prière qui ressemblait à un ordre.

— Tu me le promets, n'est-ce pas ? demanda l'exempt.

— Oui, père, dit tristement la petite.

— Et moi je te promets de savoir bientôt ce que c'est que M. Lestang. Maintenant, ma chère Gudule, embrasse-moi, et disons-nous adieu jusqu'à ce soir. J'ai aujourd'hui de grandes affaires, et il se peut que je rentre seulement pour souper.

— Adieu, père, dit l'enfant en lui sautant au cou avec un élan de tendresse qui lui fit oublier ses inquiétudes.

L'exempt n'avait plus que tout juste le temps de se rendre au Palais-Royal, et il se hâta de se mettre en route.

— Chimères que tout cela, pensait-il en descendant l'escalier ; Gudule n'a pas même le soupçon du mal, et personne ne songe à lui conter fleurettes. Dieu a bien fait les choses en la privant de beauté. Pourtant, il faudra que je me renseigne. Je ne sais pourquoi ce chevalier m'est suspect.

Ce monologue ne dura pas plus que le temps de tourner le coin de la rue du Pont-aux-Choux.

Entre autres qualités professionnelles, Larfaille possédait celle qui consiste à ne jamais confondre deux affaires distinctes. Sa cervelle était comme un meuble divisé en une multitude de casiers, consacrés chacun à une destination spéciale. Les renseignements venaient s'y ranger d'eux-mêmes, sans jamais s'y mêler, et, quel que fût le nombre des dossiers emmagasinés sous son crâne, il savait en extraire à point nommé celui dont il avait besoin, sans se tromper ni s'embrouiller.

Pour le moment, l'exempt était tout entier à la poursuite des conspirateurs commandés par l'invisible La Jonquière, et, — ce qui était tout un, selon lui, — à la découverte des assassins du malheureux Desgrais, son confrère.

La veille, après la déconvenue qui avait mis fin à sa chasse au commissaire, il n'avait pris que le temps de rentrer chez lui pour changer de costume, et il avait employé sa soirée à rassembler de tous les côtés des informations sur le meurtre commis pendant la nuit du bal de l'Opéra. Il en avait déjà recueilli beaucoup, car tous les agents subalternes auxquels il commandait s'étaient piqués d'honneur pour venger un camarade, et apportaient d'autant plus de zèle dans la recherche des assassins qu'ils craignaient d'être un jour où l'autre traités par eux comme le défunt.

Toutes ces indications éparses, réunies et classées dans sa tête, Jean Larfaille espérait les compléter bientôt, et, en attendant, il s'en allait les soumettre au ministre qui s'occupait de cette affaire avec une furieuse ardeur.

Cette fois, l'exempt ne rencontra aucune difficulté pour entrer au Palais-Royal. Il était annoncé aux huissiers, et ils s'empressèrent de le conduire tout droit au cabinet où Dubois l'attendait.

A la porte, il trouva le sieur Venier, secrétaire du ministre, personnage froid et discret, qui l'accueillit d'un signe de tête protecteur et lui dit de prendre patience un instant.

Larfaille, accoutumé aux façons superbes des premiers commis, se retira humblement dans un angle obscur et s'y tint coi. Il ne s'y morfondit pas longtemps. La porte du cabinet s'ouvrit avec violence, et le ministre entra comme un ouragan.

Il avait sa calotte de travers, sa perruque en désordre, les yeux hors de la tête et l'écume à la bouche. De cette bouche sortit aussitôt un torrent de blasphèmes et d'injures contre ses secrétaires, qui ne lui avaient pas remis en heure utile la correspondance d'un agent diplomatique à Madrid.

— Ces drôles me feront mourir, criait-il en jurant d'une façon épouvantable; j'en avais vingt, et il paraît que ce n'est point assez; j'en prendrai cinquante, j'en prendrai cent...

L'exempt ne savait où se fourrer, mais Venier se mit à dire avec un calme parfait:

— Monseigneur, prenez un seul commis de plus, donnez-lui pour emploi de sacrer et de tempêter pour vous, et tout ira bien, car vous aurez beaucoup de temps de reste.

Dubois s'apaisa comme par enchantement, tourmenta un instant son rabat, et finit par éclater de rire.

— Aussi bien, reprit le secrétaire, l'homme que vous fîtes mander est là qui veut parler à vous.

Le ministre tourna aussitôt vers le coin de l'antichambre ses petits yeux perçants, vit Larfaille, courut à lui, le saisit au collet et le traîna plus mort que vif dans son cabinet.

Après avoir refermé la porte d'un coup de pied, il lâcha le malheureux exempt, s'alla jeter dans un grand fauteuil où sa grêle personne disparaissait presque entre les coussins, croisa une jambe sur l'autre, prit son pied droit dans sa main gauche, et cria du haut de sa tête:

— Où sont les assassins de cette nuit?

Larfaille, abasourdi, ouvrit la bouche pour répondre, mais Dubois reprit en bredouillant :

— Allons! parleras-tu, coquin? ou bien es-tu venu ici pour te moquer de moi? Crois-tu que j'aie du temps à perdre?

— Monseigneur, dit enfin l'exempt, je ne les tiens pas encore, mais je suis sur leurs traces.

— La belle affaire! Que me viens-tu conter là avec leurs traces! c'est leur damnée carcasse qu'il me faut pour la faire pendre, rouer, brûler, écarteler! Leurs traces! chansons que tout cela! apprends, l'ami, qu'on ne m'en fait point accroire et que ta peau me répond de la leur.

— Monseigneur, répondit Larfaille avec fermeté, vous pouvez disposer de moi comme il vous plaira, mais je ne saurais faire mieux. Je m'engage à découvrir les auteurs de ce crime abominable; je ne puis m'engager à les découvrir à jour fixe, quoique je sois plus intéressé que personne à venger la mort de Firmin Desgrais, mon confrère.

— Et moi, je m'en moque bien de la mort de ton Desgrais, s'écria l'intraitable Dubois. Penses-tu que, s'il ne s'agissait que de cela, j'en prendrais tant de souci? À d'autres, mon cher. Si je veux qu'on me trouve ces gens-là, c'est que je suis sûr qu'ils sont de la bande de La Jonquière, et que par eux nous arriverons à lui.

— C'est mon avis, monseigneur.

— Car il est ici, ce scélérat, ce brigand de La Jonquière, et je ne m'étais pas trompé quand j'ai cru le surprendre donnant tout bas ses instructions à un de ces hommes, à ce bal de l'Opéra, un instant avant leur mascarade du cadavre. Il est ici, te dis-je; j'en reçois avis à l'instant même, par cette lettre que ces misérables commis auraient dû me remettre dès hier.

— Cela est certain, monseigneur, le colonel est à Paris, et c'est par ses ordres que Desgrais, qui le suivait de près, a été poignardé.

— Et tu me dis cela sans t'émouvoir ! Voilà trente-six heures que les drôles ont fait le coup et tu t'amuses à discourir ! Qu'as-tu fait ? qu'as-tu appris ?

— Monseigneur, je sais déjà en quel lieu le meurtre a été commis.

— Tu le sais, et tu ne me l'as pas encore dit ! s'écria Dubois en faisant mine d'arracher sa perruque.

C'était son geste de prédilection toutes les fois qu'il entrait en fureur.

— Monseigneur, vous ne m'en avez pas laissé le temps, murmura Larfaille.

— Il fallait le prendre. Allons, parle, et parle vite et clairement. Je suis pressé.

— Eh bien, monseigneur, voici ce que j'ai appris. Firmin Desgrais avait été avant-hier chargé de surveiller les alentours du Palais-Royal...

— Chargé, par qui ?

— Par monseigneur d'Argenson qui avait en lui la plus grande confiance.

— Bon ! si ce Desgrais était une créature de d'Argenson, je ne m'étonne plus qu'il se soit laissé tuer comme un sot, dit le ministre qui n'aimait pas le lieutenant général de police.

Larfaille s'abstint naturellement de relever ce brocard lancé contre son chef direct, et continua modestement son rapport.

— Mon pauvre camarade avait, depuis un mois, le soup-

çon que les gens de La Jonquière fréquentaient un cabaret
de la rue Pierre-Lescot. Il avait remarqué, à ce qu'il paraît, des allées et venues suspectes, autour de ce bouge
tenu par un nommé Ricœur, autrefois laquais d'un sous-
fermier.

— Gibier de potence, par conséquent. Tel maître, tel
valet, interrompit Dubois, qui admirait Law, mais qui
exécrait les financiers de la vieille école.

— Par malheur, continua l'exempt, Desgrais, fort zélé
pour son état, était d'un naturel jaloux et ombrageux, et,
quand il avait découvert une piste, il voulait la garder
pour lui tout seul.

— Ah çà, maraud, est-ce que tu crois que je t'ai mandé
pour écouter tes appréciations sur le caractère de ton ami
Desgrais?

— Pardon, monseigneur. Ce que je vous en dis n'est
que pour vous faire entendre comment il a pu tomber
dans un piége sans que nous l'ayons secouru. Desgrais
avait donc surpris des indices de conciliabules tenus chez
ce Ricœur, mais il s'était bien gardé d'en faire part à ses
confrères, pas même à moi, dont il n'aurait pourtant pas
dû se défier. Il voulait se réserver l'honneur et le profit de
la découverte, et aussi le péril.

— Comment as-tu su qu'il y allait, puisqu'il n'en disait
rien à personne?

— Desgrais, comme tous les hommes de talent, avait des
envieux, monseigneur. Deux hommes du guet, qui ne l'ai-
maient point, avaient remarqué qu'il rôdait souvent le
soir du côté de la rue Pierre-Lescot, et ils le surveillaient,
par pure jalousie de métier. La nuit du bal de l'Opéra,
ils l'y ont vu entrer vers dix heures, déguisé en portefaix;
ils l'ont suivi jusqu'à la porte du cabaret de Ricœur, où il

s'est assis pour boire en compagnie de gens de mauvaise apparence qui se trouvaient là avant lui. Les archers se sont retirés en se promettant bien de tirer parti, dès le lendemain, de cette découverte dont ils voulaient partager les bénéfices. A partir de ce moment, on n'a revu Desgrais que mort, étendu sur une civière, avec un poignard planté dans le cœur.

— Voilà deux drôles qu'il faut casser aux gages.

— Non, monseigneur; car, s'ils ont été conduits en cette affaire par un mauvais sentiment, il n'en est pas moins vrai que, sans eux, nous ne serions pas en possession du plus petit indice, tandis que maintenant...

— C'est juste. Alors ce Ricœur est arrêté; il parlera, il faut qu'il parle, et, s'il s'y refuse, la torture!

— Hélas! monseigneur, nous n'en sommes point là.

— Comment! bredouilla Dubois, vous l'avez laissé échapper! Ah! c'est trop fort, et c'est toi, l'ami, qui payeras la sottise.

— Monseigneur, je suis entre vos mains et tout prêt à répondre de ce que j'ai fait, mais veuillez considérer que ces renseignements ne sont venus à ma connaissance que dans l'après-midi de la journée qui a suivi le meurtre.

— Eh bien, il fallait rassembler ton monde sans perdre une minute, courir au cabaret, saisir et lier tous ceux qui s'y trouvaient, les jeter dans un cul de basse-fosse, et me venir annoncer la capture.

— Ainsi aurais-je fait, monseigneur, si cela eût été en mon pouvoir. Informé à deux heures que Desgrais avait été vu la veille au soir chez Ricœur, à trois heures j'arrivais devant le cabaret à la tête d'une escouade du guet. Par malheur, il était déjà trop tard. Les assassins avaient déguerpi.

— C'est donc qu'on les avait avertis. Alors nous sommes trahis par nos agents. Je reconnais bien là ce triple sot de d'Argenson, qui les a choisis.

— Monseigneur, je crois plutôt qu'ayant fait le coup, ces misérables ont jugé d'eux-mêmes qu'il leur fallait abandonner le quartier. Nous avons trouvé le cabaret fermé et les voisins nous ont dit qu'il n'avait pas été ouvert le matin comme d'habitude.

— Vous avez enfoncé la porte, j'espère ?

— Oui, monseigneur, et visité minutieusement ce repaire. Les meurtriers n'y étaient plus, mais ils y avaient laissé des traces de leur crime : des débris de vêtements arrachés dans une lutte, du sang sur le plancher, sur les meubles, sur les murs, du sang partout. Desgrais a dû être attiré, sous un prétexte quelconque, dans un cabinet placé derrière le comptoir, assailli par plusieurs hommes, garrotté après une résistance désespérée, et poignardé d'un seul coup porté au cœur d'une main sûre.

— Bon ! dit le ministre sans sourciller à cet effrayant compte rendu, mais comment expliques-tu cette mascarade à laquelle se sont divertis les assassins ? Après une pareille expédition, ils devaient avoir hâte de gagner au pied, et il était bien plus simple de laisser là le corps et de s'enfuir.

— En apparence, oui ; mais considérez, monseigneur, qu'ils ne se doutaient pas que la présence de Desgrais chez ce Ricœur eût été signalée ; qu'ainsi ils avaient un grand intérêt à débarrasser le cabaret de ce cadavre...

— Mais non, puisqu'ils ont abandonné la place et qu'ils n'y comptent plus reparaître.

— C'est ce que nous ne savons pas, monseigneur, et, s'il faut vous l'avouer, j'ai bien peur que nous n'ayons commis une faute en forçant l'entrée de ce tripot. Mieux eût valu en surveiller discrètement les abords. Les scélérats seraient peut-être revenus s'y faire prendre comme des rats dans une souricière, tandis que maintenant l'éveil est donné.

— Tu as fait une sottise, voilà qui est entendu. Poursuis ton raisonnement.

— Eh bien, monseigneur, si on admet que ces gens-là ne voulaient pas s'éloigner sans esprit de retour, tout s'explique aisément. Pour se défaire du corps, il leur fallait le porter à la rivière, ou tout au moins dans quelque rue écartée, et, ce faisant, ils couraient risque d'être rencontrés et arrêtés par le guet, tandis que, grâce à cette abominable ruse, ils ont pu impunément traverser la foule assemblée aux abords de l'Opéra, entrer dans la salle, y déposer leur fardeau et s'esquiver, comme vous le savez.

Dubois se taisait, et sa figure de furet avait pris une expression méditative qui ne lui était point habituelle.

— Sais-tu, l'ami, dit-il après un court silence, que pour un simple exempt tu ne raisonnes pas trop mal? Maintenant, comment expliques-tu ce bel écriteau attaché au poignard qu'ils ont laissé exprès dans la blessure? C'est là, ce me semble, une imprudence inutile de la part de ces drôles.

— Monseigneur, c'est précisément cette espèce de défi jeté audacieusement à votre police qui me donne la certitude que le meurtre se rattache à la conspiration dirigée par La Jonquière. Je reconnais là sans hésiter la main du colonel. Il n'opère jamais comme ses pareils, qui agissent toujours dans l'ombre. Lui, au contraire, il met son orgueil à signaler de temps en temps sa présence par des coups hardis. C'est sa gloire, à lui, de combattre ouvertement et d'attaquer les autorités de ce royaume, comme il attaquerait une troupe ennemie en rase campagne.

— Ah ça ! bélître, est-ce que tu es venu ici pour entonner les louanges de ce sacripant ?

— Non, monseigneur, car je me suis voué corps et âme à sa poursuite, et c'est entre nous deux un duel à mort ; mais j'estime que, pour venir sûrement à bout d'un adversaire, il faut, avant tout, l'étudier, le connaître et même rendre justice à ses qualités.

En dépit de ses emportements brouillons, de son débit désagréable et de sa fougue extravagante, Dubois savait écouter quand il le fallait et il n'était pas sans se connaître en hommes. Il fut frappé de la netteté de vues et de la décision froide qui perçaient dans les réponses de cet agent infime que, tout en l'employant volontiers, il n'avait encore jamais eu l'occasion d'apprécier à sa juste valeur.

— Écoute, lui dit-il en le regardant entre les deux yeux, tu me parais avoir le jugement sain et tu dois être un homme de main. Tu crois avoir trouvé la piste de ce diable incarné : suis-la. Je te donne carte blanche, et si tu réussis à nous délivrer de La Jonquière, ta fortune est faite.

— Monseigneur, je ne demande pas mieux, répondit l'exempt, mais il faudrait que je fusse libre de tout autre service pour me consacrer tout entier à la poursuite du colonel.

— Tu le seras. J'arrangerai cela avec cet ours de d'Argenson et, dès à présent, je te relève de tes fonctions ordinaires. Ainsi, ne t'inquiète plus du menu gibier et ouvre bellement la chasse à la grosse bête.

— Merci, monseigneur, murmura Larfaille sincèrement

touché de tant de confiance. Desgrais et moi, nous nous étions mis en tête, chacun de notre côté, d'en finir avec la bande qui vous donne tant de souci. Le pauvre garçon est mort à la peine, mais moi je vis, et, Dieu aidant, je vous livrerai ceux qui l'ont tué.

— Assez de paroles, dit Dubois, qui n'aimait pas les mouvements pathétiques. A part les découvertes de la rue Pierre-Lescot, as-tu ramassé quelque autre indication ?

— Oui, monseigneur, et même hier, dans la matinée, peu s'en est fallu que je ne misse la main sur un de ces coquins. Je l'ai suivi pendant près d'une heure...

— Et tu l'as manqué, double brute ?

— Il m'a échappé en se réfugiant au Palais-Royal, dans les petits appartements de monseigneur le Régent.

A cette déclaration inouïe, Dubois donna un tel coup de poing sur son bureau qu'il y renversa son encrier.

— Es-tu fou ou te moques-tu de moi, coquin? cria-t-il en se levant comme un furieux.

Il se serait livré, sans nul doute, à bien d'autres dévergondages de gestes et de paroles, si la porte ne se fût ouverte et s'il n'eût vu paraître quelqu'un qu'il n'attendait point, — son maître, M. le duc d'Orléans.

Philippe d'Orléans, Régent de France, qui ne dédaignait point de venir ainsi visiter familièrement son premier ministre, Philippe d'Orléans n'était pas seul. Il amenait avec lui un personnage dont l'influence balançait presque la sienne, quoiqu'il la lui dût toute entière, — M. Jean Law, inventeur du *système*, directeur de la banque royale et de la Compagnie non moins royale du Mississipi, financier triomphant et grand vainqueur en amour.

Étroitement liés par la communauté des vues économi-

ques et aussi par le goût du plaisir, du luxe, de la grandeur en toutes choses, le duc et l'*As-de-Cœur* vivaient
alors dans une sorte d'intimité, et il ne se passait guère
de matinée sans que l'heureux Ecossais fût appelé au
conseil de Régence, plus souvent encore à des entretiens
particuliers où il était parfois question d'autre chose que
des intérêts de l'Etat.

Dubois, qui goûtait fort l'esprit ingénieux de Law et
qui avait beaucoup contribué à sa fortune, était presque
toujours admis en tiers dans ces conciliabules privés qui
mettaient au désespoir le grave d'Argenson et le vertueux
duc de Saint-Simon.

Ce jour-là, le Régent et son favori Law paraissaient être
d'humeur joyeuse. Philippe, en franchissant le seuil du
cabinet de son ministre, riait de tout son cœur d'un conte
que le nouveau contrôleur général venait de lui faire et
qui avait sans doute trait à quelque aventure galante.

— Dubois va trancher notre différend, s'écria le duc, et
je m'en rapporte à lui pour décider s'il est possible que
les bouquetières de la rue Quincampoix surpassent en
attraits nos plus belles dames de Versailles. Que diable !
aussi, mon cher Law, vous avez trop bonne opinion des
productions de votre royaume. Qu'on récolte des millions
sur vos terres Mississipiennes, passe encore, mais des
Vénus !

Dubois, que son maître voulait transformer en arbitre
de beauté, poussa une espèce de rugissement, au lieu de
se prononcer sur ces matières délicates.

— Pardieu ! monseigneur, s'écria-t-il en levant les bras
au ciel, il faut avouer que vous prenez bien votre temps
pour vous occuper de semblables billevesées. Il est bien
question, en vérité, de fillettes ou de marquises !

— Là ! là ! pas tant de véhémence, Dubois, mon ami, dit tranquillement le Régent. Qu'y a-t-il donc encore et d'où te viennent ces airs solennels ?

— Ce qu'il y a, monseigneur ? Tenez ! demandez-le à ce garçon qui vous renseignera mieux que moi sur les trames que vos ennemis nouent autour de votre personne pendant que vous discutez les mérites des bouquetières.

En même temps, le ministre saisissait par le bras Larfaille qui s'était réfugié dans un coin et le traînait tout tremblant devant le duc.

— Ah ! ah ! dit Philippe. C'est, je crois, cet exempt qui, l'autre nuit, au bal, nous a bravement promis d'arrêter les misérables auteurs de cette farce sanglante.

— Lui-même, monseigneur, et il va vous conter ce qu'ils ont fait depuis leur mascarade.

— Sont-ils donc déjà pris ?

— Pris ! ah ! bien oui. C'est vous qui le serez bientôt si vous n'y mettez ordre. La Jonquière et sa bande, qui ont fait le coup, se promènent hardiment dans Paris, et il paraît même que vous leur faites l'honneur de les recevoir dans vos petits appartements.

— Quelle est cette sotte plaisanterie ?

— Allons ! parle, toi, vociféra Dubois en secouant rudement le malheureux exempt qui eût donné gros pour se dérober à l'honneur d'adresser la parole au Régent.

Philippe d'Orléans s'aperçut de son embarras, et, comme il était naturellement doux au pauvre monde, il le rassura par quelques bonnes paroles.

— Monseigneur, dit Larfaille avec effort, voici ce qui s'est passé hier. Je m'étais mêlé, avec trois agents que je dirige, à la foule qui remplissait la rue Quincampoix. J'avais des motifs de croire que l'un des affiliés au complot y viendrait rôder autour d'une jeune fille qui y vend des fleurs...

— Dites-moi, Law, serait-ce par hasard cette fameuse bouquetière dont les charmes vous ont ébloui ?

— Justement, monseigneur, et je reconnais très-bien cet exempt, qu'au surplus j'ai déjà employé quelquefois et dont j'ai toujours été satisfait.

— Bon ! bon ! tu vois bien, Dubois, que j'étais déjà dans la question, puisque cette petite joue un rôle dans l'histoire que ce garçon nous raconte.

Continue, mon ami, ajouta le Régent en s'adressant à Larfaille.

— Monseigneur, je vis bientôt que je ne m'étais pas trompé, car, M. Law ayant dit quelques mots à cette jeune fille, je remarquai aussitôt dans les groupes un homme que cet entretien semblait contrarier beaucoup. Sa figure ne m'était point inconnue, sans que je fusse en état de me rappeler précisément où je l'avais vue, et je jurerais que c'était celle d'un des compagnons de La Jonquière. Alors, j'improvisai une ruse que je croyais d'un effet sûr. Dès que M. Law fut entré dans son hôtel de la Compagnie des Indes, j'imaginai d'enlever de force la petite, comptant avec raison que son galant voudrait la défendre et me fournirait ainsi un prétexte pour l'arrêter...

— Oh ! oh ! dit le Régent en fronçant le sourcil, voilà un procédé qui me semble un peu trop violent pour que je l'approuve.

— Monseigneur, vous ne comprendrez jamais rien à la police, s'écria Dubois. Ne vous en mêlez pas et laissez-moi faire.

— Et puis, monseigneur, insinua Law, je vous assure que cette bouquetière valait bien la peine d'être enlevée.

— Alors, c'est vous, monsieur le contrôleur général, qui serez responsable de ces façons barbares que Dubois trouve toutes naturelles. Mais, voyons la fin de l'histoire.

— Monseigneur, tout marchait à souhait, reprit l'exempt. Notre homme avait appelé à son aide un grand coquin d'assez haute mine, mais nous les avions cernés et nous allions certainement les saisir, quand par malheur est survenu un commissaire qui a tout gâté.

— Comment ! mais il aurait dû vous prêter main-forte, grommela Dubois.

— Certes ! mais j'ai eu beau lui jeter dans l'oreille ma qualité d'exempt et lui dire tout bas que j'agissais par ordre supérieur, il n'a rien voulu entendre. Au lieu de m'aider, il m'a ordonné de lâcher la fille et ses deux défenseurs ; j'ai dû lui céder la place, fort heureux encore de n'être point écharpé, car il avait ameuté la foule contre moi.

— Le drôle ! le coquin ! l'ivrogne ! hurla Dubois. Parions que c'est cet âne bâté de d'Argenson qui aura fait ce beau choix ! Et toi, animal, sais-tu que tu mériterais les galères pour t'être laissé berner ainsi ?

— Monseigneur, j'étais dans des conditions à ne pas pouvoir gagner la partie, mais je ne l'ai point abandonnée. L'idée m'est venue que j'avais peut-être affaire à un faux commissaire, et je l'ai suivi.

— Bon, cela ! Et qu'as-tu vu ?

— J'ai vu que j'avais deviné juste et que cet homme n'avait d'un magistrat que la robe, car il est monté dans un fiacre, derrière lequel je me suis accroché, et, après une course d'une demi-heure, il en est sorti habillé en officier.

— Alors, tu t'es jeté sur lui, et...

— Je n'y aurais pas manqué, monseigneur, si je l'avais

pu ; mais... c'est ici que j'arrive au fait qui vous a si fort surpris tout à l'heure... Ce prétendu commissaire, au lieu de se faire conduire au Châtelet ou au Palais de Justice, est descendu de son fiacre à la porte de...

— A la porte de qui? Achèveras-tu, coquin ?

— Je vous l'ai déjà dit, monseigneur ; à la porte de l'escalier qui conduit aux petits appartements de monseigneur le Régent, dans le Palais-Royal.

— Et il y est entré?

— A l'instant et sans que le suisse qui gardait la porte fît difficulté de le laisser passer.

—Ah ! pour le coup, voilà qui est trop fort, et...

— J'ajoute, monseigneur, que j'ai voulu le suivre et que le même suisse m'a rabroué, menacé de sa hallebarde et chassé honteusement.

Larfaille fit une mine si piteuse en racontant la fin de son aventure, que le duc d'Orléans n'y tint plus et se mit à éclater de rire. Law prit part à cet accès de gaieté, mais Dubois, au contraire, entra dans une fureur indescriptible.

— Oui, oui, riez, monseigneur, criait-il en bredouillant, riez tout votre soûl, car cela est en vérité fort plaisant. Un brigand qui en veut à votre vie et qui entre chez vous aussi facilement que dans un moulin. Qui sait? ce drôle était peut-être La Jonquière lui-même, car il passe pour exceller dans l'art des déguisements, ce cher colonel. De plus, comme il sème l'or d'Espagne à poignées, il aura sans doute acheté vos gens qui seront toujours disposés à lui ouvrir toutes les portes, de sorte que maintenant rien ne l'empêche de vous tuer quand il lui plaira, chez vous, en plein Palais-Royal, et de s'en aller tranquillement comme il sera venu. Ah ! pardieu ! il faut avouer que vous êtes un prince bien prudent et un Régent bien gardé.

Pendant ce discours, en forme d'apostrophe, Philippe d'Orléans continuait à se tenir les côtes à force de rire, et cette marque d'insouciance jeta Dubois dans un tel accès de rage qu'il se mit à courir comme un fou à travers son cabinet, renversant les fauteuils et sautant sur les tables sans le moindre souci de sa dignité ni de celle de son maître. Larfaille, consterné, priait Dieu tout bas de le préserver de la Bastille, qu'il entrevoyait déjà pour prix de ses services.

— Mais, malheureux, cria enfin le Régent à son ministre affolé, ne comprends-tu pas que ce pauvre garçon a rêvé cela ? La fatigue et les émotions de la nuit lui avaient sans doute troublé la cervelle, et il aura cru voir réellement ce qui n'existait que dans son imagination.

— Monseigneur, osa murmurer Larfaille, je suis accoutumé à la fatigue et aux émotions; j'étais aussi calme hier que je le suis aujourd'hui, et j'ai vu ce que je viens de dire.

— Alors, mon ami, c'est que tu auras pris un fiacre pour un autre.

— Impossible, monseigneur. Je suis monté derrière la voiture un instant après que le faux commissaire y était entré et je n'en ai plus bougé.

Tant d'assurance finit par impressionner le duc d'Orléans qui se mit à réfléchir.

— Attends donc, dit-il tout à coup en se frappant le front. A quelle heure prétends-tu que cet homme est entré au Palais-Royal?

— Hier matin, à dix heures.

— Bon ! et comment est-il de sa personne?

— Grand et fort, mais voûté et s'appuyant sur une

canne; il porte un habit de coupe militaire, un bandeau sur l'œil et un bras en écharpe.

— Eh! parbleu! j'y suis, s'écria le Régent : c'est mon vieux camarade de l'armée d'Italie, le commandeur Angelo Baroni.

— Quoi! monseigneur, vous connaîtriez cet homme? s'écria Larfaille s'oubliant jusqu'à interroger.

— Je crois bien que je le connais, répondit le duc, et depuis vingt ans pour le moins. Il commandait un des bataillons d'Albergotti qui combattaient avec nous devant Turin et il y fut même blessé au bras comme moi. Je l'avais perdu de vue depuis 1706; il s'était retiré du service et confiné dans ses terres, en Piémont, mais il paraît qu'il s'y ennuyait à périr. Il est donc venu faire un tour en France, et, se trouvant à Paris, il n'a pas manqué de se présenter chez moi. J'ai été charmé de retrouver un vieux camarade et je le reçois toujours avec le plus grand plaisir.

— Monseigneur, il faut qu'il y ait quelque malentendu, balbutia l'exempt, qui n'en revenait pas d'entendre le Régent de France se déclarer l'ami d'un homme affilié à la bande du colonel.

— Voyons! reprit Philippe d'Orléans, complète le signalement du personnage qui est entré chez moi, hier matin, à dix heures. N'a-t-il pas de grandes bottes, un frac bleu de roi, un tricorne posé de travers?

— Oui, monseigneur, et un nœud de rubans jonquille sur l'épaule gauche.

— Plus de doute, alors, c'est lui, c'est ce cher Baroni, et, si celui-là conspire contre moi, je consens à céder la régence à M. du Maine.

Larfaille, confondu, ne trouva pas un mot à répondre,

et pourtant, il était sûr d'avoir bien vu, sûr que ce compagnon d'armes du duc avait voyagé en fiacre avec le commissaire suspect, à moins qu'il ne fût lui-même le commissaire.

Cependant, Dubois s'était calmé subitement, et il avait écouté avec l'attention la plus soutenue les questions et les réponses. Quand le duc eut clos le colloque par une affirmation formelle, le terrible secrétaire d'État vint droit à l'exempt, le saisit par un bouton de son habit et lui cria :

— Te moques-tu de nous, coquin, de nous régaler de tes visions? Penses-tu qu'on te paye pour prendre ainsi des vessies pour des lanternes, et un officier invalide pour un commissaire?

— Monseigneur, dit Larfaille d'un ton ferme, j'ai vu ce que j'ai dit, rien de plus, mais rien de moins, et je maintiens mon rapport.

Son air était si assuré, son regard si franc, que Dubois le lâcha et se mit à se promener à travers son cabinet. Chacun médite à sa façon et, chez Dubois, le mouvement désordonné était toujours l'indice de réflexions profondes.

— Baroni! le commandeur Angelo Baroni! grommelait-il en marchant à grandes enjambées : qu'est-ce que c'est que cet homme-là? Encore un aventurier... l'Italie ne nous envoie que cela...

— Tout beau, l'abbé! dit Philippe d'Orléans. Parle avec plus de révérence de mon vieil ami.

— Et que vient-il faire au Palais-Royal, ce vieil ami?

— Me voir, pardieu! nous causons de nos campagnes.

— Rien que de vos campagnes?

— Tu es bien curieux; mais, puisque tu tiens tant à le savoir, apprends que ce cher commandeur est versé dans une foule de sciences qui m'intéressent très-fort.

— Ah! nous y voilà! s'écria le ministre; gageons que cet intrigant vous a persuadé qu'il possédait le secret de la pierre philosophale, que vous le recevez dans votre laboratoire de chimie, et que, sous prétexte de faire de l'or, il vous soutire beaucoup d'argent.

— Tu n'y es pas. Baroni laisse cela aux charlatans, et son savoir s'élève un peu plus haut qu'à souffler dans une cornue.

— Ah! mon Dieu! aurait-il inventé un nouveau système de finances? demanda Dubois en regardant Law avec une grimace ironique.

— Mieux que cela. Il connaît l'art d'évoquer le diable.

Satan aurait paru tout à coup avec sa queue et ses cornes que le secrétaire d'État n'aurait pas bondi plus haut qu'il ne le fit en écoutant cette déclaration de son prince. Law, tout aussi incrédule, mais plus maître de lui, se contenta de sourire. Larfaille, qui s'était prudemment retiré dans un coin, tendit l'oreille pour entendre la suite.

— Qu'avez-vous donc tous? reprit le Régent, et qu'y a-t-il de si étonnant à ce que je désire voir le diable, si mon ami le commandeur peut me le montrer?

— Et où ce savant homme doit-il vous donner un échantillon de ses talents? demanda Dubois d'un air très-sérieux.

— Oh! tu penses bien que ce ne sera point dans mon cabinet, ni dans le tien. Mons Belzébuth n'aime pas les endroits où on fait de la politique. Encore moins dans un souper, car il ne se mêle pas volontiers à ceux qui travaillent pour lui. Et puis, s'il y consentait, je m'y opposerais, car Nocé en aurait une indigestion et la marquise en mourrait de peur.

— Bon! vous verrez que ce sera dans une cave.

— Le lieu n'est pas encore fixé, ni le jour, ou plutôt la nuit, mais Baroni m'a dit hier qu'il comptait être en mesure d'opérer à la nouvelle lune prochaine au fond d'une carrière abandonnée.

— Et vous irez?

— Je n'aurai garde d'y manquer.

— Seul?

— Je t'emmènerai avec moi, si le cœur t'en dit.

— Grand merci! je ne suis point pressé de voir le diable...

— D'autant que tu es certain, dans quelque dix ou vingt ans, plus ou moins, de faire sa connaissance.

— Raillez, monseigneur, raillez tant que vous voudrez. Maintenant que me voilà renseigné sur le compte du sieur Baroni, je me charge de le surveiller et même de le loger ailleurs que dans une carrière abandonnée.

— Ne t'en avise pas ou je me fâcherai tout de bon. Surveille La Jonquière tant que tu voudras, mais je te défends d'inquiéter en quoi que ce soit ce cher commandeur. C'est le seul homme qui m'ait amusé depuis que je suis Régent.

— Nous verrons s'il vous amusera jusqu'à la fin, grommela Dubois.

— Est-il possible, monseigneur, que vous ajoutiez foi à de pareilles sorcelleries? demanda Law, qui, en sa qualité de financier, croyait que deux et deux font quatre et ne croyait guère que cela.

— Peuh! dit le Régent, je n'ai pas une foi absolue, mais cela me distrait, et si vous saviez comme je m'ennuie! Et puis, j'avoue que j'ai vu jadis en ce genre des choses fort étranges.

— Quoi! vraiment, monseigneur? vous avez vu...

— Pas Son Altesse Satan. Mais, tenez ! c'était en 1706, peu de jours avant mon départ pour la campagne d'Italie, chez cette pauvre Louise de Séry, à qui je venais d'acheter la terre d'Argenton, pour la faire comtesse. Baroni était justement ici ; j'avais fait sa connaissance depuis six ou sept ans par Mirepoix qui mourut en 1699, sous-lieutenant aux mousquetaires noirs, et qui se mêlait aussi de magie. Le commandeur que j'avais mené chez madame d'Argenton, nous proposa de me montrer ce qui se passerait à la mort du roi.

— Et il tint sa promesse ?

— Vous allez voir. Louise avait chez elle une petite fille qui y était née et n'en était jamais sortie, n'ayant par conséquent nulle connaissance de la cour. Baroni prit un verre d'eau claire, fit dessus certaines passes et prononça certaines paroles ; puis, il dit à l'enfant de regarder dedans et de dire ce qu'elle voyait.

— Jongleries ! grommela Dubois.

— Bon ! fais-en autant, si tu peux, et laisse-moi achever. La petite regarda assez longtemps sans rien voir, puis elle s'écria et se mit à nous décrire avec une exactitude parfaite la chambre du roi à Versailles que, notez ce point, elle n'avait jamais vue.

— Qui sait ? Et, au surplus, d'autres l'avaient vue, qui avaient pu lui dire comment elle était faite.

— Attends ! tu n'es pas au bout. Elle nous dépeignit le roi couché dans son lit, madame de Maintenon, dans un coin, pleurant ou faisant semblant de pleurer, Fagon, *colimaçonné* sur sa grande canne, enfin tous ceux qui se trouvaient là quand le roi mourut, neuf ans plus tard.

— Fadaises que tout cela !

— Fadaises tant que tu voudras, mais le rare fut qu'elle

nous dépeignit aussi un petit enfant qui portait le cordon bleu et que le roi embrassait.

— Sa Majesté Louis XV, murmura Law.

— Elle-même et très-reconnaissable à la description qu'elle en fit. Or, notez que cela se passait en 1706 et que Sa Majesté ne naquit que quatre ans plus tard, en 1710. Mais ce n'est pas tout. Quand elle eut fini, quand elle se fut écriée en m'apercevant dans l'eau du verre, moi qu'elle voyait tous les jours chez madame d'Argenton, je m'étonnai qu'elle ne nous entretînt point de monseigneur, fils du roi, de M. le duc de Bourgogne, son petit-fils, de madame la duchesse de Bourgogne, de M. le duc de Berry, et je lui demandai si elle ne voyait point des figures de telle et telle façon. Elle me répondit constamment que non. Je n'y comprenais rien. L'événement l'expliqua. On était alors en 1706. Tous ces quatre personnages étaient pleins de vie et de santé, et tous quatre avaient quitté ce monde avant le roi qui mourut en 1715. Que dites-vous de cela, messieurs les incrédules ?

— Je dis, monseigneur, répliqua Dubois sans hésiter, que ce Baroni est un habile imposteur et vous un grand fou de l'écouter.

— Des injures ne sont pas des raisons.

— Proposez-lui donc un peu de recommencer l'expérience devant moi et de nous dire seulement où nous serons tous les trois à la majorité du roi, dans quatre ans d'ici.

— Bah ! ce serait trop facile. Moi je serai en route pour ma terre de Villers-Cotterets où je compte bien aller planter mes choux en bonne compagnie, dès que je pourrai me débarrasser de la Régence ; toi, tu habiteras probablement les États de Sa Majesté Infernale, et quant à

Law, ma foi! il sera empereur du Mississipi, ou exilé quelque part.

— Bon! mais, en attendant, monseigneur, défiez-vous de votre commandeur. Au surplus, je me charge de vous renseigner prochainement sur son compte.

Philippe d'Orléans allait sans doute se récrier encore sur l'étrange prétention que Dubois affichait de surveiller les amis de son maître, mais la porte s'ouvrit, et Coche, son premier valet de chambre, entra et lui remit un billet écrit sur du papier rose.

— Oh! oh! dit le régent, après avoir jeté un coup d'œil rapide sur le message parfumé; c'est de la marquise et elle m'attend dans mon cabinet. Que peut-elle avoir à me dire? D'ordinaire, elle n'est pas si matinale.

Et après avoir hésité quelque peu :

— J'y vais, dit-il. Il ne faut jamais faire attendre les femmes. Law, je vous laisse parler politique avec cet enragé de Dubois, qui veut faire arrêter tout Paris. Calmez-le, s'il se peut, et faites mes compliments à la jolie bouquetière de la rue Quincampoix.

Ayant dit, le duc d'Orléans pirouetta sur ses talons rouges et se dirigea vers la porte, que son valet de chambre s'était empressé d'ouvrir à deux battants. Mais, avant de la franchir, il se ravisa, et s'adressant à Larfaille, qui restait collé contre la boiserie :

— Quant à toi, mon garçon, lui dit-il en riant, je t'engage à ne plus perdre ton temps à suivre les vieux militaires qui viennent me voir le matin, mais pousse ferme contre les scélérats qui ont assassiné ton camarade et qui l'autre nuit, m'ont gâté tout mon plaisir. Si tu les attrapes, je te promets cent louis sur ma cassette.

L'exempt s'inclina respectueusement et il ne s'était pas

encore redressé, que Dubois, n'étant plus retenu par la présence du prince, l'interpella furieusement :

— Viens çà, toi, lui cria-t-il, et parlons d'affaires sérieuses. Vous n'êtes pas de trop, monsieur Law, et vous êtes aussi intéressé que moi à en finir avec ce La Jonquière, car, s'il réussissait dans son entreprise contre M. le Régent, m'est avis que le peuple de Paris, qui ne nous veut pas de bien, nous pendrait, vous et moi, haut et court.

— Cela se peut, dit flegmatiquement l'Écossais, mais nous l'empêcherons de réussir, ce terrible colonel.

— Pas si aisément que vous le pensez, mais enfin nous y tâcherons, et, pour commencer, entendons-nous sur les moyens. Toi, l'ami, tu es sûr de ton fait, n'est-il pas vrai, quand tu affirmes avoir vu sortir un officier du fiacre où il n'était monté qu'un commissaire?

— Absolument sûr, monseigneur, comme je suis sûr que ce commissaire n'est qu'un imposteur.

— Donc, ce prétendu commandeur Baroni a des accointances avec la bande, si même il n'en fait pas partie.

— Cependant, fit observer Law, les détails que vient de nous donner M. le duc d'Orléans sont tellement précis, il est tellement sûr de connaître cet homme depuis vingt ans...

— Qu'est-ce que cela prouve? Rien, moins que rien. Ce drôle a servi avec lui en Italie, je n'en doute pas; mais rien n'empêche que, depuis cette fameuse campagne, il ait passé à l'ennemi. Il amuse avec ses magies M. le Régent, qui est bien trop débonnaire pour y entendre malice, et qui se laisserait bellement attirer dans quelque guet-apens, si je n'y mettais ordre. Mais, soyez tranquille, quand l'Italien se présentera de nouveau au Palais-Royal, on le laissera entrer, on le recevra avec tous les honneurs qui lui sont dus, mais on l'attendra dans la rue, on le suivra discrètement dès qu'il sortira, et on ne le lâchera plus jusqu'à ce qu'on soit suffisamment édifié sur la vie qu'il mène à Paris.

Je vais donner des ordres en conséquence, mais par malheur, cela ne suffit point. C'est La Jonquière qu'il me faut, le vrai, le seul La Jonquière; et c'est sur toi, mon garçon, que je compte pour le prendre, dit Dubois en posant familièrement sa main sur l'épaule de l'exempt.

— Je ferai de mon mieux, monseigneur, dit Larfaille.

— Je n'en doute pas; mais as-tu un plan?

— Oui, monseigneur.

— Voyons le plan.

— Monseigneur, il repose tout entier sur une idée que j'ai déjà tenté de mettre à exécution et que le faux commissaire a fait échouer...

— Ah! ah! il s'agit de cette fille qui vend des fleurs. Voilà qui vous intéresse, mon cher Law.

— Moins que le cours des actions du Mississipi, dit en souriant le contrôleur général; mais il est bien vrai cependant que cette petite est fort jolie.

— Monseigneur, reprit Larfaille, je n'ai pas réussi hier à mettre la main sur le défenseur à moi très-suspect de la bouquetière, mais du moins j'ai vu sa figure à loisir et ses traits sont restés gravés dans ma mémoire. Je suis donc certain de le reconnaître si je le rencontre de nouveau, et j'espère bien le rencontrer rôdant aux alentours du cabaret de l'*Épée-de-Bois*.

— Qu'est-ce que l'*Épée-de-Bois* ?

— Une taverne située tout près de la rue Quincampoix, dans le cul-de-sac de Venise, et où fréquentent volontiers les agioteurs.

— J'en ai entendu parler, dit Law ; un de nos prin-
cipaux courtiers, le juif Abraham, y traite, presque tous
les soirs, de grosses affaires.

— Le cabaret, reprit Larfaille, est tenu par le père de
cette jeune fille, un Flamand nommé Blanche-Barbe.

— Tu t'es renseigné sur lui, je suppose ?

— Oui, monseigneur, et je n'ai rien appris de particulier.
Cet homme est venu s'établir à Paris, il y a déjà longtemps, avec sa femme et sa fille, qui était alors une enfant. Il avait déjà de l'argent, puisqu'il acheta la maison.
Ses affaires n'ont fait que prospérer depuis. En apparence
il est donc au-dessus de tout soupçon. Et cependant j'ai
cent raisons de penser qu'il tient à la conspiration de La
Jonquière par des liens que je n'ai pas encore pu saisir.

— C'est ta faute si tu ne sais pas à quoi t'en tenir. Qui
t'empêche de requérir vingt hommes du guet, d'envahir
le logis de ce drôle et de le fouiller de fond en comble ?

— Monseigneur, je crois que ce serait aller contre notre
but. Nous ne trouverions rien, car maître Blanche-Barbe
n'est pas assez sot pour garder chez lui des preuves matérielles de sa complicité, et, de plus, nous donnerions
l'alarme à toute la bande, qui prendrait son vol aussitôt.
Si vous le permettez, j'en userai tout autrement.

— Comment t'y prendras-tu ?

— D'abord, puisque vous avez bien voulu me promettre
tout à l'heure de me faire dispenser de mon service ordinaire, je consacrerai tout mon temps à hanter ce cabaret.

— Prends garde qu'il ne t'advienne comme à ton camarade Desgrais dans le tripot de la rue Pierre-Lescot.

— Monseigneur, Desgrais était brave, mais il manquait
de prudence, et, dans notre métier, c'est une qualité

essentielle. S'il eût pris la précaution de se déguiser, il ne lui serait sans doute point mésarrivé.

— Alors tu comptes changer d'habits pour surveiller ces gens-là ?

— Oui, monseigneur, et vous pouvez vous en fier à moi. Je sais prendre toutes les figures, et je me trouverais face à face avec le faux commissaire qu'il ne me reconnaîtrait point.

— Bon cela! Et que feras-tu sous ta nouvelle forme?

— Je regarderai, j'écouterai, et j'aurais bien du malheur si je ne ramassais pas quelque indice; mais là n'est pas mon principal espoir, et, pour être assuré du succès, je vous demande, monseigneur, de me délivrer un ordre d'arrestation en blanc, avec autorisation de requérir la force publique...

— Contre La Jonquière et ses complices? Cela va de soi.

— Contre la bouquetière, monseigneur.

— Ah ! ah ! tu y tiens, à ce qu'il paraît.

— Oui, car c'est seulement par elle que nous parviendrons à forcer son amant de se découvrir. S'il se trouve là quand on prendra la petite, il cherchera à s'opposer à cette violence, et alors les choses ne se passeront pas comme hier. Nous serons en force et nous le saisirons lui-même. Si, au contraire, l'enlèvement se fait hors de sa présence, il ne manquera point de venir rôder autour de l'hôpital général, car je ferai répandre adroitement dans le quartier le bruit que la demoiselle y a été conduite.

— Et il se jettera dans la gueule du loup. C'est fort bien, mais le père, ce tavernier suspect, il me semble que tu n'en fais pas assez de compte. Il criera comme un beau diable, et qui sait? Il s'avisera peut-être de réclamer sa fille à M. le Régent, lequel, avec sa manie d'écouter les petites gens et de faire justice à tous, est bien capable de la lui rendre.

— Monseigneur, les renseignements que j'ai recueillis s'accordent à dire que maître Blanche-Barbe n'est pas un père bien tendre et qu'il prend peu de souci de son unique enfant. Mais, au surplus, je ne crois pas qu'il soit nécessaire d'enfermer cette petite à l'hôpital.

— Et où diable veux-tu donc la mener? Serait-ce par hasard à l'hôtel de la Compagnie des Indes? demanda Dubois en regardant Law, qui se mit à rire et à protester du geste contre cette supposition.

— Vous savez, monseigneur, reprit Larfaille, que, depuis un mois, il se fait dans Paris, par ordre de M. le lieutenant de police, une rafle générale de vagabonds et personnes sans aveu des deux sexes, qu'on envoie, sous bonne escorte, à Brest, où ils sont embarqués pour la Louisiane...

— Afin d'y coloniser nos magnifiques terrains du Mississipi, dit l'inventeur du *système*. C'est une excellente idée que je suis fier d'avoir eue le premier.

— Et qui pourra nous servir à mettre la main sur ce coquin de La Jonquière, ajouta le ministre. Mon garçon, je comprends ton projet et je l'approuve, seulement je te recommande d'opérer sans scandale. Il m'est revenu que le menu peuple criait beaucoup contre ces enlèvements, et, afin de ne pas provoquer une émeute, il faudrait agir en vertu d'un bon prétexte.

— La profession de la petite nous fournira ce prétexte, monseigneur. Une jeune fille qui s'en va toute seule vendant des fleurs par les rues s'expose à être traitée sans cérémonie par M. le chevalier du guet, et, si je suis contraint d'en venir à cette extrémité, tout se passera le plus doucement du monde.

— Tu as réponse à tout et je vois que tu es un garçon d'esprit, dit Dubois en prenant sur son bureau un papier revêtu de son cachet et de sa signature. Voici l'ordre que tu demandes. J'écrirai tantôt à d'Argenson pour qu'il te donne ta liberté d'action. Pars et ne reviens ici que le jour où tu m'amèneras, pieds et poings liés, La Jonquière et toute sa séquelle.

Larfaille prit la lettre, salua jusqu'à terre et sortit à reculons.

— A propos, lui cria le ministre au moment où il ouvrait la porte, ne perds pas ton temps à surveiller le signor Baroni. Celui-là, je m'en charge.

V

Le chevalier Louis du Terne de Grandpré n'était point un conspirateur qu'on pût confondre avec le ramassis de gens de toute sorte commandés par le colonel La Jonquière.

Ceux-là ne différaient pas sensiblement des déclassés parmi lesquels se recrutent toujours les soldats d'une conjuration quelconque :

Un tas d'hommes perdus de dettes et de crimes.

Ce vers de Corneille est et sera toujours vrai ; car, depuis Cinna jusqu'à Georges Cadoudal, tout chef d'une entreprise dirigée contre le gouvernement de son pays en est réduit, cette entreprise fût-elle cent fois juste et légitime, à chercher ses auxiliaires dans la tourbe des mécontents de l'époque.

Quand on jure dans une cave la mort des tyrans, que ces tyrans soient assis sur le trône où siégent au comité de salut public, la compagnie est forcément très-mêlée. Le chef a beau poursuivre un noble but, il y a toujours dans son armée des gens de sac et de corde ; bien heureux encore quand il ne s'y trouve pas des traîtres et des espions.

C'est même à cause de cela que la police de tous les temps aime beaucoup les conspirateurs.

Contre eux elle est toujours armée de toutes pièces, tandis qu'elle ne peut rien contre les fanatiques isolés. Aussi les choie-t-elle avec une sorte de tendresse, à peu près comme les fermiers de jeux publics comblent d'égards les inventeurs de *martingales* infaillibles qui les font vivre, et redoutent les joueurs fantaisistes qui peuvent les ruiner en une séance.

Jacques Clément, Ravaillac, Louvel et tant d'autres ont accompli un exécrable dessein sans qu'aucune surveillance pût le prévenir, parce que le crime fut conçu et exécuté par un homme seul.

La Jonquière, qui ne visait point à tuer le Régent, mais à l'enlever pour le compte du roi d'Espagne, La Jonquière avait été contraint à se faire chef de bande, et, comme tel, à chercher des complices là où il avait le plus de chance d'en trouver, c'est-à-dire dans une catégorie fort nombreuse à cette époque, celle des gens de guerre renvoyés du service.

La paix signée à Rastadt en 1714, après treize années de combats acharnés auxquels la moitié de l'Europe avait pris part, jetait sur le pavé une foule d'officiers, de bas-officiers, de soldats, tous accoutumés à vivre du métier des armes, n'en sachant et n'en cherchant aucun autre. Ces reîtres, cassés aux gages, voulaient vivre et bien vivre. Ceux qui n'allèrent point se faire Turcs, comme plus tard M. de Bonneval, — lequel mourut pacha, après avoir servi successivement le roi de France et l'empereur d'Allemagne,

— ceux-là s'enrôlèrent bien volontiers dans le complot ourdi contre le duc d'Orléans, par le prince de Cellamare, dès les premiers temps de la Régence. L'entreprise ayant, comme on sait, misérablement avorté, ceux qui échappèrent à la Bastille et aux galères cherchèrent un autre emploi de leurs talents.

La Jonquière, qui les connaissait tous peu ou prou, n'eut que l'embarras du choix. Après comme avant sa tentative manquée du bois de Boulogne, il lui suffit de le vouloir pour commander à deux ou trois douzaines de sacripants prêts à tout faire, pourvu qu'il y eût des pistoles à gagner.

Il y avait dans sa troupe des gentilshommes déclassés, comme *il cavaliere* Lorenzo de Mille qui était né noble piémontais et avait été capitaine dans un régiment allemand. Il y avait des anspessades réformés, piètres compagnons sortis des derniers rangs de l'armée, arrêtés dans leur avancement par la paix et passés avec armes et bagages dans le camp des irréguliers. Il y avait même de simples mercenaires congédiés, moitié soldats, moitié larrons, servant le colonel parce qu'il payait bien, mais très-disposés à s'enrôler, faute de mieux, dans les nombreuses bandes de voleurs qui exploitaient alors Paris et ses environs.

La Jonquière, passé maître dans l'art de mener les coquins, maintenait ceux-là par l'argent et par la terreur. Il était toujours prêt à leur prodiguer l'or ou à leur brûler la cervelle, selon les cas. Mais il n'avait en leur fidélité qu'une confiance très-limitée, et il s'était mis en quête d'un lieutenant plus dévoué et plus désintéressé que ses subalternes.

Le hasard lui avait fait justement rencontrer, peu de jours après son évasion de la Bastille, un jeune homme, auquel il s'était trouvé autrefois en passe de rendre un grand service.

Un soir, à Bruxelles, le chevalier du Terne de Grandpré, alors pourvu d'une compagnie dans les gardes wallonnes, avait été assailli dans une rue écartée par trois coupe-jarrets qui cherchaient à le tuer pour lui voler sa bourse. Le colonel sortait précisément cette nuit-là d'un tripot où il avait perdu tout son argent. Il était de fort mauvaise humeur, et il saisit avec empressement l'occasion qui s'offrait de trouer à coups de rapière la peau de son prochain. Il chargea les bandits, en coucha un sur le carreau, larda les deux autres, qui s'enfuirent, et, à la suite de cet exploit, échangea avec M. de Grandpré des serments d'éternelle amitié. Il profita même de la circonstance pour lui emprunter soixante louis qu'il lui devait encore quand il se retrouva face à face avec lui dans le jardin du Palais-Royal, à Paris, un certain jour du mois de décembre 1719. Il venait de s'échapper de sa prison, et il ne se montrait que soigneusement déguisé, de sorte que le chevalier ne l'aurait pas reconnu, s'il ne se fût nommé.

En abordant cet ami un peu oublié, le colonel avait son idée. Il débuta par lui rendre ses soixante louis, après quoi il s'enquit avec intérêt de sa situation.

Du Terne, lui aussi, avait fort à se plaindre du sort. L'empereur d'Allemagne l'avait réformé impitoyablement, alors qu'il espérait au contraire obtenir de l'avancement. Il était venu à Paris avec des lettres de recommandation pour quelques seigneurs originaires des Pays-Bas et très-bien en cour, tels que le prince de Chimay et le comte de Croï. Il espérait par leur entremise entrer au service de la France avec son grade. Mais depuis six mois qu'il sollicitait, il se heurtait aux refus obstinés de M. le duc d'Orléans, lequel finit par déclarer nettement aux protecteurs du chevalier que le roi n'avait pas besoin d'un officier renvoyé par l'empereur. Il ajouta même que, quand on servait successivement deux maîtres, on n'était pas plus fidèle au second qu'au premier et qu'il avait de bonnes raisons pour se défier des étrangers.

Ce propos, imprudemment rapporté au chevalier, l'avait blessé au vif, et La Jonquière trouva le terrain tout préparé pour y semer des ferments de vengeance. Il mit sans hésiter du Terne dans la confidence de ses projets, lui montra un brevet de colonel signé en blanc par le roi d'Espagne, et lui jura qu'il avait plein pouvoir pour le remplir avec le nom du chevalier de Grandpré, si ledit chevalier voulait l'aider à enlever le Régent.

Du Terne, il le faut avouer, ne se fit pas beaucoup prier pour accepter. Il était jeune et ambitieux ; il se voyait sans avenir militaire, réduit à végéter obscurément avec les restes du peu de bien que lui avait laissé son père. Enfin, pour tout dire, un gentilhomme se faisait moins de scrupule alors qu'à présent de mettre son épée au service d'un pays ou d'un autre, selon ce que son intérêt lui conseillait.

Le chevalier embrassa donc avec ardeur l'idée de transporter sa fortune en Espagne et de jouer son va-tout sur le coup préparé par le colonel. En s'enrôlant sous les ordres de La Jonquière, il ne fit qu'une réserve et celle-là était toute à son honneur : il déclara qu'il entendait n'accepter aucune espèce de solde ou d'indemnité en argent, aimant mieux conspirer à ses frais que d'être confondu avec le gros des conjurés achetés à beaux deniers comptants.

On peut croire que le chef en passa sans difficulté par où voulut ce lieutenant désintéressé.

Le pacte fut conclu séance tenante et scrupuleusement exécuté des deux parts.

Le colonel eut bien soin de ne jamais demander à du Terne que des services auxquels celui-ci ne répugnait point. Il était entendu que le chevalier ne devait son concours actif que pour l'enlèvement du Régent et non pour des actions criminelles ou basses. Quand il s'agissait de se débarrasser d'un espion ou de toute autre opération de ce genre, La Jonquière en chargeait son second lieutenant, Laurent de Mille, qui ne se piquait point de délicatesse.

Du Terne était requis seulement dans les occasions où il y avait chance d'exécuter la grande opération, comme par exemple la nuit du bal de l'Opéra où on avait pu espérer un instant de se saisir de la personne du Régent. Du reste, il n'était tenu qu'à venir chaque nuit conférer avec le colonel dans le réduit si bien caché que maître Blanche-Barbe mettait à la disposition des conspirateurs. C'était là une obligation qui ne pesait guère au chevalier, car elle lui fournissait un prétexte pour traverser le cabaret de l'*Epée-de-Bois*, où il était à peu près sûr de rencontrer Violette.

Comment s'était-il épris de la fille d'un tavernier qu'en d'autres temps il n'aurait peut-être pas honorée d'un regard? On pourrait répondre que l'amour ne s'inquiète guère des distinctions sociales et qu'il s'entend mieux à niveler les rangs que les faiseurs de lois égalitaires ; mais il est juste de confesser aussi que la vie triste et esseulée que menait du Terne y était pour quelque chose.

Confiné presque tout le jour dans un modeste logement qu'il avait loué au Marais sous un faux nom, mécontent du passé, soucieux du présent, incertain de l'avenir, le chevalier se trouvait on ne peut mieux disposé à concevoir

9.

une passion sérieuse. Cœur qui souffre s'ouvre facilement à l'espérance, et, à vingt-cinq ans, l'espérance c'est d'aimer et d'être aimé.

Du Terne aima Violettte, non pas à première vue, comme on aime dans les romans où l'amour procède par explosion, mais lentement, peu à peu, sans le vouloir et presque sans le savoir.

Introduit par le colonel chez maître Barbe-Blanche, et initié aux mystères de ce cabaret à plusieurs fins, du Terne y vit la jeune fille, et il ne remarqua tout d'abord que sa merveilleuse beauté. Puis il fut pénétré de la douceur ineffable de sa voix, du charme irrésistible de son langage simple et gai, de la grâce naturelle de toute sa personne. Alors il commença à s'inquiéter de cette ravissante enfant que le hasard avait fait naître dans une humble condition, comme le vent sème une primevère sur un toit de chaume. Et bientôt il en vint à se demander pourquoi, de la pauvreté de Violette et de ses disgrâces à lui gentilhomme sans terres et capitaine sans compagnie, il n'essaierait pas de faire un bonheur.

Il en était là, quand la scène de la rue Quincampoix lui révéla qu'il aimait plus qu'il ne le croyait lui-même la bouquetière dont il avait pris la défense, car il s'aperçut qu'il était tout prêt à donner sa vie pour Violette, et que, de plus, il était horriblement jaloux d'elle.

La seule idée que M. Law pouvait recommencer ses tentatives le mettait hors de lui, et certes, s'il eût été libre de tous liens, il aurait cherché l'occasion d'infliger à cet insolent Ecossais une de ces insultes qui se lavent avec du sang; mais le chevalier conspirait, et conspiration oblige, ni plus ni moins que noblesse. S'attaquer personnellement au tout-puissant contrôleur général des finances, au favori du Régent, c'eût été compromettre de gaieté de cœur les intérêts de son ami le colonel.

Force lui était donc de ronger son frein jusqu'au jour du triomphe, jour prochain, il l'espérait du moins. Seulement, après le danger que la jeune fille avait couru, il n'était plus permis à du Terne d'hésiter. Il lui fallait renoncer à son amour ou s'y engager plus avant, car, d'un jour à l'autre, les événements pouvaient se précipiter, et le forcer à quitter la France.

L'heure était venue de prendre un parti. Sa situation vis-à-vis de Violette était devenue intolérable depuis qu'il avait passé par la tête à maître Barbe-Blanche de condamner sa fille au vil métier de ravaudeuse, et du Terne ne se sentait pas le courage de souffrir longtemps que la préférée de son cœur passât ses journées à raccommoder des bas en plein air et ses soirées à servir les pratiques de l'*Epée-de-Bois*. La plus violente passion ne résisterait pas trois semaines à certaines situations ridicules, et le pauvre chevalier se voyait avec terreur réduit à faire la cour à sa belle, assise dans un tonneau coupé par la moitié, obligé d'attendre, pour lui déclarer sa flamme, qu'elle eût parachevé une reprise perdue et de prendre rang sur le pavé à la suite d'un laquais ou d'un soldat aux gardes.

Jamais ces vaniteux scrupules ne lui étaient venus quand elle vendait des fleurs à tout venant, et pourtant l'état de bouquetière ambulante n'était pas beaucoup plus noble que celui de ravaudeuse sédentaire. Mais le cœur a de ces préjugés.

Au surplus, il ne faudrait pas jurer que sa nouvelle liaison avec le comte de Horn ne fût pour quelque chose dans le désir qu'avait le chevalier d'en finir avec les incertitudes. Pour en finir, il fallait commencer par se déclarer franchement, et c'était ce que du Terne n'avait point encore osé faire.

Depuis deux mois qu'il voyait chaque jour Violette, leurs regards s'étaient rencontrés bien des fois et leurs yeux s'étaient dit bien des choses, mais ils n'avaient encore échangé que des paroles insignifiantes. Il est vrai que de tout temps les amoureux ont possédé le don de changer le sens des mots. « Mon Dieu! mademoiselle, que vos fleurs ce matin sont fraîches! » Cela veut dire clairement : « Violette, je vous adore! » « Monsieur le chevalier, j'ai choisi les plus belles pour vous faire un bouquet. » Cela se traduit couramment par : « Louis, je vous permets de m'adorer, et je vous aime. » Mais enfin la déclaration, cette formalité classique et indispensable, cet acte officiel de l'amour, la déclaration n'avait pas encore été lancée.

Du Terne jugea que l'heure était venue de franchir ce pas solennel et de s'engager tout à fait, dans l'espoir d'obtenir en retour un aveu et une promesse. Une promesse surtout, car il comptait bien sur l'aveu; mais il ne comptait pas du tout se conformer à l'usage en demandant à maître Blanche-Barbe et à dame Margot, son épouse, la main de leur fille.

Il en eût trop coûté à son orgueil, et, de plus, il entrevoyait un refus du cabaretier, qui lui faisait l'effet d'un rustre quinteux et mal disposé à l'endroit des gentilshommes. Et pourtant le chevalier était bien éloigné de vouloir en user légèrement avec Violette, et il ne méditait pas du tout de la séduire.

Ce qu'il rêvait, c'était, comme il l'avait dit au comte de Horn, de la prendre en croupe sur son cheval, de galoper avec elle jusqu'à la frontière, derrière le carrosse qui emmènerait en Espagne le Régent prisonnier, et de l'épouser au-delà des Pyrénées.

Un si hardi dessein, pour être approuvé de celle qu'il intéressait, devait au moins lui être expliqué, et c'est à quoi le chevalier se résolut le surlendemain du jour où il avait eu la bonne fortune de sauver la bouquetière des griffes de l'exempt.

Il n'avait point revu La Jonquière depuis son apparition si opportune en robe de commissaire, quoique à la suite de cette heureuse rencontre, il fût resté quarante-huit heures sans sortir de sa chambre. Et pourtant, d'ordinaire, il ne se passait guère de jour sans que le colonel vînt, sous un déguisement quelconque, conférer avec lui sur les incidents de la veille et sur les projets du lendemain.

Du Terne décida donc de se rendre, à la nuit tombante, dans le cul-de-sac de Venise, où la pauvre Violette se morfondait dans son tonneau, d'y avoir avec elle un entretien décisif, puis d'entrer chez maître Blanche-Barbe, où il était à peu près sûr de rencontrer La Jonquière, lequel ne manquait jamais de passer une heure ou deux à la taverne avant de s'esquiver pour aller retrouver ses gens dans leur repaire du premier étage.

Jusqu'alors, le chevalier, qui ne se mêlait qu'accidentellement aux conspirateurs, et qui d'ailleurs n'était point signalé au lieutenant de police, le chevalier n'avait pas pris la précaution de se travestir. Mais l'échauffourée de la rue Quincampoix l'avait mis en défiance, et il jugea prudent, sinon de se défigurer en endossant quelque accoutrement grotesque, du moins de modifier un peu son costume habituel. Il renonça au justaucorps de velours, à la

veste de satin broché, aux bas de soie, au chapeau bordé
de point d'Espagne et à la fine brette de cour à poignée
dorée, pour revêtir un habillement en serge brune, qui
lui donnait presque l'air d'un fils de marchand.

Ce ne fut point sans soupirer un peu qu'il se résigna, au
moment d'avoir avec Violette une entrevue décisive, à
troquer contre cette triste défroque son élégante toilette
de cavalier. On a beau être un conspirateur sérieux, on
n'accepte jamais de gaieté de cœur la désolante perspective de se montrer à la femme qu'on aime dans une tenue
désavantageuse. Mais les circonstances étaient trop graves
pour que du Terne cédât à une bouffée de vanité en restant chevalier quand même.

Il sortit donc de chez lui, bourgeoisement accommodé,
et prit à pied le chemin de la rue Quincampoix, crottant
bravement ses souliers sans boucles et s'appliquant à imi-
ter l'allure lourde des croquants qu'il rencontrait. A quoi
il ne réussissait guère.

Il arriva à l'entrée du cul-de-sac de Venise au moment
où la cloche annonçait la clôture des opérations Mississipiennes. La foule des spéculateurs en plein vent s'écoulait
par toutes les issues, lentement et comme à regret, car la
journée avait été chaude, et il s'était fait et défait, du matin
au soir, bien des fortunes.

Le moment approchait où les courtiers, habitués d'un
certain cabinet situé au-dessus de la taverne de maître
Blanche-Barbe, allaient y venir régler leurs comptes, et la
nuit devait bientôt relever Violette de sa déplaisante station dans son tonneau.

Le chevalier n'avait pas une minute à perdre s'il voulait
causer avec elle en tête-à-tête. Il hâta le pas, et le cœur lui
battit bien fort quand il aperçut la pauvre enfant encagée

dans sa prison de bois, courbée sur son aiguille, qu'elle poussait courageusement, malgré le froid qui faisait trembler ses doigts et la bise qui rougissait ses joues.

Par bonheur, elle était seule, et du Terne bénit le ciel, qui lui avait épargné l'humiliation de se rencontrer avec une des pratiques de la ravaudeuse par force. Il s'approcha si doucement, que la jeune fille ne l'entendit point venir, et qu'il fut obligé de tousser légèrement pour annoncer sa présence.

Violette fit un petit mouvement de mauvaise humeur : elle croyait qu'en levant la tête elle allait voir quelque passant lui apportant de l'ouvrage pour prolonger son supplice du tonneau, mais elle reconnut du Terne sous ses modestes habits, et elle rougit de joie.

— C'est vous, monsieur le chevalier, dit-elle de sa voix harmonieuse et pénétrante comme le chant d'une fauvette.

Et elle ajouta avec un sourire :

— Ah ! mon Dieu ! comme vous voilà fait !

— C'est vrai ! j'ai l'air d'un cuistre, dit le jeune gentilhomme en riant d'un rire un peu forcé. C'est que je suis obligé de prendre certaines précautions depuis la bagarre d'avant-hier. Ces coquins qui cherchaient à vous violenter m'ont la mine d'appartenir à M. d'Argenson, et je ne me soucie pas d'être reconnu par quelqu'un d'eux.

— Oui, oui, il faut éviter cela, dit vivement Violette. Mais je ne vous ai point encore remercié de m'avoir sauvée... Ah ! ce n'est pas que je n'aie point pensé à vous, monsieur le chevalier.

— Dites-vous vrai, Violette ? demanda du Terne, heureux de profiter de cette ouverture pour entrer en affaires de cœur. Est-il possible que mon souvenir soit resté présent à votre pensée, que...

— En doutiez-vous donc ? demanda la jeune fille en le regardant avec ses grands yeux si bleus et si doux.

— Je n'osais pas l'espérer, Violette; mais, puisque vous pensez à moi, c'est que vous m'aimez un peu ; et moi aussi je puis bien vous dire que je vous aime, s'écria le chevalier, que ce début avait encouragé au point de le décider à brusquer la déclaration si longuement méditée.

— Vous m'aimez! dit Violette sans rougir à cette déclaration subite. Oh! tant mieux, monsieur le chevalier, car moi aussi je vous aime.

Le cœur est parfois de contradiction comme l'esprit, et celui de du Terne ne fut point pleinement satisfait de cette réponse qu'un quart d'heure auparavant il eût à peine osé rêver. Pourquoi? Peut-être n'aurait-il pas su l'exprimer, mais il le sentait à merveille.

Il y a des situations de la vie qui amènent invariablement les mêmes effets et qui se traduisent par les mêmes paroles depuis que le monde est monde.

Aimât-elle à l'adoration l'homme qui tombe à ses genoux, une femme ne s'entend jamais dire à l'improviste : « Je vous aime, » sans que sa tendresse se replie un peu sur elle-même, comme une sensitive dont une main indiscrète vient de froisser les feuilles. L'aveu monte à ses lèvres, mais elle le refoule, elle cherche à étouffer la flamme qui la brûle, elle lutte contre la passion qui l'entraîne, ne fût-ce qu'une minute, une seconde. C'est sa faiblesse qui fait sa force ; c'est son amour qui la défend contre son amoureux.

Les hommes n'ont point de ces délicatesses, mais ils aiment à les rencontrer, et le chevalier, devant la confession naïve de Violette, éprouvait la même surprise qu'un soldat montant à l'assaut d'une citadelle, et s'apercevant,

quand il a escaladé la muraille, qu'elle n'était pas dé-
fendue.

Ce n'était pas qu'il se méprît sur le compte de la jeune
fille au point d'attribuer son calme à l'habitude de recevoir des déclarations brûlantes ; mais il pensait que c'é-
tait là une façon de s'exprimer bien dégagée, dans un
moment où leur vie, à tous les deux, allait peut-être se
décider. Même, il était obligé de convenir qu'elle n'aurait point parlé d'un autre ton si elle avait dit : « Vous
aimez les fraises, tant mieux, car je les aime aussi. »

Son désappointement se lisait si bien sur sa figure,
que Violette lui demanda doucement :

— Qu'avez-vous, monsieur le chevalier ? vous aurais-je
fâché sans le vouloir ?

Du Terne tressaillit et dit d'une voix émue :

— Ecoutez-moi, Violette. Je viens de vous avouer l'a-
mour que j'ai pour vous, et vous venez de me répondre
par trois mots qui sont allés tout droit à mon cœur. Vous
m'avez dit : Je vous aime...

— Et je vous le dis encore, monsieur le chevalier, parce
que c'est vrai, bien vrai, je vous le jure, interrompit la
jeune fille avec une vivacité d'enfant.

— Vous me le dites et je le crois, mais...

— Mais... quoi donc ?

— Savez-vous ce que c'est qu'aimer ?

— Aimer ! répéta Violette en regardant du Terne avec
des yeux étonnés ; n'est-ce donc pas penser sans cesse à
quelqu'un, souhaiter de le voir toujours, sentir qu'on
donnerait avec joie sa vie pour lui ?

— Oui, Violette, oui, c'est ainsi qu'on aime, que je vous
aime, moi.

— Et vous me l'avez déjà prouvé, car avant-hier, pour

m'arracher à ces misérables, vous vous êtes exposé, vous avez couru le risque d'être blessé... tué peut-être. Moi, je ne suis qu'une femme... je n'ai ni la force ni le courage..., mais je prie Dieu tous les soirs de m'accorder le bonheur de me dévouer pour vous.

— Violette, un jour, demain peut-être, je puis être forcé de quitter Paris, de sortir de France.

L'enfant pâlit, mit la main sur son cœur et murmura :

— J'en mourrais.

Cette fois, l'âme du chevalier s'ouvrit au bonheur.

L'épreuve était décisive et, au lieu de commenter avec son esprit les aveux échappés au cœur d'une enfant, du Tern se livra tout entier. Il prit la main de Violette, la pressa de ses lèvres, et lui dit avec une émotion qu'il ne cherchait plus à contenir :

— Vous ne mourrez pas, car nous ne nous quitterons jamais. Vous ne mourrez pas, car vous serez ma femme.

— Votre femme ! répéta la jeune fille avec une sorte de terreur ; moi, votre femme, monsieur le chevalier !

— Oui, Violette. Désormais ma vie est indissolublement liée à la vôtre. Le jour où il me faudra partir, jour prochain, car je touche au dénoûment d'une périlleuse entreprise, je viendrai vous rappeler que nous nous sommes promis de ne pas nous séparer et je vous dirai : venez ! Nous fuirons ensemble, et, dès que nous aurons passé la frontière, je vous le jure sur mon honneur de gentilhomme et de soldat, un prêtre nous mariera.

Pendant que du Terne parlait, Violette pâlissait et ses yeux se remplissaient de larmes.

— Adieu ! mon beau rêve, murmura-t-elle en baissant tristement la tête.

— Que voulez-vous dire ? s'écria le chevalier. Doutez-vous de mon serment? Vous ne répondez pas? Vous voulez donc me réduire au désespoir !

— Hélas! monsieur le chevalier, ce que vous souhaitez est impossible.

— Impossible! Et pourquoi?

— Parce qu'une malheureuse créature comme moi ne peut pas épouser le chevalier de Grandpré.

— Ah! Violette, s'écria du Terne, si vous m'aimiez, vous ne me parleriez pas ainsi. Qu'importe votre naissance, puisqu'il me plaît de l'oublier ? Au surplus, entre nous la distance n'est pas si grande. Je suis noble, c'est vrai, et j'aurais le droit de monter dans les carrosses du roi, mais le roi n'a garde de m'y admettre, car je n'ai ni terres, ni dignités, ni emplois, puisque je subsiste des débris d'un maigre patrimoine et puisque je ne suis plus qu'un capitaine réformé. Votre père, si je ne me trompe, était autrefois bourgeois de Liége, et il doit être riche. Cette opulente bourgeoisie-là vaut bien ma pauvre noblesse.

La jeune fille avait écouté les yeux baissés cette tirade véhémente et ne se pressait pas d'y répondre.

— Pardonnez-moi, monsieur le chevalier, dit-elle enfin, pardonnez-moi si je n'entends point toutes ces distinctions. Je ne sais qu'une seule chose, c'est que je ne suis pas libre de disposer de moi-même.

— Eh! bien, si vous l'exigez, je parlerai à maître Blanche-Barbe... je lui dirai que nous nous sommes fiancés... je lui demanderai son consentement à notre mariage...

— Ce serait inutile, dit tristement Violette, il vous le refuserait.

— Et vous n'avez pas le courage de vous en passer! Et il me faut renoncer à vous ! Ah! j'avais bien raison de dire que vous ne m'aimiez pas, que vous ne m'aviez jamais aimé.

— Hélas ! je n'aime que vous, au contraire, et je donnerais avec joie ma vie pour la vôtre, mais j'avais rêvé le bonheur autrement.

— Et qu'aviez-vous donc rêvé ?

— Que je continuerais à vous voir, à entendre votre voix, à lire chaque jour dans vos yeux la joie ou la tristesse et à vivre joyeuse ou triste jusqu'au soir, selon ce que j'aurais su deviner de vos secrètes pensées ; j'avais rêvé que je pourrais vous adorer du fond de mon obscurité comme, lorsque j'étais toute petite, assise au seuil de notre cabane rustique, j'adorais l'étoile du soir qui brillait au-dessus des grands hêtres de la forêt.

Ce langage poétique dans cette bouche d'enfant, c'était la première fois que le chevalier l'entendait, et il faut bien avouer que sa vie de soldat et de conspirateur ne l'avait pas préparé à en goûter le charme. L'ex-capitaine aux gardes wallonnes n'y vit guère que l'expression un peu folle des rêveries sentimentales d'une jeune fille, ignorante de ce monde et de ses inexorables nécessités.

— Violette, dit-il d'une voix ferme, ce ne sont là que chimères qui s'envoleront sans retour, si vous refusez de me suivre hors de France, car alors vous ne me reverrez jamais. Moi qui ne suis qu'un officier de fortune accoutumé à marcher droit au but et qui vous aime sérieusement, loyalement, je ne puis que vous donner ma foi et vous demander la vôtre.

— La mienne ! ah ! elle est à vous tout entière, et, si vous en doutez, monsieur le chevalier, disposez de moi comme il vous plaira. Plutôt que de vous perdre, je suis résignée à tout. Pour vous suivre là où vous voudrez me mener, je quitterai cette maison, je braverai la malédiction de mes parents; mais accordez-moi la seule grâce que je vous demande en retour de ce sacrifice... faites de moi votre servante, votre esclave... n'exigez pas que la fille du maître de l'*Epée-de-Bois* porte votre nom.

— Mais c'est de la folie! en devenant ma femme, que pouvez-vous donc craindre?

— Que vous me reprochiez un jour de vous être mésallié, monsieur le chevalier.

— Violette, dit du Terne piqué au vif, vous avez en bien médiocre estime ma fidélité à un serment prêté. Qui donc vous a instruite à douter ainsi de l'honneur d'un gentilhomme?

— Vous voulez le savoir? c'est mon père, qui dès que j'ai eu l'âge de comprendre ses paroles, m'a appris que j'étais du peuple et que tromper une fille du peuple n'était qu'un jeu pour un noble; c'est mon père, qui m'a répété cent fois qu'il aimerait mieux me voir morte que menacée de l'amour d'un noble; mon père, qui confond dans sa haine aveugle tous ceux de votre caste.

— Peste! interrompit du Terne, je ne soupçonnais pas que maître Blanche-Barbe exécrât si fort les gentilshommes, mais c'est bon à savoir et j'en toucherai deux mots au colonel. Il se montre, en vérité, bien soucieux de vous prémunir contre les séductions de la noblesse, ce même homme qui vous a permis si longtemps de vendre des fleurs aux premiers passants venus et qui vous force maintenant à entendre les propos galants des soldats et des laquais. Etrange conduite d'un père qui aime sa fille et fait parade de tant de sollicitude pour elle!

— Mon père ne m'aime pas, dit Violette en baissant la voix; il me hait.

—Comment?... qui vous fait croire... je le savais envers vous d'une sévérité outrée, mais je ne savais pas...

— Il me hait, monsieur le chevalier, j'en ai eu bien souvent la preuve.

— Mais la cause de cette haine, l'origine de ce sentiment monstrueux ?

— Hélas ! pour moi, c'est un mystère.

— Que je veux pénétrer avant que nous fuyions ensemble, car, si je découvrais...

— Jeanneton ! rentrez ! cria tout à coup la voix rude de maître Pierre, qui venait d'apparaître sur le seuil du cabaret.

En reconnaissant cette voix qui grondait sur ses amours comme un coup de tonnerre subit au milieu d'une belle soirée d'été, le chevalier bondit et se retourna furieux.

Violette avait reçu aussi la commotion électrique, mais l'effet en fut bien différent. Elle frissonna de la tête aux pieds et se mit en devoir d'obéir, sans souffler, sans essayer même de la résistance passive.

Pendant qu'elle pliait en tremblant son petit bagage d'écheveaux et d'aiguilles, du Terne marchait droit au terrible tavernier.

La nuit était venue tout à fait sans que les amoureux s'en aperçussent, et la robuste personne de maître Blanche-Barbe, debout dans l'embrasure de la porte, se détachait en noir sur le fond vivement éclairé du cabaret.

— Ah ! ah ! c'est vous, monsieur, dit-il d'un air sombre ; je m'en doutais.

— Qu'est-ce à dire, maître ? demanda le chevalier d'une voix irritée. Trouveriez-vous quelque chose à reprendre dans ma conduite ?

Au lieu de répondre à cette interpellation, le cabaretier se reprit à crier :

— Au logis, Jeanneton ! Allons donc, paresseuse ! votre mère vous attend pour servir les pratiques.

Il aurait choisi ses mots tout exprès pour exaspérer du Terne, qu'il n'aurait pas mieux réussi. Jeanneton surtout, ce nom de servante de ferme ou de laveuse d'écuelles mit hors de lui le chevalier, qui se souvenait fort bien de la scène où ce père implacable avait débaptisé la pauvre Violette en la condamnant au ravaudage à perpétuité. Encore, ce jour-là, s'était-il contenté de l'appeler Jeannette.

Jeannette n'était que champêtre ; Jeanneton était odieux.

La pauvre enfant s'avançait la tête basse, son paquet à la main, comme une prisonnière que le geôlier fait rentrer dans son cachot. Blanche-Barbe s'effaça pour la laisser passer, et, quand elle eut franchi le seuil, il se remit tranquillement en position, barrant la porte de son imposante rotondité.

— Me répondrez-vous enfin ? demanda du Terne, arrivé au paroxysme de la colère.

— Et que voulez-vous que je vous réponde, monsieur ? demanda le tavernier sans s'émouvoir. Prétendez-vous me contraindre à vous donner les motifs pour lesquels il m'a plu de rappeler ma fille à la maison ? En ce cas, je vous avertis que vous perdez votre temps, car je suis le maître de mes actions, et je n'ai de compte à rendre à personne.

— Je veux savoir pourquoi, tout à l'heure, quand vous m'avez reconnu, vous m'avez dit : « Je m'en doutais. »

— Parce que j'ai fort bien observé, depuis quelques

jours, que vous vous occupez de Jeanneton beaucoup plus qu'il ne me convient.

— A mon tour de vous dire, maître, que je suis libre d'agir à ma guise.

— Entièrement libre, monsieur; mais je dois vous déclarer que vos poursuites me déplaisent pour deux raisons : la première, c'est que ma fille ne peut pas vous épouser et que je ne veux pas qu'elle devienne votre maîtresse; la seconde, c'est que, par votre folie, vous vous exposez à compromettre le colonel La Jonquière, et votre serviteur qui conspire aussi contre le Régent.

— Qu'a de commun la conspiration, dont je fais partie comme vous, avec ce que vous vous permettez d'appeler ma folie ?

— Je pourrais me borner à vous rappeler que les complots de tous les temps et de tous les pays n'ont jamais avorté que par la faute d'une femme, mais j'aime mieux vous dire nettement que votre esclandre de l'autre jour a déjà mis à nos trousses les mouches de M. d'Argenson.

— Fallait-il donc, pour éviter d'attirer l'attention de la police, laisser enlever votre fille par des coquins qui l'auraient entraînée dans l'hôtel de M. Law ?

— Si Jeanneton eût été enlevée, j'aurais bien su me la faire rendre, et, désormais, je ne souffrirai plus qu'elle s'expose à pareil accident. Mais je dois vous dire que le colonel, qui vous a tiré d'embarras, est fort irrité de vos imprudences et qu'il se propose de vous en exprimer ce soir même son mécontentement.

— Le colonel ? ce n'est point ma faute, si je ne l'ai pas revu plus tôt, car j'ai hâte de l'entretenir.

— Si vous êtes si empressé de le voir, que n'entrez-vous

chez moi, au lieu de perdre votre temps en fleurettes et
en rodomontades.

Ce reproche, assez insolemment formulé, fit de nouveau
monter le rouge au front du chevalier, et peu s'en fallut
qu'il ne s'élançât sur le rustre, mais il fut assez maître de
lui pour se contenir. Il commençait à comprendre que
l'occasion et le lieu seraient mal choisis pour se prendre
de querelle avec un homme qui tenait dans sa main le
sort de Violette et celui de la conspiration.

— Chez vous? vous m'engagez à entrer chez vous? demanda-t-il avec assez de calme. Est-ce donc que j'y trou-
verai le colonel?

— Il est là derrière moi, dans la salle basse, assis à la
troisième table, à gauche en entrant.

— Seul?

— Avec son lieutenant, M. de Mille.

— Et y a-t-il des buveurs aux autres tables?

— Tout est plein, même le cabinet du premier étage.

— Diable! c'est que...

— Quoi?

— C'est que si nous sommes surveillés, comme vous le
prétendez, il est inutile, ce me semble, de nous rencontrer
dans un endroit public.

— Vous oubliez que La Jonquière sait se déguiser de
façon à défier tous les espions du lieutenant de police, et
que M. de Mille est presque de sa force. Ce soir, vous
auriez quelque peine à les reconnaître si je ne vous avais
indiqué la place où vous les trouverez. Quant à vous, je
vois que vous avez bien voulu, par hasard, déroger à vos
habitudes de glorieux, et mettre bas la soie, les galons et
l'épée, pour vous vêtir en courtaud de boutique. Vous
pouvez donc sans danger vous montrer dans ma maison.

Le chevalier se serait bien passé de ce compliment compliqué d'admonestation, et surtout de la qualification de courtaud de boutique, qui flattait peu son amour-propre. On a beau conspirer sérieusement, on n'aime point à être appelé d'un nom ridicule, et « courtaud de boutique » lui semblait dur à digérer, car il avait la prétention de n'être pas descendu, en se travestissant, au-dessous du petit bourgeois. Il refoula cependant sa mauvaise humeur, et, sans ajouter un mot, il fit signe à Blanche-Barbe de se ranger pour lui livrer passage et il se glissa dans la salle.

L'illustre cabaret de l'*Épée-de-Bois* brillait ce soir-là de toute sa splendeur de cabaret Mississipien. Les habitués de la rue Quincampoix y avaient reflué après la fermeture du marché des actions, les uns pour y réaliser des opérations conclues dans la journée, les autres tout simplement pour y apaiser la soif dévorante que donne la fièvre du jeu. Ceux-ci s'étaient groupés au hasard autour des tables ou devant le comptoir de dame Margot. Ceux-là passaient, un à un ou deux à deux, glissant comme des ombres au milieu des buveurs, enfilaient rapidement un escalier tournant et entraient dans le cabinet du premier étage, où résonnaient des bruits métalliques.

De l'autre escalier, celui qui menait aux cachettes de la bande et par lequel le comte de Horn était descendu dans le cabaret la nuit du bal de l'Opéra, de l'escalier dérobé, on n'apercevait, bien entendu, pas la moindre trace, car il disparaissait derrière une cloison mobile qu'on avait soin de fermer quand il le fallait.

La séance de la rue ayant été chaude, les causeries étaient très-animées et les gosiers altérés en proportion des émotions ressenties par les spéculateurs. Une grosse

Flamande à cheveux couleur de filasse, l'unique servante
de dame Margot, avait fort affaire pour arroser à propos
toutes ces lèvres qui s'étaient desséchées à crier le cours
du papier, et on s'expliquait que maître Blanche-Barbe eût
appelé sa fille pour l'aider.

La pauvre Violette, devenue Jeanneton par la volonté
barbare du tavernier, était déjà en fonctions lorsque du
Terne entra. Caparaçonnée d'un tablier de grosse toile
grise, affublée d'une cape noire et vêtue de bure des pieds
à la tête, elle s'en allait tristement à travers le cabaret, un
pot dans chaque main, courant là où l'appelait le tac-tac
d'un couteau qui frappait sur la table, trottant au gré des
marauds de la finance, qui demandaient à boire, baissant
la tête sous leurs plats quolibets et leurs compliments
grossiers. Plus de fleurs ! plus de soleil ! l'air épais du cabaret et le travail servile.

En voyant la malheureuse bouquetière sous sa livrée de
maritorne, un poëte eût songé aux jeunes Grecques cap-
tives chez les barbares.

Le chevalier ne pensa point à la comparer aux filles
d'Argos réduites en esclavage, mais il entra dans une colère d'autant plus terrible, qu'il était obligé de la com-
primer. Puis ses yeux rencontrèrent ceux de Violette et il
lui sembla que d'un regard rapide elle lui recommandait
la prudence. Il fit un violent effort sur lui-même et il se
dirigea sans affectation vers la troisième table à main
gauche.

Il y avait deux places libres, car cette table n'était occupée que par un escogriffe long comme un jour sans
pain, clerc de procureur de son métier, cela se devinait à
ses habits râpés et au rouleau de papier marqué sus-
pendu à son cou ; plus, un grand et gros maltôtier, pour

le moins sous-fermier des gabelles, rubicond, bourgeonné, ventru, le jabot gonflé et la face hérissée de verrues et de loupes.

Les deux imitations étaient si parfaites, que du Terne hésita un instant à reconnaître Laurent de Mille sous sa défroque de basochien et La Jonquière sous sa courte perruque noire enfoncée jusqu'aux yeux.

Une imperceptible grimace du colonel lui apprit bien vite à qui il avait affaire. Il s'approcha de la table d'un air indifférent, demanda civilement la permission de s'y asseoir, et l'obtint sans difficulté.

Pour dérouter les voisins qui, cependant, ne s'occupaient guère d'eux, le financier et le clerc continuèrent une conversation relative à un procès pendant à la Cour des Aides. Le chevalier se fit apporter une bouteille de vin de l'Ermitage et se versa une pleine rasade.

— Mon ami, disait le Mondor au suppôt de la chicane, je vous déclare qu'en cette affaire, je ne suis pas content de M. Louis, mon premier commis... Oh! mais, là... pas content du tout.

Cette entrée en matières fit que du Terne, qui s'appelait Louis de son petit nom, leva la tête et ouvrit les oreilles.

— Que vous a donc fait ce Louis, monsieur? demanda le soi-disant clerc de procureur, avec un air de naïveté respectueuse admirablement joué.

— Il m'a trompé, ou plutôt je me suis trompé sur son compte, dit le financier en poussant un bruyant soupir. Figurez-vous qu'en le prenant à mon service, ou pour mieux dire, en l'associant à mes affaires, car il a une part dans mes bénéfices, figurez-vous que je croyais avoir mis la main sur un homme sérieux, décidé à consacrer tout son temps et toutes ses facultés au succès de nos entreprises. Et voilà que, depuis deux ou trois jours, je m'aperçois qu'il a la tête farcie de visées amoureuses, qu'il délaisse à chaque instant la spéculation pour la galanterie, bref, qu'il est capable d'exposer sa fortune et la mienne pour se faire le chevalier d'une péronnelle.

— Peuh ! murmura le petit clerc, votre commis est jeune, sans doute, et il faut que jeunesse se passe, mais mon procureur, maître Griffard, a coutume de dire que l'amour doit marcher après la procédure, et, au Palais, nous ne nous permettons d'aimer qu'à nos moments perdus.

Louis du Terne de Grandpré commençait à se trouver assis sur des charbons ardents. Il ne comprenait que trop les allusions renfermées dans ces phrases à son adresse, et il enrageait de ne pouvoir y répondre comme il l'aurait souhaité. Il y avait là, à portée de l'entendre, des oreilles étrangères auxquelles il ne se souciait pas de confier sa justification. D'autre part, il lui déplaisait d'accepter silencieusement les leçons détournées du colonel. Il crut devoir prendre le parti de lui adresser la parole sur le même ton.

— Monsieur, dit-il en portant poliment la main à son chapeau, excusez-moi de me mêler à un entretien qui ne me regarde point, mais je suis moi-même employé aux gabelles, et il se trouve que je connais particulièrement M. Louis, votre premier commis, dont vous vous plaignez si fort. Si j'osais, je prendrais sa défense.

— Osez, monsieur, osez, grommela le maltôtier avec une grimace ironique.

— Eh bien, puisque vous le permettez, je vous dirai que ce matin encore M. Louis me faisait ses confidences et se plaignait de voir tant tarder la conclusion d'une grande opération où vous êtes intéressés tous les deux. Il

m'avouait qu'il s'ennuyait fort de l'inaction où vous le
laissez, et qu'il ne croyait pas mal faire en occupant ses
loisirs à sa guise. Enfin, il me jurait que son attachement
à une personne très-méritante ne pouvait nuire en rien à
ses affaires, ni aux vôtres, et qu'il restait toujours prêt à
aller là où il vous plairait de l'envoyer.

— Monsieur, je ne doute nullement des bonnes intentions de ce cher Louis, mon associé, mais je crois qu'il
s'abuse étrangement quand il croit pouvoir mener de front
des spéculations aussi hasardeuses que les nôtres et une
amourette. En voulez-vous une preuve? Tenez! pas plus
tard qu'avant-hier, il s'est mis dans le cas de ruiner d'un
seul coup toutes nos espérances, et cela uniquement parce
que sa passion pour la dame de ses pensées l'a égaré jusqu'à la folie. Croiriez-vous qu'il s'est avisé de prendre en
pleine rue Quincampoix la défense de cette beauté, de
mettre flamberge au vent comme un matamore, lui, un
paisible financier, et de provoquer un trouble tel que le
cours des actions a outrageusement baissé, à notre grand
dommage à tous deux? Pour ramener un peu de hausse,
il a fallu que j'entrasse personnellement en lice. J'ai réussi,
à force d'audace et d'adresse, à parer le coup qui nous
menaçait; mais, une autre fois, je serais peut-être moins
heureux, et je vous prie de dire à M. Louis, si vous le
voyez avant moi, que je l'engage vivement à montrer plus
de prudence.

— Je n'y manquerai point, monsieur, et je ne doute pas
qu'il ne tienne compte de vos recommandations, mais ne
pourrais-je lui donner en même temps des nouvelles de
l'importante négociation que vous poursuivez de compte
à demi?

Le prétendu financier réfléchit un instant, échangea un

coup d'œil avec le faux clerc de procureur, et dit en baissant un peu la voix :

— Je ferai en sorte de voir M. Louis, chez lui, ce soir, vers dix heures ; mais, comme il faut tout prévoir, si, par hasard, j'étais empêché, obligez-moi de lui dire que, selon toute apparence, nous pourrons conclure le marché à la nouvelle lune prochaine. Il saura ce que cela veut dire. Qu'il se tienne donc prêt à me donner un coup de main dans les premiers jours de mars et qu'il tâche en attendant de ne plus faire de sottises.

— Voilà qui est à merveille, monsieur, dit le chevalier ravi de la bonne nouvelle qu'on lui annonçait à mots couverts ; comptez que j'informerai M. Louis de vos intentions, et laissez-moi vous dire qu'il a le plus vif désir de parler librement avec vous et qu'il ne manquera pas de se trouver au logis pour vous recevoir.

Le colonel, déguisé en sous-fermier, fit un signe d'approbation, mais il ne souffla plus mot. Il lui semblait que les buveurs des tables voisines devenaient bien silencieux et il craignait qu'ils ne s'intéressassent un peu plus qu'il ne l'aurait voulu à sa conversation. Ces gens, à vrai dire, avaient la mine de bons bourgeois, fourvoyés dans ce cabaret après une chasse aux actions du Mississipi, et il était difficile de les suspecter d'espionnage ; mais La Jonquière, en conspirateur avisé, se défiait même de son ombre, et, de plus, il estimait qu'en tout état de cause, si la parole est d'argent, le silence est d'or. Il se remit donc à déguster lentement un verre de *schiedam* que son lieutenant Mille venait de lui verser.

Du Terne, lui, n'avait plus qu'une idée : c'était d'en venir avec le colonel à un entretien moins gêné par la présence d'auditeurs inconnus, et de se faire expliquer comment il comptait opérer l'enlèvement du Régent au commencement du mois de mars. Il tressaillait de joie en pensant qu'il ne lui restait guère que quinze jours à passer dans les insupportables incertitudes de l'attente.

Après cette quinzaine, viendraient la gloire, la fortune, la liberté, le bonheur à deux, car il ne doutait pas plus de la réussite de l'entreprise que de l'amour de Violette. Il lui tardait donc d'arrêter définitivement les détails d'exécution du dernier acte de la conspiration, et n'ayant plus rien à faire pour le moment à l'*Épée-de-Bois*, il se préparait à quitter la place, quand un grand bruit s'éleva dans le fond du cabaret.

Par la porte qui donnait sur la rue Quincampoix venait de se glisser un être bizarre dont l'apparition provoquait les rires unanimes des buveurs.

C'était un bossu, mais un bossu comme on n'en voit guère, car il ressemblait plutôt à une monstrueuse araignée qu'à une créature humaine. Sa tête, couverte d'une forêt de poils roux, disparaissait presque entre ses épaules anguleuses, et ses quatre membres s'attachaient d'une si étrange façon à son corps rabougri, que de loin les bras se confondaient avec les jambes, et que les uns et les autres avaient l'air de pattes servant à la locomotion d'un faucheux.

Quant à sa difformité caractéristique, elle présentait aussi un aspect tout particulier. La corporation des bossus se divise, à ce qu'on prétend, en deux catégories, ceux qui avouent et ceux qui n'avouent pas. Celui-là était bien forcé d'avouer, car sa bosse, haute, étroite et pointue comme celle de Polichinelle, se voyait d'une lieue et occupait à peu près les deux tiers de sa personne.

Ce grotesque individu portait en sautoir une guitare à

l'espagnole, et ses vêtements troués faisaient compassion.

Il s'avança en saluant à la ronde, exécuta deux ou trois gambades en forme de saut de grenouille, et se mit à préluder sur son instrument par quelques accords lestement décrochés. Son intention de divertir par des chansons l'honorable société n'était pas douteuse, et, comme la vue de sa ridicule figure avait mis en belle humeur les pratiques de maître Blanche-Barbe, il n'y eut dans toute l'assistance qu'une voix pour l'encourager à donner un échantillon de ses talents.

Le chevalier fut peut-être le seul à ne pas s'intéresser à cet avorton chantant, et il se mit à appeler la servante pour payer sa bouteille et partir, en homme qui n'aime pas la musique.

La Jonquière ne l'aimait pas beaucoup plus que lui, et cependant, d'un coup d'œil, il fit signe à du Terne de rester. Puis, en guise de commentaire, il se mit à réciter entre ses dents un vers de la Fontaine :

Ce bloc enfariné ne me dit rien qui vaille.

Du Terne resta. Il avait compris que le colonel flairait un espion et qu'en cas d'alerte il tenait à conserver auprès de lui ses deux lieutenants.

— Messieurs et mesdames, dit le bossu d'une voix de crécelle, si vous permettez que votre très-humble serviteur essaie de vous réjouir, je vais vous chanter un air qui eut, l'an passé, beaucoup de vogue à la cour.

— Oui, oui, voyons l'air, crièrent les buveurs.

Aussitôt, le virtuose contrefait, prenant une pose langoureuse et roulant des yeux enamourés, entonna, en s'accompagnant sur sa guitare, les tendres couplets que voici :

> Tircis me disait un jour :
> Je ne connaîtrais pas l'amour,
> Sans vous, Philis, je vous le jure,
> Sans vous, Philis.
>
> Quand on a dépeint la beauté,
> On n'a jamais représenté
> Que vous, Philis, je vous le jure,
> Que vous, Philis.

Ici, la voix, qui rappelait agréablement le miaulement d'un chat, se perdit étouffée par les éclats de rire.

Le tapage était tel que le chevalier, ne craignant plus d'être entendu, dit tout bas à La Jonquière :

— Il vaut mieux que je parte pour aller vous attendre chez moi. Ce drôle ne mérite pas qu'on s'occupe de lui.

— Peut-être, répondit le colonel sur le même ton. Au surplus, nous allons le savoir, car je vais le mettre à une épreuve décisive.

Aussitôt, frappant de son robuste poing sur la table pour réclamer un peu de silence, le financier au nez bourgeonné se mit à crier d'une voix de basse profonde :

— Hé ! l'homme à la bosse, nous prends-tu pour des amoureux transis ou pour des sots, que tu nous régales de pareilles bergerades ?

— Et sur un air à porter le diable en terre, appuya le clerc de procureur.

— Oui, oui, c'est trop pastoral ! reprit le chœur des habitués de *l'Epée-de-Bois*.

— Pas assez réjouissant, ajouta un gros laquais que ses bénéfices du jour avaient mis en belle humeur.

Cependant, le musicien bossu saluait à la ronde avec des mines de basset effarouché.

— Mes bons messieurs, glapit le pauvre diable, je vous demande très-humblement pardon. Les paroles de cet air ont été composés par monseigneur le Régent lui-même, et je pensais...

— Elles sont jolies tes paroles ! Philis ! Tircis ! c'est bon pour des caillettes, ces mythologies-là, interrompit le maltôtier. Allons ! autre chose !

— Je chanterai tout ce qu'il vous plaira, mes bons messieurs. Voulez-vous une chanson à boire ?

— J'aimerais mieux cela. Mais n'as-tu point dans ton sac quelques bons couplets... là, tu m'entends ?

— Dans quel genre ?

— Dans le genre satirique, parbleu ! des noëls ou des ponts-neufs bien salés, bien poivrés, contre les grands du jour.

Tout en précisant ainsi ce qu'il souhaitait d'entendre roucouler par le bossu, La Jonquière regardait du Terne du coin de l'œil, comme s'il eût voulu lui dire :

— Attention, voici l'épreuve !

Si c'était un piége, le chanteur ambulant y tomba pleinement. Il s'avança, en marchant de côté, à la façon des crabes, vers l'amateur qui venait d'exprimer si nettement son goût pour les poésies défendues, et il lui dit avec une grimace épouvantable :

— Ce que vous me demandez là, mon bon monsieur, c'est mon triomphe. Je sais par cœur tous les vers qui ont été composés contre le Régent, contre Dubois, contre Law, contre d'Argenson, et je puis vous les chanter.

Le colonel cligna de nouveau des yeux à l'adresse du chevalier, qui comprit.

Ce signe d'intelligence signifiait clairement : « Maintenant je suis fixé, c'est un espion. »

Et, en effet, il était clair qu'un simple musicien des rues n'aurait pas osé chanter des chansons séditieuses dans un endroit public et devant un auditoire à lui inconnu. Par le temps de police tracassière qui courait alors, c'eût été s'exposer à aller finir son air à la Bastille. Un homme soldé et protégé par les autorités du royaume pouvait seul se permettre pareille licence.

Du Terne, frappé de ce raisonnement si simple qu'il venait de lire dans les regards de La Jonquière, du Terne se mit à examiner le bossu avec plus d'attention qu'il ne l'avait fait jusqu'alors ; mais il eut beau scruter chacun des traits de cette figure falote, il n'y découvrit rien qui réveillât ses souvenirs, ni même rien de suspect.

C'était bien le visage étiré d'un contrefait, la physionomie souffreteuse d'un pauvre diable qui ne mange pas tous les jours, la chétive expression d'un disgracié de la nature accoutumé, dès son enfance, à être bafoué et rebuté par tous. Sur ce masque difforme et tourmenté, nulle trace d'un sentiment quelconque, autre que l'humilité ; pas même dans les yeux cette flamme qui trahit l'intelligence et que les plus habiles dans l'art de se créer une personnalité d'emprunt ne parviennent jamais à éteindre complétement.

Rassuré par ces observations rapides, le chevalier haussa imperceptiblement les épaules et se résigna à perdre son temps pour ne pas contrarier le colonel, qui persistait évidemment à se défier de l'homme à la guitare, car il s'écria :

— Comment ! tu sais des chansons sur Philippe et sur toute sa séquelle, et, au lieu de nous les dire, tu nous assommes avec tes couplets moutonniers. Dépêche-toi de réparer ta sottise en nous les chantant, et choisis les meilleures.

— Oh! de grand cœur, mon bon monsieur, dit le bossu, et tenez, pour commencer, écoutez celle-ci sur le secrétaire d'Etat choisi par M. le Régent :

> Je suis du bois,
> Je suis du bois
> Dont on fait les cuistres,
> Et cuistre je fus autrefois.
> Mais à présent je suis du bois,
> Je suis du bois
> Dont on fait les ministres.

— Elle est jolie, prononça gravement le soi-disant sous-fermier, mais elle est trop connue.

— Aimeriez-vous mieux celle qui a pour refrain :

> C'est du bois, qu'on le brûle !

— Non, non, il y a trois ans pour le moins que j'en ai les oreilles rebattues. Mais laisse là le valet et chansonne le maître.

— En voici une toute nouvelle qui se chante sur l'air du *Branle de Metz,* dit hardiment le virtuose avorton :

> Que la peste soit en Provence,
> Ce n'est pas notre plus grand mal ;
> Ce serait un bien pour la France
> Qu'elle fût au Palais-Royal.
> Le Régent fuira la crapule,
> Les chimistes et les devins ;
> Et sa fille aura des scrupules...
> Quand je n'aimerai plus le vin.

— A la bonne heure, s'écria le faux financier. Au moins, celle-là égratigne un peu.

— Je crois même qu'elle égratigne trop, dit entre ses dents du Terne, car elle a déjà mis en fuite quelques-unes des pratiques de maître Blanche-Barbe.

En effet, certains buveurs timorés avaient quitté la salle, sans doute pour ne pas s'associer, même involontairement, à des manifestations qu'ils trouvaient un peu trop accentuées.

— Laisse partir ces couards et viens avec nous, l'ami, dit le colonel au bossu ; tu chanteras pour nous, si les autres ont peur de compromettre leurs oreilles, et tu n'y perdras rien, car tu me plais, et je veux te régaler, aussi vrai que j'ai gagné aujourd'hui soixante mille livres sur la baisse des actions. Tiens ! ça me fait penser que tu ne nous as encore rien chanté sur *l'As de cœur* et sur *le système*.

— Qu'à cela ne tienne, monsieur. Je vais vous en dire une qui est du bon faiseur.

> Depuis qu'un juif venu d'Ecosse
> S'est enrichi de notre argent,
> Tous les gredins roulent carrosse
> Et qui fut riche est indigent.

Oyez plutôt :

> Lundi, je pris des actions,
> Mardi, je gagnai des millions,
> Mercredi, je pris équipage,
> Jeudi, j'arrangeai mon ménage,
> Vendredi, je m'en fus au bal,
> Et, samedi,... à l'hôpital.

Cette fois les buveurs saluèrent le couplet d'un éclat de rire général. Cependant, tous ou presque tous étaient des habitués de la rue Quincampoix, des pêcheurs de fortunes dans les eaux troubles du Mississipi ; mais, quand on chansonne en France, ceux qui reçoivent les lardons rient toujours plus fort que les autres.

Encouragé par ce succès, le bossu reprit sur un air qu'on entend encore de nos jours et qui arrivera sans doute jusqu'à nos petits-neveux :

> Law, ce fils aîné de Satan,
> Nous met tous à l'aumône ;
> Il nous a pris tout notre argent
> Et n'en rend à personne.
> Mais le Régent, humain et bon,
> La faridondaine, la faridondon,
> Nous rendra ce qu'on nous a pris,
> Biribi,
> A la façon de barbari,
> Mon ami.

— Sais-tu, s'écria La Jonquière, que tu es un drôle bien hardi. Il ne te manque plus que de mettre sur la sellette le lieutenant de police.

— J'y arrive, mon bon monsieur, j'y arrive, dit le bossu en râclant un nouvel accord sur sa guitare.

> D'Argenson, qui n'est qu'un sot,
> S'étant mis en tête
> Qu'on doit lui rendre les sceaux,
> Nuit et jour répète :
> Va-t-en voir s'ils viennent, Jean,
> Va-t-en voir s'ils viennent.

Le colonel ne le laissa point reprendre ce refrain satirique.

— Par ma foi! s'écria-t-il, il faut que je t'embrasse. Tu es
bien laid, mais n'importe, je veux te presser sur mon cœur.

— Oh! monsieur, balbutia l'avorton en se reculant pour
échapper à la redoutable accolade de ce Goliath déguisé
en financier, monsieur, vous n'y pensez pas! à moi n'appartient tant d'honneur.

— Au fait! peut-être bien qu'en t'embrassant je t'écrase-
rais sans le vouloir, mais tu vas boire un verre de *schiedam* avec moi, ou le diable m'emporte!

— Je veux bien, monseigneur, je veux bien, dit le pauvre diable tout tremblant.

— Allons! mets-toi là, cria La Jonquière en lui poussant l'escabeau qui restait libre autour de la table occupée
par lui et ses deux lieutenants.

Sans montrer trop d'embarras, le chanteur prit place,
tendit son verre, le vida d'un trait et se mit à promener
doucement sa main sur son estomac en levant les yeux au
ciel, pantomime qui, par tous pays, exprime à merveille
la béatitude gastronomique.

Du Terne n'avait pas cessé un seul instant de l'observer
à la dérobée, et penchait assez à croire que les soupçons
du colonel étaient mal fondés. Ce dernier trait le décida
tout à fait à innocenter le bossu.

Cette face, que l'absorption de quelques gouttes de
schiedam inondait d'une joie si naïve ne pouvait pas cacher de perfides desseins.

Le colonel et Mille, son acolyte, au contraire, avaient
bien la mine de persister dans leur avis, car ils s'étaient
arrangés pour placer le bossu entre eux deux, et ils le
serraient de près.

Le chevalier trouvait leurs précautions assez puériles et il pensa que, dans tous les cas, ils n'avaient pas besoin de sa présence à leur table. Il se leva donc doucement et s'en alla trouver à son comptoir dame Margot pour lui payer sa bouteille de vin de l'Ermitage.

Violette, affairée, Violette, accourant à l'appel des buveurs, se trouva sur son chemin, et, en passant, lui jeta ces mots à voix basse :

— Défiez-vous du bossu, et ne sortez pas d'ici avant que j'aie pu vous parler.

L'avis pouvait être bon à suivre; mais, à coup sûr, le chevalier ne l'attendait pas de la bouche qui venait de le lui donner.

Violette n'avait pas cessé un seul instant de servir les pratiques de son père et ne semblait guère s'être inquiétée du chanteur ni de ses chansons. Comment se trouvait-elle d'accord avec le colonel pour soupçonner le bossu? À quels signes devinait-elle en lui un espion, ou tout au moins un ennemi? Du Terne se le demandait et ne savait comment se répondre à lui-même, mais, quoi qu'il pensât de l'avertissement, c'eût été folie de ne pas s'y conformer. Il résolut donc de se garer du joueur de guitare, en s'abstenant de reprendre place à la table où il était assis entre deux compagnons qui le surveillaient et de gagner du temps en causant avec dame Margot, jusqu'à ce que l'occasion se présentât de demander des explications à Violette.

Maître Blanche-Barbe fumait toujours sa pipe près de la porte qui donnait sur le cul-de-sac de Venise et qu'il persistait à tenir ouverte, sans s'inquiéter de savoir s'il agréait à ses pratiques de recevoir la froidure d'une brumeuse soirée de février. On ne voyait que son large dos et son bonnet entouré d'une auréole de fumée. Le moment était donc bien choisi pour entamer un entretien avec la maîtresse du cabaret de l'*Epée-de-bois*, et, cet entretien, le chevalier le souhaitait depuis longtemps.

Dame Margot ne partageait pas les antipathies de son mari, et ne s'était jamais associée à ses sévérités contre sa fille. On pouvait être sûr-d'être écouté favorablement quand on lui parlait de Violette, et du Terne aimait beaucoup à parler de Violette.

Le comptoir était placé très-près de la table qu'il venait de quitter, assez près pour qu'il pût, sans en avoir l'air, suivre la conversation du bossu, tout en devisant avec la tavernière. C'était d'autant plus facile que le dernier couplet, lancé contre le très-redouté d'Argenson, avait encore mis en fuite un certain nombre de buveurs et qu'il s'était fait, par conséquent, dans le cabaret des vides et du silence.

Du Terne trouva dame Margot occupée à régler le compte de deux courtiers juifs qui venaient de descendre du cabinet du premier étage, et, en attendant qu'elle eût fini, il se retourna du côté de ses amis attablés.

Ses yeux, justement, se rencontrèrent avec ceux du bossu, qui continuait à promener autour de lui des regards extatiques, et il en crut voir jaillir un éclair rapidement éteint. Cette flamme passagère s'allumant dans ces prunelles atones lui parut étrange, et il ne put s'empêcher de penser que l'œil d'un mendiant ne brille jamais ainsi.

— Eh bien! l'ami, criait le colonel en frappant sur l'épaule déjetée du pauvre diable, te sens-tu en belle humeur; maintenant que tu n'as plus le gosier si sec?

— Oh! certes, monsieur, soupirait le guitariste; il y avait

du temps que pareille fortune ne m'était advenue; je gagne si peu dans mon triste métier que je n'ai pas souvent
l'occasion de boire en bonne compagnie. Quand je suis
entré ici, il me semblait que j'avais dans la poitrine tous
les brouillards de la Seine; maintenant que me voilà ré-
chauffé, je vous chanterai des chansons jusqu'à demain
matin, si cela peut vous plaire.

— Non, non, assez de chansons pour le moment, dit
La Jonquière. Les tiennes sont amusantes, mais elles effa-
rouchent tous ces imbéciles, et il ne faut pas faire tort à
maître Blanche-Barbe en chassant ses pratiques. Conte-
nous plutôt ton histoire.

— Hélas! mes bons messieurs, mon histoire ne vous ré-
jouirait guère. Je suis venu au monde comme vous me
voyez, et on m'a trouvé au coin d'une borne. C'est pourquoi, s'il ne s'était rencontré des âmes charitables pour
me donner du pain...

— Qui t'a appris à jouer de la guitare? lui demanda
brusquement le colonel.

Il voulait voir l'effet de cette question lancée à brûle-
pourpoint.

— C'est un Espagnol qui était venu vendre du chocolat
à Paris et qui me prit dans sa boutique comme valet, ou
plutôt comme enseigne pour attirer les passants. Il est
vrai aussi que j'en joue fort mal, et...

— Qu'as-tu donc à regarder sans cesse de ce côté-là
interrompit encore La Jonquière.

Cette fois le bossu, dont il avait surpris un coup d'œil
furtif lancé à du Terne qui venait de s'accouder sur le
comptoir, le bossu se déconcerta un peu.

— Excusez-moi, messieurs, balbutia-t-il en s'agitant sur
son escabeau, c'est que j'avais cru...

— Quoi donc?

— J'avais cru reconnaître ce... ce gentilhomme qui était assis là tout à l'heure à côté de nous.

— Ça un gentilhomme! s'écria le colonel avec un gros rire. Je ne le connais pas, mais je parierais bien dix actions du Mississipi contre cent louis d'or que sa noblesse sort d'une boutique de marchand drapier ou des bureaux du grenier à sel.

— Excusez-moi encore, messieurs, je vous en prie. Je n'ai point vécu dans la familiarité des seigneurs et ne sais guère les distinguer des bourgeois.

— On s'en aperçoit. Mais, dis-moi, où t'imaginais-tu l'avoir vu?

— Mon Dieu! je ne sais trop... je crois que je me serai trompé... il me semblait que je l'avais rencontré... chez... chez un rôtisseur de la rue aux Ours qui me permet quelquefois d'écumer son pot...

Le bossu donna cette explication d'un air si niais que du Terne, qui ne perdait pas un mot du dialogue, revint tout à fait à sa première idée.

— C'est un malheureux mendiant et rien de plus, pensa-t-il.

Et, faisant face à dame Margot qui venait de se débarrasser de ses chalands, il lui dit de façon à n'être entendu que d'elle :

— Maître Pierre est ce soir de bien méchante humeur.

— Ah! mon Dieu! monsieur le chevalier, murmura la bonne Flamande, vous aurait-il manqué? Quand je pense à la façon dont il a reçu ce jeune seigneur que le colonel avait amené là-haut et qui, pour sûr, doit être de la maison de Horn, tant il ressemble au feu prince, en vérité je tremble toujours qu'il ne se livre à quelque violence...

— Si son humeur ne se tournait que contre moi, dame Margot, je ne m'en inquiéterais guère, mais il s'en prend à quelqu'un que je ne saurais voir maltraiter de sang-froid, à votre fille.

— A Violette! hélas! je ne le sais que trop, et tenez! s'il m'entendait l'appeler Violette, au lieu de lui donner ce vilain nom de Jeanneton, qu'il lui a imposé, il serait capable de recommencer ses gronderies.

— Dame Margot, l'heure et le lieu sont bien mal choisis pour vous demander des explications; mais j'ai si rarement l'occasion de vous parler seul à seule que je vous prie en grâce de me répondre. D'où vient que maître Pierre traite si durement une enfant qui est à lui? Si elle avait une sœur, un frère, je croirais à quelque préférence injuste, mais elle est fille unique. Tant de sévérité ne s'explique point par la sauvagerie qui lui est naturelle. Il a beau avoir vécu jadis avec les sangliers dans les bois, les sangliers eux-mêmes ont de la tendresse pour leur progéniture, tandis que lui...

Le chevalier s'arrêta court. Il venait de lever les yeux sur l'épouse du tavernier et de s'apercevoir que sa bonne et large figure passait depuis un instant par toutes les nuances de l'arc-en-ciel. Cette grasse commère réjouie, qui semblait inaccessible à l'émotion tout autant qu'à l'idéal, rougissait, pâlissait et tremblait même à ce point que l'agitation de sa grosse personne transmettait aux verres rangés sur le comptoir un léger frémissement.

Ce trouble révélateur éclaira du Terne. Il comprit qu'il marchait sur un terrain brûlant et qu'il serait cruel d'insister. Mais la brave tavernière se chargea de lever les doutes qui auraient pu lui rester.

11.

— Ah ! monsieur le chevalier, dit-elle en poussant un bruyant soupir, si vous saviez tout ce que Pierre m'a fait souffrir à cause de cette enfant. Il m'a soupçonnée dès sa naissance. Il nous fait porter à toutes deux la peine d'une faute qu'il me reproche... bien injustement, je vous le jure. Il nous accable de ses duretés, de ses mépris, et ce supplice dure depuis seize ans et plus.

Pendant que le chevalier écoutait cette confession naïve, son cœur battait à rompre sa poitrine, et c'était presque de joie qu'il battait.

Les aveux fort inattendus de dame Margot ouvraient à son amour de nouveaux horizons et il se surprenait déjà à souhaiter que les soupçons jaloux de maître Pierre fussent fondés. Au fond, il n'était pas encore tout à fait guéri de ses préjugés nobiliaires, et à Violette, fille légitime d'un rustre passé cabaretier, il préférait secrètement Violette bâtarde... de qui ? D'un seigneur assurément, car tout en elle révélait le sang noble qui devait couler dans ses veines, et alors plus de mésalliance en l'épousant. Il y avait bien dame Margot, paysanne celle-là jusqu'au bout des ongles, dont la maternité dérangeait un peu les ambitieux calculs de du Terne, mais il se disait que mieux vaut encore déroger à demi que de déroger tout à fait.

Il cherchait une phrase propre à assurer la tavernière de sa sympathie et aussi à la pousser plus avant dans la voix des confidences, lorsque la formidable basse-taille du colonel vibra derechef à ses oreilles.

— Laisse là ce jeune drille, bossu, mon ami, disait le faux maltôtier.

Ce début, en rappelant au chevalier que tout à l'heure le virtuose contrefait lui avait lancé un regard étrange, ramena son attention sur ce qui se passait à la table voisine.

— Tu ne l'as jamais vu, je le gagerais, continuait La Jonquière, et il faut que tu aies la berlue pour le confondre avec les pratiques de ton rôtisseur de la rue aux Ours.

— Il se peut bien que je m'abuse, murmurait humblement le bossu.

— Cesse de t'occuper de lui, et aide-nous à finir ce cruchon de *schiedam*.

— Volontiers, mon bon monsieur.

— Allons ! décidément, tu me plais et je veux faire quelque chose de toi.

— Que diable ! veut-il faire de ce singe manqué ? pensa le chevalier. Il perd là un temps précieux, ce cher colonel, et je vais...

— Ne bougez pas, lui dit à l'oreille Violette qui venait chercher un pot de bière au comptoir. Ce bossu, j'en suis sûre maintenant, c'est l'homme vêtu de gris qui voulait m'enlever avant-hier dans la rue Quincampoix.

Et elle s'enfuit légère comme un oiseau.

Violette avait parlé si vite et si bas, elle s'était éloignée si prestement que, le chevalier excepté, personne, pas même dame Margot, n'avait entendu des mots soufflés plutôt que prononcés.

Quant à du Terne, le seul qui les eût recueillis, l'avertissement lui semblait étrange ou, pour mieux dire, insensé. Lui aussi, il avait vu de près le quidam en habit gris de la rue Quincampoix, l'agent de l'*As de Cœur*, et il n'apercevait pas la plus petite ressemblance entre cet homme et l'affreux gnome venu dans le cabaret pour y râcler de la guitare.

— La peur aura égaré l'esprit de la pauvre enfant, se disait-il tristement.

A tout hasard cependant, il se tint sur ses gardes, en ce sens qu'il écouta plus attentivement que jamais le colloque du colonel avec le bossu. Il lui tardait, du reste, que cet entretien se terminât, car il ne comptait pas prolonger indéfiniment sa station devant le comptoir. Maître Blanche-Barbe, sans doute, allait bientôt rentrer; déjà sa pipe expirante ne lançait plus que de maigres nuages de fumée, et sa présence dans l'intérieur du cabaret ne pouvait que gâter les affaires des amoureux, en effarouchant Violette et en forçant du Terne à s'éloigner de dame Margot.

Au surplus, La Jonquière menait rondement les choses avec son chétif adversaire et poussait de vigoureuses reconnaissances sur le terrain suspect de la véritable profession du bossu.

— Je t'ai dit, compère, que j'avais des vues sur toi et je ne m'en dédis pas, continua-t-il après avoir vidé son verre d'un seul trait.

— Sur moi, mon bon monsieur? s'écria le chanteur. Hélas! je ne suis pas propre à grand'chose.

— Tu es propre à m'égayer quand j'aurai des vapeurs et cela suffit. Tel que tu me vois, mon garçon, je suis dans les finances, fort ami de M. Pâris du Vernet, fermier général, qui m'a confié une de ses sous-fermes, fort riche par conséquent et en état de me passer toutes mes fantaisies. Si tu me vois dans ce vilain cabaret, c'est que j'y suis venu pour régler une affaire avec un courtier d'actions; c'est même pour cela que j'ai amené le clerc de mon procureur, ajouta-t-il en désignant Laurent de Mille qui se tenait raide comme un pieu et continuait à boire flegmatiquement.

Le bossu s'inclina jusqu'à toucher la table de son menton. Il voulait sans doute exprimer par cet humble salut combien il était touché des bontés de l'ami de M. Pâris du Vernet, mais il ne négligea point non plus d'utiliser sa courbette en regardant du Terne en dessous.

— Or, reprit le colonel, il me plaît d'avoir chez moi un musicien bouffon. J'aime les refrains grivois et les couplets frondeurs. Tu m'en chanteras tout mon saoûl et tu n'auras à faire œuvre que de ton gosier. Je te logerai, je te vêtirai, je te ferai manger avec mes gens, et je te donnerai dix écus par mois. Cela te convient-il?

— Si cela me convient! mais c'est le paradis que vous m'offrez là, s'écria le guitariste avec ravissement.

— Allons, c'est dit, tu seras mon fou, comme feu Langély le fut du roi Louis XIII.

— Monseigneur, que de bonté!

La Jonquière regarda le bossu entre les deux yeux, pendant qu'il se confondait en actions de grâces, et lui dit brusquement :

— Tu vas entrer en fonctions tout de suite. Je rentre de ce pas à mon hôtel et je t'emmène avec moi.

A cette proposition, évidemment lancée par le colonel pour observer l'effet qu'elle produirait, non-seulement le bossu ne sourcilla point, mais il se mit à battre des mains en signe d'allégresse et il s'écria :

— Je suis prêt à vous suivre, monseigneur. Quel bonheur! moi qui croyais coucher cette nuit à la belle étoile! Et si vous saviez, monseigneur, comme il fait froid en cette saison quand on n'a d'autre oreiller que le pavé du roi!

Pendant que le guitariste exprimait sa joie en ces termes naïfs, son bienfaiteur hochait la tête et pinçait les lèvres.

Bientôt il se mit à siffler l'air des *Dragons de Malplaquet*, et, tournant la tête vers le comptoir, il regarda du Terne d'une certaine façon.

Le chevalier lut dans les yeux du chef de la conspiration cet avis clairement exprimé: «Je me trompais. Cet homme n'est point une mouche de police et nous n'avons que faire de nous occuper de lui davantage. » Et, de fait, l'épreuve semblait décisive. Un espion se serait troublé et surtout se serait bien gardé d'accepter de suivre en son logis l'homme qu'il serait venu espionner.

Cependant, du Terne chercha Violette pour la consulter au moins du regard. Il ne l'aperçut point dans la salle.

A ce moment, dame Margot, qui paraissait plongée dans de tristes réflexions, se mit à dire à demi-voix :

— Ah! monsieur le chevalier, Violette est bien imprudente. La voilà encore qui vient de s'aventurer dehors. Pourquoi faire, bon Dieu! Pourvu que Pierre n'ait pas l'idée de rentrer. S'il découvrait qu'elle est sortie, malgré sa défense, au lieu de servir les pratiques...

— La voici, dame Margot, murmura du Terne.

En effet, la jeune fille se glissait dans la salle par la porte qui donnait sur la rue Quincampoix. Elle la referma sans bruit, traversa le cabaret sur la pointe du pied et s'en vint frôler le chevalier.

— Les autres sont là, murmura-t-elle; les suppôts de l'homme gris; ils gardent les deux bouts de la rue et l'entrée du cul-de-sac.

Et elle se remit à courir à l'appel d'un buveur qui s'impatientait tout au fond de la salle.

Du Terne n'avait pu s'empêcher de tressaillir. L'avis, cette fois, était si précis, ce nouveau renseignement s'adaptait si bien à la supposition d'un exempt travesti en bossu que le chevalier commença à réfléchir au moyen de se tirer de là. Ce moyen, il ne l'entrevoyait même pas. Comment avertir le colonel? Comment s'esquiver lui-même?

L'infatigable Violette lui vint encore en aide. Elle accourut trottant menu, une pinte dans une main, un écu dans l'autre, et, déposant les deux objets sur le comptoir, elle souffla :

—Sortez par le cul-de-sac dès que mon père aura quitté le seuil. Une fois dehors, rasez le mur à gauche, faites jouer le ressort de la porte secrète et disparaissez dans le jardin.

On ne pouvait pas mieux conseiller, et du Terne était bien de cet avis, mais il profita du temps que dame Margot mettait à remplir la pinte et à changer l'écu pour glisser une objection.

— Et le colonel qui ne se doute de rien?

— Peu importe. Ce n'est pas à lui qu'on en veut. L'espion ne le connaît pas ou ne l'a pas reconnu. Il ne surveille que vous.

— Qui vous assure de cela? qui prouve même que cet homme...

— Soit un faux bossu? vous allez voir, dit Violette en tirant de ses cheveux une longue épingle noire.

En ce moment la pinte était pleine et la monnaie rendue.

— Regardez bien ce que je vais faire, reprit tout bas la jeune fille, et, quand vous serez certain que ce joueur de guitare n'est pas ce qu'il paraît être, jurez-moi que vous suivrez mon conseil sans vous inquiéter du reste.

Du Terne n'avait pas encore répondu : « je vous le promets, » qu'elle était déjà loin.

— Allons, bossu, cria La Jonquière, je vais payer le

cruchon que tu viens de m'aider à vider et puis nous allons partir.

— A vos ordres, monseigneur, glapit le virtuose tortu.

— Ah! mordieu! j'y pense, s'écria tout à coup le colonel en se frappant le front; et le reçu du père Abraham que tu as oublié de lui demander? Je ne peux pourtant pas rentrer chez moi sans le rapporter.

Ce discours s'adressait au clerc de procureur, représenté par *il cavaliere* Lorenzo de Mille, qui comprit sur-le-champ l'intention de son chef, et dit d'un air niais:

— Que ne m'avez-vous rappelé cela un peu plus tôt, monsieur! Abraham vient de partir, mais je sais un lieu où nous le trouverons.

— Alors, il nous faut y aller sur-le-champ, car je ne veux pas me coucher sans avoir quittance de mon vendeur. Bossu, mon ami, je ne saurais t'emmener maintenant, puisque je ne rentre point directement chez moi; mais si tu veux venir dans deux heures à l'hôtel de M. Pâris du Vernet et m'attendre à la porte, je te prendrai en sortant.

— Comme il vous plaira, monseigneur, soupira le chanteur.

Et sa physionomie exprima le désappointement résigné d'un homme qui comptait sur une bonne aubaine et qui la voit s'éloigner.

Du Terne écoutait de toutes ses oreilles et il comprit parfaitement que La Jonquière, rassuré sur le compte du bossu, inventait un prétexte pour se dispenser de tenir ses promesses d'hospitalité. Restait à savoir comment le joueur de guitare allait se comporter.

— Ça, la fille, cria le colonel en faisant sonner sur la table une double pistole, viens ici que je paie la bouteille que nous avons bue.

Violette était occupée à l'autre bout de la salle, mais elle avait l'oreille au guet et elle fut prompte à accourir. En passant devant le comptoir, elle toucha le coude du chevalier pour lui dire : « Observez ce que je vais faire, » et elle se rendit prestement à l'appel de l'amateur de *schiedam.*

Le virtuose contrefait était assis entre Mille et La Jonquière. Pour recevoir la pièce d'or, Violette était donc obligée de passer derrière lui.

Le colonel regardait le plafond en affectant un air distrait ; mais du Terne, qui ne la quittait pas des yeux, la vit distinctement enfoncer sa longue épingle dans la protubérance si largement développée entre les épaules du chanteur.

L'épingle disparut jusqu'à la tête dans cette masse charnue dont le propriétaire ne sourcilla point.

Pour le coup, l'expérience était concluante. Un bossu qui portait une bosse postiche ne pouvait être qu'un espion.

Grâce à l'ingénieux stratagème de Violette, il ne restait plus au chevalier l'ombre d'un doute. C'était le moment ou jamais de tenir ce qu'il avait promis à sa libératrice, c'est-à-dire de s'esquiver par le cul-de-sac de Venise. Du Terne n'y manqua point. Justement, maître Blanche-Barbe, ayant achevé sa pipe, venait de débarrasser de sa personne la porte qu'il obstruait, et faisait son entrée dans le cabaret du pas majestueux d'un seigneur qui reprend possession de son domaine.

L'amoureux de Violette se glissa sans bruit entre les tables, franchit le seuil, enfila la venelle et disparut dans les ténèbres extérieures.

Il faut croire que le bossu ne l'avait pas perdu de vue

un seul instant, car, à peine s'aperçut-il de sa manœuvre,
qu'il se leva avec force contorsions et se mit à dire d'un air
contrit :

— Excusez-moi, mon bon monsieur, si je me retire. Je
ne marche pas bien vite, et l'hôtel de M. Pâris du Vernet
est fort loin d'ici. De plus, il est tard, et M. le chevalier
du guet n'aime point que les gens de ma sorte rôdent la
nuit par la ville. Si ses archers me rencontraient, je pourrais bien aller coucher ce soir à la geôle du Petit-Châtelet.
C'est pourquoi, si vous le permettez…

— Va, mon fils, répondit le colonel d'un ton paterne ;
va, et repasse tes meilleures chansons en route, afin que
si, par hasard, il prenait fantaisie à M. Pâris de t'entendre, je puisse le régaler de tes talents. Gagne aussi vite que
te le permettront tes jambes cagneuses le seuil de son
palais, et n'en bouge que je ne te fasse appeler ou que tu
ne me voies sortir.

— J'y serai, monseigneur, et je vous attendrai jusqu'à
demain matin, s'il le faut, s'écria l'avorton en se courbant
jusqu'à terre.

Et il fit mine de se diriger vers la porte qui s'ouvrait sur
le cul-de-sac.

Il trouva sur son chemin maître Blanche-Barbe, qui lui
cria d'une voix de tonnerre :

— Pas par là, drôle. A cette heure-ci, on ne sort plus
que par la rue Quincampoix.

Le pauvre bossu recula effrayé, tourna les talons et suivit clopin clopant l'itinéraire que lui assignait le terrible
tavernier. L'huis était entrebâillé. Il s'y glissa et s'enfuit,
emportant, sans le savoir, l'épingle enfoncée dans sa
bosse.

—Laissons-le filer, dit tout bas le colonel à son aco-

lyte. Dans cinq minutes nous sortirons, et tu m'accompa-
gneras chez du Terne. Il faut que je lui parle cette nuit, et
je suis sûr qu'il s'en est allé tout droit chez lui. Mais j'enrage d'avoir perdu mon temps à régaler ce vilain bossu.
Il ne méritait guère qu'on s'occupât de lui, et il ne vaut
pas le *schiedam* qu'il a bu. En vérité, je ne sais pas où
j'avais la tête de le prendre pour une mouche de d'Argenson.

— Eh! eh! grommela Mille, ces mouches-là sont bien
fines.

— Tu n'es qu'un sot. Si ce crapaud crotté était au lieutenant de police, il aurait fait la grimace quand je lui ai
proposé de l'emmener avec moi. Non, non, c'est un pauvre
diable de bateleur, et rien de plus. Je gagerais même que
Blanche-Barbe le connaît.

Hé! maître, dit-il en élevant la voix, est-ce qu'il vient
souvent chanter ici?

— Qui? ce gueux à quatre pattes? Jamais, Dieu merci!
grommela le cabaretier. Et, s'il me remontre sa vilaine
face, je le houspillerai de façon à lui ôter l'envie de reparaître. Bien lui en a pris ce soir que j'eusse ma pipe à finir
et que le vent qui soufflait dehors m'ait empêché d'ouïr
ses miaulements.

La Jonquière n'insista point, mais sa figure se rem-
brunit.

— Hum! murmura-t-il, voilà mes soupçons qui me re-
viennent. J'ai envie d'aller me promener un peu devant
l'hôtel de Paris du Vernet pour voir si le bossu se trouvera
au rendez-vous. Mordieu! si je croyais qu'il s'est moqué
de moi...

Violette, qui arriva pour lui rapporter la monnaie de sa
double pistole, aurait pu mieux que personne éclaircir ce

point important. Son épingle lui avait appris à quoi s'en tenir sur la bosse et sur celui qui la portait. Pourquoi garda-t-elle le secret sur cette découverte? Sans doute parce qu'elle ne s'intéressait qu'au chevalier, et que le chevalier était en sûreté. Toujours est-il qu'elle ne dit rien et que le colonel resta fort perplexe, et même un peu inquiet.

Pendant qu'il délibérait avec lui-même sur la question de savoir s'il valait mieux se mettre à la poursuite du chanteur suspect que de s'en aller rejoindre du Terne en son logis, le bossu, qui le préoccupait si fort, remontait la rue Quincampoix plus lestement que ne l'aurait fait supposer sa structure défectueuse. Après avoir passé le seuil du cabaret, il se traîna d'abord comme un estropié; mais, à peine eut-il dépassé l'angle du cul-de-sac de Venise, qu'il commença d'accélérer son allure.

Par un phénomène assez étrange, à mesure qu'il avançait, sa taille courbée se redressait, ses jambes torses reprenaient leur aplomb, sa tête engoncée dans ses épaules s'allongeait. C'était une métamorphose complète et subite, comme il s'en opérait au moyen âge parmi les truands de la *Cour des Miracles*. Il n'y avait que la bosse qui ne fondait pas, mais le joueur de guitare la portait maintenant d'une façon si allègre et si dégagée, qu'on eût été fort tenté de croire qu'elle ne faisait point partie intégrante de sa personne.

A trente pas du cabaret, ce singulier personnage s'arrêta au milieu de la rue, droit comme un peuplier et ferme comme un roc.

L'édilité parisienne de 1720 ne se piquait pas d'éclairer la ville bien régulièrement; et cette nuit-là, sous prétexte que la lune n'était encore qu'à son dernier quartier, elle

avait négligé d'allumer les lanternes inventées naguère par
M. de la Reynie, de sorte qu'on n'y voyait pas beaucoup
mieux que dans un four. Mais le bossu se mit à siffler à la
façon des marmottes, et, à ce signal, cinq ou six figures
humaines sortirent de l'ombre des maisons et s'avancèrent
sans bruit.

— Est-il passé quelqu'un ? demanda-t-il tout bas.

— Personne, depuis vingt minutes, murmurèrent les
gens qui l'entouraient.

— Et par l'autre bout de la rue ?

— Personne non plus. L'escouade qui garde ce côté-là
nous aurait avertis par le cri de ralliement.

— Bon ! alors il est encore dans le cul-de-sac. Tout va
bien. Je craignais d'arriver trop tard.

— Vous en avez donc trouvé un chez Blanche-Barbe,
monsieur Larfaille ? demanda un des veilleurs nocturnes.

— Oui, mon garçon, et justement celui qui l'autre jour
défendait si bien la bouquetière. Il s'était déguisé en petit
bourgeois, mais je l'ai reconnu vite.

— Oh ! oh ! le drôle va nous payer le tour qu'il nous a
joué.

— Je l'espère, mais il faut agir avec prudence. Je voudrais qu'on le prît sans qu'il eût le temps de crier, car il y
a encore beaucoup de monde à l'*Epée-de-Bois*, et je désire
que personne ne se mêle de nos affaires.

— Soyez tranquille, monsieur Larfaille, tout est préparé, les menottes, le bâillon...

— Bien. Laisse deux hommes de garde ici, prends les
deux autres et viens avec moi visiter le cul-de-sac. Il est
nécessaire d'opérer vite. Les buveurs peuvent sortir d'un
moment à l'autre.

— Et s'ils viennent à passer ici pendant que nous serons là-bas, nos sentinelles devront-elles les arrêter ?

— Inutile. Notre homme est dans le cul-de-sac de Venise. Il n'a pu en sortir, car vous l'auriez vu, et il n'a pu rentrer dans le cabaret, car Blanche-Barbe a fermé la porte en dedans après son départ. Allons ! et quand nous le rencontrerons, ne lui laissez pas le temps de se reconnaître.

La manœuvre prescrite par l'exempt s'exécuta aussitôt. La bande se fractionna en deux groupes, dont l'un se tapit de nouveau contre les murs de la rue Quincampoix, pendant que l'autre suivait Larfaille.

La venelle sans issue où du Terne s'était jeté en sortant du cabaret n'était ni longue, ni difficile à explorer, car elle avait à peine quarante pas de long sur cinq de large. Deux hommes marchant de front la barraient tout entière. L'exempt et ses subalternes s'y engagèrent dans un ordre convenu. Les porteurs du bâillon et des cordes s'avançaient les premiers, l'œil et l'oreille au guet, cheminant à bas bruit, à la façon des chats.

Le chevalier, s'il était encore là, ne pouvait leur échapper, à moins d'avoir des ailes pour s'envoler dans les airs, et Larfaille, qui ne doutait pas qu'il y fût, Larfaille frémissait de joie.

On peut juger de la déception qu'il éprouva quand, après cinq minutes de marche silencieuse, il arriva à se heurter à la muraille qui formait le fond de la ruelle. Il eut bien de la peine à retenir une exclamation de rage.

— Tu m'as trompé ou tu n'es qu'un sot, dit-il tout bas à son lieutenant. L'homme a dû sortir du cul-de-sac et s'en aller par la rue Quincampoix. Il vous a passé devant le nez à tous.

— Je jure que non, et tous nos gens sont prêts à en faire
autant.

L'exempt réfléchit un instant et dit :

— Y a-t-il des portes, ici?

— Pas d'autre que celle du cabaret, et, si elle s'était ouverte, nous aurions entendu le bruit des verrous, comme
nous l'avons entendu quand on l'a fermée.

— Pas de fenêtres non plus?

— Pas une. Rien que des murs.

— Des murs, répéta Larfaille. Il faut donc qu'il ait
passé par-dessus.

— Oh ! vingt pieds au moins.

— N'importe. C'est à examiner de près, et je reviendrai
ici en plein jour.

— En attendant, le coquin nous échappe, et j'enrage.

— Pas tant que moi, dit l'exempt entre ses dents. Une
affaire si bien menée... tous les hasards pour moi... se
croire sûr de tenir ce drôle, d'arriver par lui à La Jonquière... et le manquer ! C'est à croire, en vérité, que
ces coquins-là ont fait un pacte avec le diable !

— Monsieur Larfaille, je crois plutôt qu'ils ont des accointances avec des gens qui iront en enfer un jour ou
l'autre, mais qui n'y sont pas encore. L'homme aura été
averti que la rue Quincampoix était gardée ; il se sera dé-
fié, et il ne sera point sorti du cul-de-sac... Par exemple,
si je sais où il est passé...

— Averti ! par qui?

— Eh ! mon Dieu, peut-être par une des servantes de
l'*Epée-de-Bois*, qui est venue, à peu près dix minutes avant
vous, montrer son nez aux deux bouts de la rue, après
quoi elle est rentrée dans le cabaret. Elle a pu apercevoir

quelques-uns de nos hommes qui ne s'étaient pas assez bien cachés...

— Ah ! je devine tout maintenant. C'est elle.

— Elle ! qui, elle ?

— Je m'entends, dit l'exempt de robe courte, qui avait subitement repris possession de tout son sang-froid. Il serait superflu et dangereux de rester ici plus longtemps. Allons rejoindre tes camarades. Je sais maintenant ce qu'il me reste à faire.

— Monsieur Larfaille, nos gens sont en force. Au moins douze à portée de la voix et autant en arrière-garde. Si nous nous jetions dans le cabaret et si on fouillait la tanière de ce Blanche-Barbe du haut en bas ? J'ai dans l'idée que le coquin qui s'est moqué de nous ne doit pas être bien loin et, en ne perdant pas de temps, on le prendrait peut-être au gîte.

L'exempt réfléchit un instant. Il était évidemment fort tenté de recourir aux moyens violents, car la disparition miraculeuse de l'homme qu'il croyait si bien tenir l'avait mis dans un état d'irritation extrême. Cependant, le parti de la prudence l'emporta.

— Non, murmura-t-il, ce serait jouer la partie sur une seule chance et, par conséquent, risquer de la perdre, tandis qu'en revenant à ma première idée, je suis à peu près sûr de la gagner. Voilà qui est fini pour cette nuit. Allons nous-en.

Le subalterne ne répliqua plus, et fit tourner les talons à sa troupe. A la sortie du cul-de-sac on retrouva les sentinelles, qui n'avaient pas bougé de leur poste.

— Est-il passé quelqu'un ? leur demanda Larfaille.

— Oui, dirent les deux hommes. Les buveurs com-

mencent à partir. Nous venons d'en voir deux qui re-
montaient vers le haut de la rue, un 'grand et gros,
l'autre long et maigre.

— Le sous-fermier et le clerc de procureur, dit l'exempt
en se parlant à lui-même.

Et il reprit tout haut :

— Dispersez-vous, mes enfants. Moi, je retourne au
logis. Demain, vous recevrez de nouveaux ordres.

Dans les rangs subalternes de la police, l'exempt Larfaille jouissait d'une immense considération et d'une autorité incontestée. On lui obéissait toujours dans les cas
ordinaires. A plus forte raison devait-on se soumettre à
sa volonté lorsqu'on savait que le lieutenant général
d'Argenson lui avait donné carte blanche. C'est pourquoi
personne de la troupe ne souffla mot.

L'escouade s'en alla par petits groupes ; les agents qui
gardaient le bas de la rue furent avertis que leur
mission était terminée ; en un mot, tout ce monde espion-
nant déguerpit sans difficulté et sans fracas, prêt à se
réunir de nouveau autour du cabaret de l'*Epée-de-Bois* ou
à en oublier le chemin, selon ce que les chefs comman-
deraient.

Larfaille resta seul avec sa bosse postiche, et pas n'est
besoin de dire qu'au lieu de s'acheminer vers l'hôtel de
M. Pâris du Vernet, il regagna au plus vite son logis
de la rue du Pont-aux-Choux. Il lui tardait de s'éloigner
de cette taverne où il n'avait fait que de mauvaise besogne, il était bien obligé de se l'avouer.

En effet, en la quittant, il n'en savait pas beaucoup plus
long qu'en y entrant et, bien pis, il s'y était peut-être
dangereusement compromis, car si l'homme qu'il cherchait avait pu fuir, c'est qu'il avait été averti par quel-

qu'un. Ce quelqu'un c'était Violette. Larfaille en était sûr, et cette certitude ne faisait que le confirmer dans son idée d'arriver à La Jonquière par la bouquetière aimée d'un des lieutenants du colonel.

L'exempt ne doutait point d'avoir reconnu sous son costume de petit bourgeois l'élégant cavalier qui, l'avant-veille, avait pris la défense de la jeune fille dans la rue Quincampoix.

De cette persistance dans la protection accordée par un jeune seigneur à une marchande de fleurs, passée ravaudeuse et servante d'auberge, il concluait, après une série de déductions très-logiques et très-serrées, que ce seigneur conspirait et que le foyer de la conspiration se trouvait chez maître Blanche-Barbe. Donc, il fallait soumettre le seigneur et le cabaret à une surveillance incessante, et, cette surveillance, il ne pouvait plus, lui, Larfaille, l'exercer en personne.

En réfléchissant à cette situation nouvelle, il revint assez vite à son premier projet, son projet approuvé par Dubois et qui consistait à enlever, sans autre forme de procès, la pauvre Violette. Il se promit même de le mettre à exécution le plus tôt possible, ne fût-ce que pour se débarrasser d'une surveillante incommode qui venait de percer à jour une ruse si bien combinée et de donner si adroitement l'alarme à son très-suspect protecteur.

En même temps, Larfaille repassait dans sa tête tous les incidents de la soirée, et sa pensée s'arrêtait sur ce financier et sur ce clerc de procureur qui avaient fait si bon accueil à ses chansons séditieuses et à sa personne tortue. Pour la première fois, il se disait que ces gens-là s'étaient montrés bien prévenants et bien généreux à l'endroit d'un pauvre diable de bossu, le financier surtout, qui lui avait fait si brusquement des offres d'hospitalité et qui les avait retirées si vite. La conduite de ces deux personnages commençait à lui paraître louche, et il se demandait comment leurs allures étranges ne l'avaient pas frappé plus tôt.

— Voilà ce que c'est que de s'aheurter à une idée unique, pensait-il; je n'ai eu d'yeux que pour l'amoureux de la fille et j'ai négligé d'examiner à fond les quidams qui m'ont offert à boire. L'amoureux était d'abord assis à leur table, quoiqu'il fît mine de ne pas les connaître. Il se pourrait que tous ces coquins fussent d'accord. Décidément, je ne suis qu'un sot. J'aurais dû les signaler à mes hommes quand je suis sorti du cabaret et ordonner à l'un d'eux de les suivre, dès qu'ils viendraient à passer. Maintenant il est trop tard. Les drôles sont déjà loin.

Ils étaient loin, en effet, attendu que La Jonquière et Mille s'en allaient à grands pas dans une direction toute opposée. Ils se dirigeaient vers l'hôtel de Paris du Vernet, poussés, eux aussi, par le soupçon, et le hasard faisait que, précisément à l'heure où Larfaille concevait des doutes sur la sincérité du prétendu sous-fermier, le colonel se prenait à suspecter fortement le soi-disant bossu.

Cette défiance réciproque et subite eût certainement amené, s'ils s'étaient rencontrés, un dénouement qui eût pû coûter cher à l'exempt, mais la tragédie jouée par ces acteurs d'égale force n'était pas destinée à finir cette nuit-là, car ils se tournaient le dos.

La Jonquière et son lieutenant s'en allaient vers la place Vendôme, tandis que Larfaille trottait du côté du Marais. Il rentra chez lui, sans encombre, et il trouva au logis Gudule qui l'attendait.

Malgré ses instantes prières et même ses ordres bien des fois répétés, il n'avait jamais pu obtenir de sa protégée qu'elle se couchât sans l'avoir embrassé. Souvent, ses fonctions le retenaient dehors jusqu'à une heure très-avancée de la nuit ; parfois même, il ne revenait que le lendemain au petit jour. Rien n'y faisait, et Gudule, au risque d'altérer sa santé par des veilles si prolongées, Gudule restait sur pied jusqu'à ce qu'elle eût revu son père, jusqu'à ce qu'il l'eût serrée contre son cœur en la grondant doucement. Elle l'entendait venir de loin, elle reconnaissait son pas dans la rue, et, dès qu'il montait l'escalier, elle ouvrait avec précaution la porte de sa chambre et s'embusquait sur la dernière marche pour lui sauter au cou plus vite.

Larfaille se récriait, se répandait en reproches, déclarait qu'on ne saurait souffrir pareille folie, qu'il voulait y mettre ordre, et finissait invariablement par s'attendrir et par la remercier en la couvrant de caresses.

Les déguisements divers qu'il endossait n'empêchaient point cette scène touchante de se répéter à chaque retour nocturne, car Gudule y était accoutumée, et elle aurait reconnu son père sous n'importe quelle forme. Du reste, elle ne s'étonnait jamais, pas plus qu'elle ne s'enquérait de la cause de ces mascarades sans cesse renouvelées et sans cesse variées.

Larfaille, de son côté, se gardait bien de fournir des explications que la chère petite ne lui demandait pas, de sorte qu'ils menaient une vie aussi uniforme et aussi discrète que celle d'un petit marchand de Paris, rentrant, après avoir fermé boutique, au paisible logis où l'attend sa fille.

Ce soir-là, donc, quand il se présenta en bossu, rien ne

fut changé au programme de la tendre réception que Gudule lui réservait toujours. Elle se montra même plus affectueuse encore que de coutume et plus joyeuse de le revoir. Et cependant le bon exempt crut lire sur son doux visage une certaine expression de tristesse. Il remarqua même qu'elle avait les yeux rouges et il se demanda si elle avait pleuré et surtout pourquoi elle avait pleuré.

Jusqu'alors, il ne lui connaissait pas de chagrin et il ne devinait pas d'où il aurait pu lui en venir. Aussi chassa-t-il bientôt cette idée pour se livrer tout entier au bonheur de se retrouver dans ce doux intérieur au seuil duquel il laissait les soucis du métier, loin des conspirateurs, ses ennemis, et des exempts, ses confrères.

Il avait surtout hâte de se débarrasser de sa défroque d'emprunt qui lui rappelait les terribles souvenirs de cette guerre sourde, acharnée, implacable où l'avait jeté la résolution de venger la mort de son ami Desgrais.

Il commença par défaire la perruque étrange et compliquée dont il s'était affublé et par plonger sa tête dans un bassin rempli d'eau par les mains prévoyantes de Gudule. A mesure qu'il se lavait, il reprenait sa figure naturelle, et c'était merveille de voir comme la transformation s'opérait vite.

Il allait procéder à l'enlèvement de la bosse artificielle, lorsque Gudule, qui se tenait à portée de le servir, poussa un cri de surprise et presque d'effroi.

— Qu'as-tu, mon enfant? demanda vivement Larfaille.

— Oh! père, s'écria Gudule, est-ce que vous n'êtes pas blessé?

— Blessé ! Comment ? Où ? Que veux-tu dire ?

— Dieu soit loué ! J'avais cru...

— Quoi donc ? Tu me fais mourir avec tes airs effrayés et tes propos interrompus.

— J'avais peur que les chairs n'eussent été atteintes... Voyez donc, père !

Et Gudule tira de la bosse postiche la longue épingle que Violette y avait enfoncée pour dénoncer au chevalier le travestissement de l'espion.

— Heureusement, je me suis trompée, reprit-elle ; la pointe s'est enfoncée dans la laine ; mais les méchants qui ont fait cela voulaient sans doute vous piquer ; ils croyaient avoir affaire à un pauvre bossu, et ils cherchaient à le torturer... c'est indigne !...

Une autre enfant aurait ri, sans doute, du côté plaisant de l'aventure, mais Gudule avait l'esprit tourné au sérieux et le cœur moins porté à se réjouir qu'à s'attendrir.

Larfaille faisait pourtant la mine la plus comique du monde en regardant l'épingle accusatrice. Ce n'était pas que cette découverte le poussât à la gaieté, mais sa physionomie exprimait un ahurissement si profond, qu'elle en devenait grotesque, et le grave d'Argenson lui-même, s'il avait pu voir en ce moment son subalterne, lui aurait éclaté de rire au nez.

Cette stupeur se compliqua bientôt de dépit et finit par se changer en colère. L'exempt comprenait qu'il avait été joué. Par qui ? il s'en doutait bien ; mais, pour s'en convaincre tout à fait, il prit des mains de Gudule l'instrument de sa défaite. Il n'y avait pas à s'y tromper : cette épingle longue, solide, acérée était de celles que, dès ce temps-là, les femmes plantaient dans leurs cheveux, surtout les femmes que leur condition réduisait à se coiffer elles-mêmes.

Larfaille reconnut le dard d'une guêpe qui, depuis quelques jours, bourdonnait autour de lui sans qu'il pût la saisir, l'aiguillon d'une abeille qu'il soupçonnait fort de défendre la ruche des conspirateurs. L'épingle appartenait certainement à Violette, la seule femme qu'il eût rencontrée dans son expédition nocturne, la seule aussi qui eût intérêt à le signaler à ses ennemis.

L'exempt eût tôt fait de reconstruire dans sa tête l'histoire des agissements de la fille de maître Blanche-Barbe. Ses hommes la lui avaient déjà dénoncée comme étant venue rôder dans la rue Quincampoix autour de leurs embuscades.

Cette exploration entreprise par la subtile bouquetière n'avait évidemment d'autre but que de savoir si le chemin était libre pour son amant. Elle était revenue l'avertir que cette voie était gardée et qu'il fallait fuir par le cul-de-sac de Venise. Finalement, afin de lui montrer le danger, en le forçant à reconnaître la présence d'un espion, elle avait imaginé le jeu de l'épingle.

Pour Larfaille, tout cela était clair. Tout cela aussi lui semblait très-fort de combinaison et d'exécution. Violette était décidément un adversaire digne de lui.

Puis, comme dans sa cervelle d'exempt la conclusion pratique suivait toujours de près le raisonnement, il passa sur-le-champ aux preuves qui résultaient de cette découverte. D'abord, il restait acquis que la taverne de *l'Épée-de-Bois* était le rendez-vous quotidien, peut-être même le quartier-général de la conspiration ; que les alentours de ce cabaret trop achalandé étaient semés de cachettes et qu'il n'était pas facile d'y prendre les conjurés sur le fait.

Ensuite et surtout, il devenait évident que l'ex-marchande de fleurs, servante le soir, et ravaudeuse le jour, était l'auxiliaire le plus dévoué, le plus habile, et, par conséquent, le plus dangereux des invisibles ennemis du Régent.

Ramené encore une fois, par l'enchaînement des faits, à sa combinaison première, l'exempt résolut de commencer par se débarrasser de cet affilié en jupons. Cela ne devait pas être bien difficile. Il avait dans sa poche l'ordre d'arrestation en blanc signé du ministre. Faire naître l'occasion d'un enlèvement, c'était l'*a b c* du métier.

L'arrêt de Violette fut, ce soir-là, irrévocablement prononcé.

Au surplus, cette façon détournée de procéder contre le colonel présentait à l'exempt de notables avantages. En effet, tant que la fille de maître Blanche-Barbe servirait les pratiques du cabaret de *l'Épée-de-Bois*, Larfaille ne pouvait pas songer à s'introduire dans la place, même sous le déguisement le plus impénétrable. Les yeux qui l'avaient reconnu, en dépit de sa perruque en broussaille et de sa bosse artificielle, ces yeux-là étaient de force à déjouer toutes les ruses imaginables. Il fallait absolument agir en dehors de leur rayon visuel; donc, il fallait saisir la jeune fille et l'envoyer coloniser la Louisiane. Qu'elle y mourût de misère et de désespoir, cela importait peu si, grâce à ce procédé arbitraire, on parvenait à déjouer les projets de La Jonquière et de sa bande.

Ainsi raisonnait Jean Larfaille, et pourtant, si quelqu'un eût touché à un cheveu de la tête de sa fille adoptive, Jean Larfaille se serait fait tuer cent fois pour la défendre ou pour la venger. Il ne pensait qu'à enlever Violette, mais il voulait que personne ne touchât à Gudule. Violette

était gibier pour l'hôpital général et pour le Mississipi ;
Gudule était sacrée. Le cœur d'un exempt a de ces contra-
dictions.

Il faut rendre cette justice à l'ami de feu Desgrais qu'il
lui prit un dernier scrupule. Avant de procéder à l'exécution de la sentence qu'il venait de rendre dans son for
intérieur contre la pauvre enfant, il voulut s'assurer que
c'était bien à elle qu'il devait d'avoir été joué.

— Ma chère petite, dit-il à Gudule, il ne faut point t'é-
mouvoir d'une simple plaisanterie. Celui, ou plutôt celle
qui a fait cela, car cette épingle appartient à une femme,
songeait bien moins à me blesser qu'à se divertir. Je
crois même que je la connais, cette espiègle, et, pour
toute punition, je ne veux lui infliger que le remords.
Elle regretterait, j'en suis sûr, cette vilaine action, si on
allait lui dire qu'elle a piqué jusqu'au sang un pauvre
diable qui a eu le courage de se taire au moment où
elle lui a percé le dos. Veux-tu te charger de la commission ?

— Mais, dit Gudule d'un air étonné, ce serait un
mensonge, père, et vous m'avez toujours défendu de
mentir.

Larfaille se mordit les lèvres. D'un seul mot, l'enfant,
avec sa naïve honnêteté, venait de mettre à nu le côté
blâmable de cette ruse policière. A aucun prix, il n'aurait
voulu la forcer à rougir en lui imposant une conduite
équivoque, et, cependant, il tenait à son idée. Il s'avisa
d'un moyen terme qui lui permît d'en venir à ses fins
sans froisser la délicatesse de cette âme pure.

— Il ne s'agit point de mentir, dit-il vivement, et
à Dieu ne plaise que je te conseille jamais de faillir à la
vérité. Je désire simplement me servir de toi pour donner

une leçon à une jeune fille étourdie, et, pour ce faire, il suffira que tu lui rapportes cette épingle dont elle a cru user si cruellement. La vue de l'objet la touchera plus que tous les reproches du monde. Seulement, je ne te cacherai pas, mon enfant, que je suis grandement intéressé à garder pour moi, et pour toi seule, le secret de mon déguisement. C'est le devoir de ma charge qui m'oblige à revêtir toutes sortes de costumes, et je ne dois révéler cela à personne, sous peine de manquer à un serment prêté au roi. Il ne faut donc point dire à celle auprès de qui je t'envoie que je suis un faux bossu.

— Comment m'y prendrai-je alors?

— Tu lui diras : « Mon père m'a chargée de vous rendre ceci et de vous demander pourquoi vous avez cherché à lui faire du mal, à lui qui ne vous en avait jamais fait.» Tu lui diras cela et pas un mot de plus.

— Et si elle insiste? si elle m'interroge?

— Tu ne répondras point, tu te sauveras et tu viendras me raconter ce que tu auras observé sur sa figure. Je suis sûr qu'elle se troublera en voyant l'épingle, et je tiens à être instruit de la piteuse mine qu'elle fera.

— Oh! bien, père, s'il ne s'agit que de vous procurer ce plaisir, je suis prête, s'écria Gudule. Où faut-il aller ?

— Assez loin d'ici. Dans le cul-de-sac de Venise, près de la rue Quincampoix.

— Je connais le quartier. J'y vais assez souvent porter le linge d'une de mes pratiques, un commis qui loge à l'hôtel de la Compagnie des Indes.

— Cela se trouve à merveille. Tu iras donc demain matin, tu traverseras la rue Quincampoix, tu aviseras au fond du cul-de-sac une ravaudeuse assise dans son tonneau...

— Serait-ce elle qui...

— Mon Dieu ! oui, c'est cette péronnelle qui m'a joué ce mauvais tour. Mon bas était troué, elle l'a reprisé, fort adroitement, ma foi ! et, au moment où je lui tournais le dos...

— Oh ! c'est mal de se moquer ainsi des malheureux.

— Très-mal, mon enfant. Aussi, pour la punir, tu t'approcheras tout doucement de son tonneau, en ayant soin de choisir un instant où elle sera seule, afin de ne pas l'humilier devant le monde, et quand tu seras tout près d'elle...

— Je lui remettrai l'épingle en récitant ma leçon et je me sauverai, n'est-ce pas? dit Gudule en souriant; ce sera fait, père, et vous verrez que j'exécuterai vos instructions à merveille.

— Je n'en doute pas, chère enfant, s'écria l'exempt tout joyeux de l'avoir décidée; mais je te recommande de revenir aussitôt au logis, car je t'attendrai avec impatience.

— Ne puis-je pour rentrer passer par la rue Saint-Antoine? demanda timidement Gudule.

— Pour quoi faire? interrogea Larfaille assez surpris.

— C'est que... j'ai du linge à rendre à... au locataire de maître La Perrelle... et, comme vous m'avez défendu de continuer à le blanchir... je voudrais... pour la dernière fois...

— Le locataire du mercier de la rue Saint-Antoine? ce homme qui se donne le titre de chevalier? s'écria l'exempt en fronçant le sourcil.

Gudule rougit et fit signe que oui. Son père adoptif, au lieu de lui accorder la permission qu'elle demandait, se mit à se promener par la chambre d'un air très-agité. Puis, s'arrêtant tout à coup devant elle, il lui prit la main, la baisa au front et lui dit :

— Tu as raison, mon enfant. Il ne faut point garder les cravates et les manchettes de M. le chevalier. Reviens ici tout droit, après que tu auras remis l'épingle, et nous irons ensemble voir le locataire de maître La Perrelle. Je tiens beaucoup à connaître ce jeune homme.

VI

Le lendemain, de grand matin, Gudule était debout et se hâtait de préparer le chocolat de son père, avant de se mettre en route pour aller remplir la singulière mission dont il l'avait chargée.

La pauvre enfant avait mal dormi. Son petit cœur s'était mis à battre bien fort lorsque, la veille au soir, en l'embrassant, Larfaille lui avait dit qu'il la conduirait chez M. Lestang, le locataire de maître La Perrelle. C'est que le temps lui semblait long depuis que le sévère exempt lui avait fait promettre de ne plus retourner jusqu'à nouvel ordre chez sa pratique de la rue Saint-Antoine.

Elle était incapable d'enfreindre la défense paternelle, mais elle ne s'y résignait qu'à grand'peine. Il lui semblait qu'il manquait quelque chose à sa vie, et pourtant, cet énigmatique chevalier qui logeait chez un marchand mercier et qui lui tenait si fort au cœur, elle était accoutumée à le voir seulement une fois par semaine et pendant dix minutes tout au plus. Mais que de bonnes et douces paroles il lui disait pendant ces dix minutes ! Comme il l'accueillait gaiement quand elle arrivait avec son petit paquet de dentelles fraîchement repassées, toute rougissante de plaisir et tout essoufflée d'avoir grimpé quatre à quatre les marches vermoulues de l'interminable escalier de maître La Perrelle ! Avec quelle courtoisie tendre il la traitait, elle, la pauvre disgraciée qui ne rencontrait le plus souvent que railleries et rebuffades ! De quel ton affectueux il lui disait : « Au revoir, mon enfant ! » lorsqu'elle partait émue, charmée, emportant jabots, manchettes... et du bonheur pour huit jours !

Avant de le connaître, cet incomparable M. Lestang, elle n'avait jamais rien éprouvé de pareil. Elle vivait de la vie d'une enfant souffreteuse et timide, sans autre horizon que sa chambrette de la rue du Pont-aux-Choux, sans autre joie que celle d'embrasser son père adoptif, sans autre désir que celui de le revoir, quand il tardait trop à rentrer, sans autre inquiétude que celle de le perdre.

Maintenant, il lui semblait que tout s'illuminait autour d'elle, que son âme s'épanouissait sous l'influence d'émotions nouvelles et qu'un souffle inconnu réchauffait son cœur engourdi. Elle avait sans cesse la sensation du soleil qui se lève radieux dans le ciel grisâtre du matin.

Le soleil, c'était M. Lestang ; le crépuscule, c'était son existence passée. Cela, elle le savait bien, mais ce qu'elle ne savait pas, c'était de quel nom appeler le bonheur qui l'inondait.

Larfaille, si elle l'eût choisi pour confident, aurait peut-être pu le lui dire, quoique le rude exempt n'eût jamais été de complexion fort amoureuse ; mais elle se gardait bien de l'interroger sur ce sujet brûlant. Ce sentiment de pudeur inconsciente, qui est comme l'instinct naturel des jeunes filles, la rendait muette, et elle renfermait au plus profond de son cœur ses émotions et ses espérances.

Qu'on juge de ce qu'elle avait souffert quand Larfaille lui avait signifié qu'il fallait renoncer à blanchir M. Lestang, et du ravissement qu'elle éprouva lorsque son père leva l'interdit.

Il le levait sous la condition expresse d'assister de sa personne à la prochaine visite, qui serait peut-être la dernière, si M. Lestang n'avait pas l'heur de lui plaire; mais Gudule ne pensait qu'à la joie de revoir celui qu'elle aimait au point de ne plus pouvoir vivre sans lui. Et puis elle était sûre qu'il charmerait son père, comme il l'avait charmée, et qu'à la suite de cette entrevue elle obtiendrait pour toujours la permission de le voir aussi librement qu'autrefois.

Aussi, comme il lui tardait de faire sa commission auprès de la ravaudeuse, et d'être de retour au logis pour rappeler à l'exempt qu'il lui avait promis de la conduire le jour même chez son bon ami!

Cette expédition de l'épingle qui, tout d'abord, ne lui plaisait guère, lui apparaissait maintenant comme une agréable promenade. Elle s'était habillée dès l'aurore, et, la joie peinte sur le visage, les yeux brillants d'impatience, elle accélérait de son mieux les apprêts du déjeuner matinal.

Larfaille, lui aussi, avait fort mal dormi. Il était mécontent des autres et de lui-même et, pour la première fois depuis qu'il se mêlait de traquer le colonel et sa bande, il se disait qu'il avait fait la veille d'assez mauvaise besogne.

Il se reprochait notamment comme une grosse faute de ne pas avoir posté une ou deux sentinelles au fond du

cul-de-sac de Venise. S'il avait pris cette précaution, l'amoureux de la bouquetière n'eût pas trouvé le moyen de lui
échapper, de disparaître comme un fantôme qui s'évanouit
dans les ténèbres. Maintenant, tout était à recommencer;
mais, cette fois, il avait bien arrêté son plan, et il n'attendait que le retour de sa fille d'adoption pour entrer en
campagne.

Enfin, ce jeune homme, que ses amis traitaient de chevalier, ce M. Lestang lui trottait par la tête presque autant
qu'à Gudule, mais pas pour les mêmes raisons. Il entrevoyait une amourette et cette idée le bouleversait complétement, car il ne lui était jamais venu à l'esprit que
l'enfant pût aimer un autre homme que son père; il ne
s'était jamais dit qu'il arriverait un jour où ce jeune
cœur parlerait. Sans se l'avouer à lui-même, il était jaloux
de son affection et il lui déplaisait qu'elle éprouvât un
sentiment plus vif, surtout pour un inconnu.

Et puis, qu'était ce personnage si charmant qui portait
des dentelles de Flandre et qui se cachait dans un galetas
de la rue Saint-Antoine? Il tenait absolument à le savoir,
et le plus tôt possible. Il fit donc promettre à sa petite
messagère de ne s'absenter que le temps strictement nécessaire, et il résolut de rester au logis jusqu'à ce qu'elle
lui rapportât des nouvelles, afin de se trouver en mesure
d'agir sans perdre une minute, dès qu'il serait complètement édifié sur la complicité de Violette.

Il éprouvait bien quelque remords d'employer Gudule
à une œuvre d'espionnage, mais il se disait qu'après tout
elle ne courait aucun risque, et, de plus, il n'avait pas le
choix des moyens. Il l'embrassa tendrement, lui recommanda encore la célérité et la prudence et lui donna
congé.

L'enfant partit toute joyeuse et s'achemina de son pas le plus rapide vers la rue Quincampoix. Simplement, presque pauvrement vêtue, marchant les yeux baissés et rasant timidement les murs, elle n'attirait guère l'attention, et elle put traverser les groupes compactes rassemblés autour de l'hôtel de la Compagnie des Indes, sans que personne la remarquât.

Moins d'une demi-heure après son départ, elle arriva à l'entrée du cul-de-sac de Venise, et elle y aperçut du premier coup d'œil le tonneau que son père lui avait indiqué. Cependant, elle ne voyait pas encore la ravaudeuse qui l'habitait, parce qu'un homme la lui masquait complétement.

Cet homme, qui lui tournait le dos, était engagé dans une conversation très-animée avec la couturière en plein vent. Gudule pensa que c'était quelque chaland discutant le prix d'un raccommodage, et, comme Larfaille lui avait recommandé de ne pas remettre l'épingle devant témoins, elle ralentit le pas et s'approcha sans bruit pour donner le temps à ce bavard de régler son compte et de s'en aller.

Il était si occupé à s'expliquer avec la dame du tonneau qu'il n'entendit pas venir l'envoyée de l'exempt; encore moins la regarda-t-il. Mais à mesure que la pauvre enfant avançait, elle croyait reconnaître la taille et la tournure du causeur.

Saisie d'une émotion indicible, elle aurait voulu s'arrêter et quelque chose la poussait malgré elle à se rapprocher encore. Quand elle ne fut plus qu'à cinq ou six pas, elle entendit une voix qui lui alla droit au cœur et qui disait :

— Violette, il n'est plus temps d'hésiter. C'est cette nuit que je joue ma tête, c'est ce soir qu'il faut me suivre, si vous ne voulez que nous nous quittions pour toujours.

Gudule pâlit et s'arrêta pétrifiée de surprise.

La ravaudeuse répondit quelques mots qu'elle n'entendit pas, puis la voix reprit :

— Vous dites que vous m'aimez, Violette, et, au lieu de consentir à ce que je vous demande, vous me reprochez de m'exposer à être arrêté en venant vous parler ici pour la dernière fois! Eh! qu'importe ma liberté, qu'importe ma vie, si vous rejetez ma prière, si vous m'abandonnez, moi qui vous aime de toute mon âme...

C'en était trop pour Gudule. Elle poussa un cri étouffé et l'homme se retourna vivement.

Le cœur de la pauvre petite ne l'avait pas trompée. Celui qu'elle venait d'entendre exprimer en ces termes brûlants son amour pour une autre femme, c'était M. Lestang, c'était ce jeune cavalier au langage si doux, dont le souvenir remplissait son âme, dont l'image hantait ses rêves. Elle ressentit une douleur atroce, comme si quelque chose venait de se briser en elle, et, chancelante, elle ferma les yeux pour ne plus voir celui qu'elle adorait.

Le premier mouvement de l'amoureux de Violette fut de tendre les bras à cette enfant qui semblait tout près de défaillir, puis il la reconnut, et ce fut lui alors qui s'écria de surprise. Il hésita quelques secondes, car il lui en coûtait de partir; mais il se pencha à l'oreille de Violette et s'enfuit, après lui avoir jeté rapidement ces mots entrecoupés :

— Cette petite fille sait où je loge... Elle ne sait pas mon véritable nom... Il ne faut pas qu'elle l'apprenne... Tâchez de lui donner le change et de découvrir ce qu'elle vient faire ici... Je viendrai vous chercher à l'entrée de la nuit, et je compte que vous ne me réduirez pas au désespoir en refusant de me suivre...

En trois bonds, il gagna la rue Quincampoix, où il se perdit dans la foule, et les deux jeunes filles restèrent face à face.

Qui pourrait dire ce qui se passa dans l'âme de Violette, au moment où elle se trouva seule en présence d'une jeune fille qu'elle n'avait jamais vue et dont l'apparition venait de produire un si étrange effet sur le chevalier du Terne de Grandpré ? Analyser ses sensations serait aussi impossible que d'exprimer le trouble douloureux qui s'était emparé du cœur de Gudule, quand elle avait reconnu M. Lestang.

Elles étaient là toutes les deux, immobiles, muettes, échangeant des regards étonnés et défiants. Tout à l'heure inconnues l'une à l'autre, mordues maintenant par une jalousie naissante, elles se devinaient rivales, sans soupçonner encore à quel fatal hasard elles devaient de se rencontrer.

Elles s'observaient avec une sorte d'effroi, et pourtant chacune d'elles se sentait entraînée vers l'autre par un sentiment tout opposé.

Violette, la moins offensée dans ce conflit, puisque le chevalier venait de lui renouveler à l'instant même les brûlantes déclarations du plus violent amour, Violette se laissait toucher peu à peu par la physionomie douce et triste, par les yeux voilés et tendres de la pauvre petite trouvée. Elle souffrait, cette enfant contrefaite, qui venait si mal à propos troubler un entretien suprême. C'en était assez pour que Violette lui pardonnât ; assez peut-être pour qu'elle l'aimât plus tard.

Gudule, elle, la malheureuse Gudule, déçue dans ses

rêves, sourdement blessée dans son amour, contemplait l'heureuse, la ravissante femme adorée du chevalier; et ne pouvait pas s'empêcher de l'admirer. Bien plus, elle subissait lentement le charme pénétrant de cette éclatante beauté qui lui faisait tant de mal, comme une humble fleur des champs s'incline sous les rayons du soleil qui la brûle.

Elles se taisaient et cependant elles souhaitaient ardemment toutes deux de mettre fin au supplice d'une situation intolérable.

Ce fut Gudule qui rompit la première ce silence plein de craintes et d'angoisses. Non qu'elle osât demander des explications sur la présence de. M. Lestang, dans le cul-de-sac de Venise; — elle ne prévoyait que trop la réponse, et elle avait bien trop peur de la provoquer. Mais elle devait s'acquitter de la commission que l'exempt lui avait confiée, et, dans les cas embarrassants, rien n'est d'un plus grand secours qu'une formule toute faite.

Elle savait par cœur la phrase arrangée par Larfaille, et elle trouva le courage de la réciter tout d'une haleine.

— Mon père, dit-elle rapidement, mon père m'a chargée de vous remettre ceci et de vous demander pourquoi vous avez cherché à lui faire du mal, à lui qui ne vous en a jamais fait.

En même temps, elle présentait, d'une main tremblante, l'épingle qu'elle venait de tirer de son corsage.

Le coup porta et l'expérience que le vengeur de Desgrais avait imaginée ne pouvait pas être plus décisive.

Violette, tout d'abord, ne comprit pas et prit machinalement l'épingle que Gudule lui offrait. Mais, presque aussitôt, la lumière se fit dans son esprit et elle se dit avec une indicible émotion qu'elle avait devant elle la fille du chanteur bossu.

Alors elle pâlit et se troubla au point de ne pas trouver un mot pour protester. Elle n'eut ni la force de nier, ni même celle de refuser l'épingle.

C'est que, sans parler de la stupeur qu'elle éprouvait en se voyant reconnue, il lui était venu subitement une idée qui la consternait.

Cette messagère à la taille déjetée avait bien la mine d'être la fille d'un véritable bossu, et, si cela était, alors elle, Violette, s'était donc trompée la veille en prenant ce malheureux pour un espion ; au lieu d'un acte de très-légitime défense, elle avait commis une cruauté en blessant au vif un pauvre diable qui n'en pouvait mais.

Si elle eût pu se rappeler à loisir la scène du cabaret, elle se serait dit que le pauvre diable en question aurait certainement crié si l'épingle s'était réellement enfoncée dans sa chair. Or, il n'avait point soufflé et tant d'héroïsme n'était pas naturel de la part d'un guitariste ambulant. Elle se serait souvenue aussi qu'elle avait reconnu à n'en pas douter, sous son déguisement ridicule, l'homme en habit gris de la rue Quincampoix. Mais Gudule ne lui laissa pas le temps de faire toutes ces réflexions.

La pauvre enfant en avait assez vu pour se croire quitte de sa mission, et il lui tardait de s'éloigner. Son cœur, gonflé d'amertume, débordait ; les larmes lui venaient aux yeux et elle ne voulait pas pleurer devant sa rivale.

Elle regarda encore une fois ces traits charmants, pour les graver dans sa mémoire, et elle s'enfuit.

La scène entre les deux jeunes filles et le chevalier n'avait pas eu de témoins, car, à cette heure où la fièvre du gain brûlait le sang des chasseurs d'actions, les habitués de la rue Quincampoix ne songeaient guère à quitter le pavé de

13.

la Bourse en plein vent pour venir faire repriser leurs bas par la jolie ravaudeuse du cul-de-sac de Venise.

Gudule put se glisser à travers les groupes, sans que personne la remarquât, et regagner en toute hâte le logis paternel. Sa démarche était bien changée depuis le moment où elle s'en venait, le pied léger, le cœur aussi, pressée d'exécuter les ordres de son père, heureuse de penser qu'à son retour il allait la conduire chez M. Lestang.

Elle cheminait maintenant la tête basse, l'œil fixe, s'arrêtant parfois et chancelant, comme si elle eût été lasse de porter le fardeau de sa douleur, puis reprenant sa course folle, sans rien voir, sans rien entendre. On aurait dit qu'un souffle la poussait, comme le vent d'automne chasse les feuilles mortes.

Elle se trouva devant sa maison sans savoir comment elle y était arrivée, et elle eut quelque peine à monter l'escalier, car ses forces commençaient à l'abandonner.

Larfaille l'attendait assis devant la petite table en bois noir où il avait coutume de s'asseoir pour griffonner ses rapports au lieutenant de police, et il occupait son loisir en libellant des ordres d'arrestation pour les faire signer le jour même. Il pensait avoir à s'en servir bientôt et il voulait être prêt à tout événement, de même qu'un soldat fourbit ses armes à la veille d'une bataille.

Sa figure s'éclaira quand il vit entrer Gudule.

— Te voilà, mon enfant, dit-il en se levant pour venir au-devant d'elle ; tu as fait diligence, à ce que je vois, car je ne t'attendais pas sitôt. Serait-ce que tu n'as point trouvé cette fille ?

— Je l'ai trouvée, père, à la place que vous m'aviez désignée, répondit la petite messagère.

— Ah ! ah ! et comment s'est passée l'entrevue ?

— Comme vous l'aviez prévu, père. Je lui ai remis l'épingle en lui disant les paroles que vous m'aviez apprises. Ses mains tremblaient en la recevant, elle a changé de couleur, elle a ouvert la bouche pour s'écrier, mais la voix lui a manqué.

— Plus de doute ! c'est elle ! dit joyeusement Larfaille. Ainsi, elle ne t'a point questionnée ?

— Non.

— Et tu es partie sans ajouter un mot ?

— Oui.

— Sans qu'elle te rappelât, sans qu'elle courût après toi ?

— Non, père, elle n'a pas bougé.

— Es-tu sûre qu'elle ne t'a pas suivie, elle ou quelqu'un des siens ?

— J'en suis sûre.

— Oh ! bien, voilà qui est à merveille, s'écria l'exempt en se frottant les mains. Tu ne sais pas, mon enfant, quel service tu viens de me rendre, et il serait superflu de te l'expliquer. Il s'agit d'affaires politiques auxquelles tu ne t'intéresses guère. Mais je te dois une récompense et je ne veux pas te la faire attendre. Si tu n'es pas trop lasse, nous irons de ce pas visiter ton ami...

— Mon ami ! répéta Gudule avec angoisse.

— Oui, ce jeune homme si doux, qui porte de si riches dentelles... monsieur... comment le nommes-tu ?... Ah ! M. Lestang.

— Lui ! s'écria la jeune fille en mettant la main sur son cœur.

Et elle ajouta d'une voix étouffée :

— C'est inutile, père. Je ne veux plus le voir.

— Pourquoi ? demanda Larfaille, qui remarqua alors pour la première fois la pâleur de Gudule.

— Parce que... je l'ai vu.

— Tu l'as vu ? Où ? Quand ?

— Tout à l'heure..... là-bas..... debout devant cette femme...

— Devant la femme à qui tu as remis l'épingle ?

— Oui, père.

— Et il lui parlait ?

— Il lui disait qu'il allait bientôt courir un grand danger... il la suppliait de fuir avec lui... il lui jurait qu'il l'aimait, et...

Le reste se perdit dans un sanglot.

En toute autre occasion, Larfaille aurait certainement songé avant tout à consoler sa fille, mais il était dans un tel état d'agitation, qu'il la saisit par le bras et lui demanda d'un ton bref, presque dur :

— Comment est-il, cet homme ?

— Il est grand..., mince..., balbutia Gudule effrayée.

— Le visage allongé, le teint blanc, les yeux bleus, n'est-il pas vrai ?

— Oui.

— Et il parlait à cette fille de dangers, d'amour ?

L'enfant fit signe que oui. Elle n'avait pas le courage de répondre à une question qui la touchait au cœur.

— Comment se fait-il que tu aies pu entendre ce qu'il disait ?

— Il ne me voyait point, parce qu'il était tout occupé d'elle. Il ne m'entendait point venir, et, quand il s'est retourné, je le touchais presque...

— Alors, qu'a-t-il fait ?

— Il a reculé de surprise... d'effroi peut-être. Ensuite,

il s'est penché vers elle, il lui a dit quelques mots tout bas, puis... il s'est enfui.

— Et tu dis que cet homme est bien celui qui loge chez maître La Perrelle, qui se fait appeler Lestang, et qu'un jour quelqu'un a traité devant toi de chevalier.

— C'est bien lui, soupira Gudule.

— Ah! dit l'exempt avec explosion, enfin je les tiens donc et Desgrais sera vengé !

— Que dites-vous, père, demanda Gudule en pâlissant; qui voulez-vous prendre? Qui donc sera vengé?

— Personne, mon enfant; ce sont choses qui se rapportent aux devoirs de ma charge, et tu n'y entendrais rien, se hâta de répondre Larfaille.

Il avait beau jeu pour se taire, car il s'était toujours gardé d'initier sa fille d'adoption à ses secrets professionnels, et il était bien trop prudent pour lui avoir jamais parlé de la fin tragique de son camarade Desgrais. Mais l'amour ouvre l'esprit aux plus naïves, et Gudule aimait.

Elle devinait sans peine que son père nourrissait quelque dessein contre M. Lestang. N'avait-elle pas entendu, là-bas, près du tonneau de Violette, le beau cavalier dire qu'il courait en ce moment même un grand danger?

Quel danger? Qui donc en voulait à sa liberté, à sa vie? Quel crime avait-il pu commettre, lui si doux, si bon? Gudule n'en savait rien, mais un secret instinct l'avertissait qu'elle venait de nuire involontairement à son ami, et cette pensée la mettait au désespoir. Depuis une heure, elle souffrait cruellement par lui, et pourtant elle se reprochait amèrement de l'avoir trahi, car au fond de son cœur, elle lui avait déjà pardonné.

Pendant qu'elle s'épuisait en conjectures, l'exempt, lui, s'apercevait qu'il était allé trop vite et trop loin. Non qu'il hésitât à courir sus à ce chevalier dont le hasard venait de lui livrer le nom et la demeure. Il triomphait, au contraire, d'apprendre que ses suppositions se vérifiaient de point en point, car il était certain maintenant que ce bel amoureux conspirait.

Le même homme qui avait pris la défense de la bouquetière contre les exempts et que Larfaille avait retrouvé sous un déguisement au cabaret de l'*Epée-de-Bois*, ce même personnage suspect venait d'être surpris faisant à sa maîtresse confidence d'un péril prochain. Qu'il fût mêlé à un complot, cela était l'évidence même, et tout indiquait que ce complot avait pour chef le colonel La Jonquière.

A cette découverte providentielle s'en ajoutait une autre qui touchait fort l'exempt. Il s'apercevait que Gudule s'était éprise, beaucoup plus sérieusement qu'il ne l'avait cru d'abord, du charmant locataire de maître La Perrelle, et il se trouvait que ce séducteur était dans le cas d'être arrêté sur l'heure et jeté à la Bastille. Excellente occasion pour Larfaille de couper court à une passion naissante qui ne pouvait que troubler le repos de la chère enfant.

Il ne s'agissait, pour rendre la paix du cœur à Gudule, — il le croyait du moins — que de mettre la main sur le galant, et c'est à quoi il avait résolu de procéder sans retard. Seulement, pour tout l'or, ni pour toutes les arrestations du monde, il n'aurait pas voulu affliger la pauvre petite, qu'il se reprochait déjà d'avoir exposée à un gros chagrin en lui donnant mission de rapporter l'épingle.

Il s'empressa donc de revenir sur les mots imprudents qu'il avait lâchés en s'écriant : « Je les tiens » et en faisant allusion au meurtre de Desgrais.

— Laissons cela, mon enfant, dit-il en attirant sur son

cœur Gudule émue, troublée, inquiète. À la description que tu m'as faite de ce jeune homme, j'avais cru reconnaître le fils d'un mien ami qui habite les Flandres, et je craignais qu'il ne fût venu à Paris à l'insu de son père, ce qui m'aurait obligé à intervenir pour le ramener dans le droit chemin, mais je me trompais, car je me souviens maintenant que mon Flamand ne parle point le français. Ce n'est donc pas lui qui se fait appeler M. Lestang. Quant à celui qui porte ce nom, nous ne l'irons point voir aujourd'hui, puisque tu as changé d'idée. Aussi bien, tu dois être lasse d'avoir tant marché ce matin et je veux que tu ménages tes forces et ta santé. Que deviendrais-je, bon Dieu! si tu me causais le chagrin de tomber malade!

En parlant ainsi, Larfaille était sincère, et Gudule qui le savait bien lui sauta au cou en pleurant. Où il cessa de l'être, ce fut quand il ajouta :

— Ce qui est différé n'est pas perdu et nous ferons cette visite quand il te plaira; il me tarde de connaître le locataire de maître La Perrelle. Au surplus, je ne saurais aujourd'hui disposer de mon temps, car j'ai une grosse besogne à terminer par ordre de M. le lieutenant de police, et je suis obligé de sortir pour ne rentrer peut-être que fort tard. Va te reposer, ma chère Gudule, va et promets-moi de ne plus te tourmenter mal à propos.

Brisée de fatigue et accablée de chagrin, Gudule ne demandait pas mieux que d'être seule. Elle embrassa tendrement son père et s'en alla dans sa chambre, qui touchait à la salle où l'exempt se tenait d'ordinaire.

Dès qu'elle eut refermé la porte sur elle, Larfaille changea de visage et d'allures, sans avoir besoin pour cela de se déguiser. Quittant la mine attendrie qu'il avait prise

pour rassurer sa fille, il se redressa comme un homme
satisfait de lui-même, et il s'apprêta pour sortir.

— Oui, je les tiens, répétait-il entre ses dents; je puis
bien le dire, maintenant que Gudule n'est plus là, ils sont
pris, et je jure qu'il n'en échappera pas un seul; mais il
faut aller au plus pressé, qui est de mettre en lieu sûr ce
prétendu Lestang. Inutile, pour le présent, d'arrêter la
bouquetière, puisque je sais où prendre son amoureux.
Voyons! il a dû courir chez lui en sortant du cul-de-sac
de Venise. Il doit y être encore, et, au cas où il n'y serait
point, j'aurai tôt fait de poster quelques-uns de mes hommes chez maître La Perrelle, de façon à saisir le quidam
lorsqu'il rentrera. Seulement, il n'y a pas une minute à
perdre, car la rencontre de Gudule a pu lui donner
l'éveil... Bah! il ne sait pas qu'elle est la fille d'un
exempt.

Allons! allons! le temps de passer au Grand-Châtelet
pour rassembler mon escouade, et de rabattre avec elle
sur la rue Saint-Antoine... dans une heure ou deux, M.
Lestang sera sous clef, et, par lui, nous aurons les autres,
car une fois en cage, on trouvera le moyen de le faire parler.

Tout en s'abandonnant à ce monologue, Larfaille avait
endossé sa casaque. Il jeta son manteau sur ses épaules
et mit son chapeau sur sa tête; mais, au moment de sortir, il se prit à penser à Gudule et à dire tout bas:

— Pauvre petite! qui se serait douté de cela? Elle
commençait pourtant à s'amouracher de ce garnement.
Dieu est juste. Il n'a pas permis qu'elle tombât dans ses
griffes, et ce sera une leçon pour moi; je ne la laisserai
plus courir les pratiques. Oui, mais quel chagrin elle aura
quand il me faudra lui dire que le Lestang a disparu de
son logis et qu'elle ne le verra plus jamais.

L'exempt s'arrêta un instant sur cette idée, puis il murmura en faisant craquer ses doigts :

— Pardieu ! je suis bien simple de m'en inquiéter. Je lui laisserai entendre qu'il s'est enfui avec cette ravaudeuse ; elle se désolera d'abord, puis elle finira par l'oublier.

Rassuré par cette conclusion, Larfaille prit le chemin de la porte, mais on y frappa doucement du dehors, tout juste au moment où il mettait la main sur la clef. Assez surpris de cet incident, car il ne recevait presque jamais de visites, l'exempt s'empressa d'ouvrir et faillit tomber à la renverse en voyant un personnage qu'il n'attendait guère, le sieur Venier, secrétaire intime du premier ministre Dubois.

— Vous ici, monsieur ? s'écria-t-il en saluant jusqu'à terre, c'est bien de l'honneur pour moi, et je ne sais à quoi attribuer...

— Laissez-moi d'abord entrer et refermez la porte, dit froidement le secrétaire.

Larfaille s'empressa d'obéir.

— Nous sommes seuls, ici ? demanda Venier.

— Oui, monsieur, et je vais...

— Ecoutez-moi, je vous prie, car je suis pressé et vous le serez aussi, quand vous m'aurez entendu. Je viens de la part de monseigneur vous dire que c'est pour cette nuit.

— Pour cette nuit ? répéta l'exempt d'un air assez ahuri.

— Oui. Monseigneur a réussi à surprendre le secret du dessein que M. le duc d'Orléans a formé de se rendre à minuit dans la plaine de Vanves avec le prétendu commandeur Baroni qui a promis de faire apparaître le diable

devant Son Altesse Royale. Monseigneur n'a pu encore
éclaircir complétement le mystère qui enveloppe la véritable personnalité de cet aventurier ; mais il est persuadé
que le Régent est dupe d'un imposteur adroit et fort
dangereux ; il penche même à croire que le soi-disant
Italien pourrait bien n'être que le colonel La Jonquière en
propre personne. Quoi qu'il en soit, monseigneur entend
qu'on ne manque pas l'occasion, et j'ai l'ordre de vous
amener avec moi sur-le-champ au Palais-Royal où il vous
donnera lui-même ses instructions.

— Monsieur, je suis à votre commandement, dit Larfaille, mais, de mon côté, j'ai découvert le gîte de l'un de
ces coquins et je me disposais à l'y aller saisir. Si vous le
trouvez bon, je vais mener à fin cette importante expédition et je me rendrai ensuite au Palais-Royal.

— Point! point! dit nettement M. Venier, l'exécution
des volontés de monseigneur ne doit souffrir aucun retard,
et il faut me suivre sans plus tarder.

— Mais, monsieur, cet homme est, j'ai tout lieu de le
croire, un de ceux qu'il importe le plus d'arrêter, et, si on
lui laisse le temps de fuir...

— Cela ne me regarde point et vous direz cela à monseigneur. Au surplus, cette façon de procéder pourrait bien
tout gâter, en donnant l'éveil aux conspirateurs, et il me
paraît plus sage d'attendre la nuit pour les ramasser tous
d'un seul coup de filet. Venez, vous dis-je.

Il n'y avait pas à répliquer, et Larfaille n'essaya point
de convaincre l'envoyé du tout-puissant ministre. Il commençait d'ailleurs à entrevoir que Dubois pourrait bien
avoir raison et qu'il valait mieux différer un peu pour
préparer un succès décisif et complet.

— Je vous suis, monsieur, dit-il au secrétaire intime.

Une minute après, ils montaient tous deux dans un carrosse sans armoiries qui attendait à l'entrée de la rue du Pont-aux-Choux, et Gudule sortait doucement de sa chambre où elle ne dormait pas, comme le croyait son père.

VII

Pendant que Larfaille roulait vers le Palais-Royal, dans le carrosse de M. Venier, le chevalier du Terne causait tranquillement, au fond de son modeste logement de la rue Saint-Antoine, avec le colonel La Jonquière.

L'exempt avait bien raison de proposer au secrétaire du ministre de commencer par faire main-basse sur tous ceux qu'on trouverait chez maître La Perrelle. C'eût été un coup de fortune pour lui, et c'en était fait de la conspiration et des conspirateurs. Mais on ne met presque jamais à exécution les idées les plus simples, qui sont toujours les meilleures; et puis il était sans doute écrit là-haut que le prétendu M. Lestang ne périrait point par la faute de Gudule.

Après la scène du cul-de-sac de Venise, il avait, comme le prévoyait Larfaille, regagné son logis en toute hâte. Le colonel l'attendait à la porte, déguisé cette fois en simple soldat aux gardes, car il avait pour principe de ne jamais se montrer deux jours de suite dans la même tenue. Il n'était plus question du sous-fermier, ni de l'officier invalide, ni du commissaire en robe, et tous ces personnages de fantaisie s'étaient fondus en un seul qui portait l'habit blanc, le chapeau bordé et la brette en verrou.

M. Lestang reconnut sans peine le garde-française, l'accosta comme aurait pu le faire un jeune bourgeois flatté de fréquenter un militaire, et l'entraîna chez lui.

Le respectable mercier, qui lui louait au triple de leur valeur trois chambres sous les toits, ne s'inquiétait de son locataire que les jours de payement du terme. Les deux amis étaient donc assurés de s'entretenir de leurs affaires aussi longtemps qu'il leur plairait et sans que personne vînt déranger leur tête-à-tête.

Ce n'était pas, au surplus, le premier de la journée, car le colonel était déjà venu annoncer au chevalier une grande nouvelle.

Le Régent, ayant reçu le matin son ancien camarade de l'armée d'Italie, le commandeur Angelo Baroni, lui avait déclaré qu'il ne voulait plus différer l'entrevue promise avec le diable. Il s'était laissé aller à confier à madame de Parabère ses accointances infernales, et la marquise ne cessait de se moquer de lui, de le presser de s'aboucher avec monseigneur Satan et de prétendre que l'évocation s'en irait en fumée. Philippe, piqué au jeu, avait sommé son ami le magicien de tenir sa parole, et le magicien, mis au pied du mur, s'était vu contraint de lui promettre, pour le soir même, une audience du prince des ténèbres.

Il est superflu de dire que La Jonquière et Baroni n'étaient qu'une seule et même personne; il ne l'est pas d'expliquer comment le colonel avait réussi à endosser si parfaitement la personnalité d'un vieux major italien, jadis très-connu du duc d'Orléans.

Avant de conspirer, La Jonquière avait servi un peu partout, et il s'était fort lié autrefois, à Parme, avec le commandeur, qui n'avait point manqué de lui raconter, dans les plus grands détails, l'histoire de ses relations passées avec le propre neveu de Sa Majesté Louis XIV. De ce souvenir déjà lointain était née la conception la plus hardie qui soit jamais entrée dans la cervelle d'un aventurier politique.

Le colonel avait imaginé de se présenter au Régent sous le nom et la figure de son ancien compagnon d'armes. Il était doué d'une mémoire imperturbable, d'une présence d'esprit à toute épreuve, et, par-dessus tout, du rare talent de se composer à volonté une tournure et un visage. Avec son naturel ouvert, sa bienveillance étourdie, sa facilité d'accueil et son goût pour les officiers qui avaient fait avec lui les guerres d'Italie ou d'Espagne, Philippe d'Orléans devait plus aisément que tout autre donner dans le piège, et, en effet, il s'y laissa prendre pleinement. Son penchant pour le surnaturel avait fait le reste.

Donc, le grand jour était arrivé, et la conspiration touchait à son dénouement.

Le colonel ne le croyait pas si prochain, et les ordres du Régent le prenaient un peu au dépourvu; car à peine lui restait-il le temps de convoquer ses hommes et de tout préparer pour opérer l'enlèvement. Cependant il n'eut garde de reculer. C'eût été mettre le duc d'Orléans en défiance de ses talents de sorcier, et l'occasion, si on la manquait, pouvait fort bien ne se représenter jamais.

D'ailleurs, les principales mesures étaient prises depuis longtemps, la chaise de poste prête, les relais commandés, sous prétexte d'un courrier extraordinaire que d'un jour à l'autre l'ambassadeur du roi d'Espagne pouvait envoyer à son maître. Il ne s'agissait donc que de rassembler les conjurés et de leur distribuer les rôles. Or, le colonel était fort expéditif, et la journée lui suffisait amplement pour arrêter ses dernières dispositions. Il commença par s'en aller avertir du Terne, le quitta pour continuer sa tournée en racolant ses autres complices, lui annonça qu'il reviendrait après s'être assuré de leur concours, et revint en effet vers midi.

Entre les deux visites de La Jonquière, le chevalier avait couru auprès de Violette pour la décider à le suivre, et il allait peut-être réussir à la persuader, lorsque Gudule était venue mettre brusquement fin à leur entrevue. Il y avait un quart d'heure qu'il était rentré chez lui, fort troublé de ce contre-temps, et qu'il causait de l'incident avec le colonel, quand celui-ci, qui avait écouté son récit avec beaucoup d'attention, lui dit sans trop s'émouvoir :

—Mon cher capitaine, si on devait se préoccuper de semblables puérilités, on n'agirait jamais, et mieux vaudrait ne pas se mêler de conspirer. La pièce est annoncée pour ce soir, les acteurs sont prévenus, et ce serait pitié de les contremander *devant que les chandelles soient allumées*. La représentation aura lieu à l'heure dite, et je compte sur un grand succès, en dépit des sottises de toutes ces péronnelles.

— Je pense comme vous, colonel, qu'il serait difficile et dangereux de différer davantage, répondit du Terne, et cependant la rencontre de cette petite m'inquiète. Que pouvait-elle avoir à dire à une personne qu'elle ne connaît point, dont elle devrait même ignorer l'existence, puisqu'elle habite ce quartier-ci, fort éloigné de la rue Quincampoix.

— Bah ! quelque ravaudage à lui confier ou toute autre

affaire d'aussi grande conséquence. Je vous répète, chevalier, qu'en ce moment nous avons de plus graves soucis ; mais convenez qu'en tout ceci vous n'êtes point irréprochable et que votre entretien en plein vent avec cette fillette était imprudent.

— En quoi, s'il vous plaît? demanda du Terne d'un air piqué.

— Imprudent pour beaucoup de raisons. D'abord, aujourd'hui, les instants sont précieux, et vous auriez pu mieux employer votre temps ; mais, de plus, vous savez qu'on rôde autour de la belle. Je n'en veux pour preuve que la tentative d'enlèvement de l'autre jour, laquelle, si je n'étais intervenu, aurait pu nous coûter cher, sans parler de ce bossu, que je soupçonne fort d'être venu nous espionner hier, car il s'est bien gardé de se trouver au rendez-vous que, pour l'éprouver, je lui avais assigné devant l'hôtel de Pâris du Vernet. Et à ce propos, mon cher capitaine, il faut que je vous demande nettement si vous persistez à vouloir emmener avec nous la fille de Blanche-Barbe.

— J'y suis décidé, colonel ; seulement je ne sais pas encore si elle y consentira.

— C'est que je dois vous prévenir que son père prendra la chose fort mal.

— Peu m'importe. Cet homme n'est pas pour nous suivre en Espagne.

— Soit ! mais avez-vous réfléchi à l'énorme embarras que nous donnera pendant le voyage une femme chevauchant avec nous?

— Je me charge d'elle, et je saurai la protéger sans le secours de personne. Au surplus, colonel, je vous supplie de ne pas insister sur ce point. Ma résolution est irrévocable.

—Ah! chevalier! chevalier! soupira La Jonquière, vous êtes jeune, et vous ne voyez pas le danger qu'un vieux reître comme moi saurait éviter. Vous oubliez qu'il ne faut qu'une femme pour faire avorter les entreprises les mieux conçues. Mais, après tout, j'étais comme vous à votre âge, et j'aurais mauvaise grâce à vous prêcher. Laissons cela, et convenons de nos faits pour cette nuit.

Du Terne s'inclina en signe d'assentiment.

—Vous savez, reprit le colonel, que c'est moi, sous la figure d'Angelo Baroni, d'heureuse mémoire, qui amènerai Philippe au lieu où il trouvera bonne compagnie pour le recevoir. Vous aurez donc à prendre à ma place le commandement de nos hommes embusqués au fond de la carrière. Laurent de Mille, avec le reste de la troupe, gardera les chevaux et la chaise de poste qui se tiendra tout attelée sur la route de Châtillon. Vous connaissez assez le terrain pour ne point vous égarer, n'est-il pas vrai?

—Je suis encore allé le reconnaître la semaine passée, et j'irais à la carrière de Vanves les yeux fermés.

—Fort bien. J'y arriverai, je pense, un peu avant minuit; mais vous ferez bien d'être à votre poste dès dix heures, afin d'avoir le temps de tout disposer pour que l'opération s'exécute promptement et sans bruit. Je me charge de donner des instructions à nos gens, qui devront s'y rendre isolément ou par petits groupes de deux ou trois. C'est le plus sûr moyen d'éviter d'attirer l'attention.

—Tout cela me paraît fort sagement combiné; mais avez-vous pensé à prévenir M. de Horn?

—Oui, certes. Si, par fortune, les choses venaient à mal tourner, le cher comte peut nous être fort utile, et je n'ai garde de me priver de son concours. Je lui ai donc envoyé Mille pour lui dire que nous l'attendions et pour lui donner toutes les indications nécessaires sur l'endroit convenu et sur le chemin à suivre ; car il est préférable que M. de Horn s'y transporte sans nous. Quant au duel nocturne qu'il veut proposer à Philippe d'Orléans, c'est une autre affaire, et je me charge d'arranger cela sur place. L'important est qu'en cas de malheur nous ayons pour complice un fils de prince, allié à des maisons souveraines et au Régent lui-même.

— Le fait est que, pour sauver une si noble tête, on serait peut-être obligé d'épargner les nôtres.

— C'est bien ainsi que je l'entends, grommela le colonel. Et maintenant, chevalier, que tout est convenu, à ce soir, et que le diable, que M. le Régent tient tant à voir, nous protége !

— A ce soir, colonel. Comptez sur moi comme sur vous-même.

— J'y compte, dit La Jonquière en se levant, et j'espère bien que demain, à pareille heure, Philippe d'Orléans sera déjà à trente lieues de Paris, en route pour les États de son cousin, le roi d'Espagne.

. . . .

Toute médaille a son revers, et le hasard fait quelquefois qu'une scène a son pendant.

A l'heure exacte où La Jonquière et le chevalier arrêtaient, de concert, leurs dernières dispositions pour enlever le Régent, Dubois donnait à Larfaille ses instructions suprêmes pour entraver les criminels projets des ennemis de son maître.

L'exempt, sous la conduite du sieur Venier, était arrivé au Palais-Royal au moment même où du Terne rencontrait le colonel devant la maison de maître La Perrelle. Le ministre l'attendait avec impatience et le reçut cette fois sans le laisser se morfondre dans l'antichambre.

— Eh bien! lui cria-t-il du plus loin qu'il l'aperçut, j'ai été plus fin que toi, car je les tiens, ces drôles après lesquels tu cours encore.

— Monseigneur, dit modestement Larfaille, je savais bien que, sans votre appui, je ne ferais rien de bon.

— Oui, oui, bredouilla Dubois, quand je veux me mêler de police, j'y réussis un peu mieux que ce pédant de d'Argenson avec ses airs importants et sa mine de Rhadamante, juge aux enfers. Je n'ai pas eu besoin, moi, de mettre le guet sur pied ni la maréchaussée en campagne, et j'ai découvert les conspirateurs sans sortir de mon cabinet.

— M. Venier m'a dit, en effet, monseigneur, que vous étiez informé des projets qu'a formés ce faux Italien pour cette nuit.

— Ce n'a, pardieu! pas été sans peine, car M. le Régent s'est bien gardé de me rien dire, et, si je n'avais mis dans mes intérêts son premier valet de chambre, Coche, qui a toute sa confiance, je n'aurais jamais su qu'il a résolu de s'en aller ce soir courir la plaine de Vanves pour y voir le diable.

— Ainsi, le prétendu commandeur a encore osé se présenter ce matin chez M. le duc d'Orléans!

— Il l'a osé, le ruffian.

— Et vous n'avez pas jugé à propos, monseigneur, de le faire arrêter à sa sortie du Palais-Royal?

— D'abord, quand j'ai été averti, il était déjà loin, et puis cela n'aurait rien valu. J'aime bien mieux le laisser s'enferrer tout à fait et le saisir en flagrant délit avec tous ses complices.

— Sans doute; seulement, peut-être n'eût-il pas été inutile de le faire suivre pendant la journée, dit timidement l'exempt qui tenait pour les vieilles méthodes.

— Je te répète que j'ai été prévenu trop tard, et c'est même un miracle que j'aie eu vent de la chose. Il a fallu que M. le Régent chargeât Coche de contremander le souper où devaient se trouver cette nuit, comme de coutume, la marquise, Nocé, Brancas, Canillac, Simiane et les autres ; il a fallu qu'il lui ordonnât de préparer ses habits couleur de muraille et son épée de combat. Alors Coche, qui n'est point sot, l'a fait causer adroitement et en a tiré l'aveu de cette belle équipée qu'il est venu me rapporter tout chaud. Le Baroni doit venir l'attendre à dix heures à la Croix-du-Trahoir pour le conduire tout droit au fond d'une carrière située non loin du village de Vanves et appelée la carrière des Gloriettes.

— Je la connais parfaitement, monseigneur ; elle a servi longtemps de refuge à une bande de voleurs que j'ai traquée jadis, et dont j'eus bien de la peine à venir à bout.

— Fort bien. Tu es donc en mesure dès à présent d'arrêter tes dispositions en connaissance de cause ?

— Oui, monseigneur.

— Comment comptes-tu t'y prendre pour happer à la fois tous ces gens-là ? J'entends qu'il n'en échappe pas un seul, tiens-toi-le pour dit.

— Et pas un n'échappera, monseigneur. Je connais dans le voisinage de la carrière des Gloriettes des embuscades faites à souhait pour y cacher mes hommes. Ils les occuperont dès l'entrée de la nuit. J'ai tout lieu de croire que les conjurés doivent avoir un carrosse de voyage préparé quelque part aux alentours. Je vais envoyer rôder par là cinq ou six de nos gens, choisis parmi les plus habiles et déguisés en paysans. Ils auront ordre de barrer, aussitôt après le coucher du soleil, le chemin de Châtillon, qui est celui que les ennemis de M. le Régent feront sans aucun doute prendre à la chaise pour gagner la route d'Orléans. Ces bandits ne feront pas un mouvement qu'ils ne soient pris sur l'heure.

— A merveille, mon garçon, mais qui est-ce qui se chargera d'arrêter le Baroni que je soupçonne fort de s'appeler de son vrai nom La Jonquière?

— Monseigneur, si vous le trouvez bon, ce sera moi. Seulement je ne suis pas d'avis de le saisir à la Croix-du-Trahoir.

— Pourquoi?

— Parce que, si cet homme est vraiment le colonel, il essayera de faire résistance.

— Ah! ah! tu as peur, à ce qu'il me paraît.

— Pas pour moi, monseigneur. Mais il ne faut pas exposer la personne de M. le duc d'Orléans, et, comme vraisemblablement Baroni ne se montrera qu'au moment où il verra paraître Son Altesse Royale...

— C'est juste. Je n'avais point pensé à cela. Comment faire?

— Le mieux serait d'obtenir de M. le Régent qu'il s'abstienne d'aller au rendez-vous et qu'il envoie à sa place un écuyer ayant à peu près sa taille et sa tournure.

— Impossible. Je connais mon Philippe. Il ne consentira jamais à se prêter à cette ruse. Il est infatué de son évocation diabolique et il croit à la loyauté du commandeur comme il croit à la fidélité de madame de Parabère. Cherche autre chose.

— Eh bien, monseigneur, je posterai à la Croix-du-Trahoir un de mes confrères qui est un autre moi-même et qui, avec deux hommes éprouvés, assistera de loin à la rencontre. Ils sont passés maîtres dans l'art de suivre les gens à la piste, ils s'attacheront aux pas du soi-disant Italien et de M. le Régent, et ils les observeront à distance jusqu'à ce qu'il les voient descendre dans la carrière des Gloriettes. De cette façon, si, pendant le trajet, il prenait fantaisie au Baroni de changer d'itinéraire ou d'attaquer M. le Régent, Son Altesse Royale serait secourue sur-le-champ.

— Pas mal imaginé, quoiqu'en vérité ce soit une folie insigne que de laisser le Régent de France courir semblable aventure. Mais le moyen de l'en empêcher? Si je m'avisais de le prêcher, il se moquerait de moi et n'en ferait qu'à sa mode.

— Mon plan a encore un autre avantage, reprit Larfaille. C'est que, si nous avons vraiment affaire à La Jonquière, comme je le crois, en l'arrêtant isolément, nous ne tirerons jamais rien de lui sur ses complices. Il est homme à défier la torture et à se taire jusque sur l'échafaud. Tandis que, si on le prend au milieu de sa bande, il ne pourra plus nier. Mais ce n'est pas tout. Il se peut que les autres aient ordre de se tenir cachés aux environs de la carrière et de ne se montrer que sur un signal donné par leur chef. Si le colonel ne paraît pas, les coquins resteront tapis dans leurs trous et mes hommes ne sauront où les prendre.

— Tout cela me paraît sagement raisonné. Voyons maintenant comment tu opéreras.

— Monseigneur, c'est bien simple. Ma troupe, ainsi que je vous l'ai dit, sera divisée par pelotons, bien embusqués et placés à portée de la voix. Moi, de ma personne, je me tiendrai au fond de la carrière, dans un certain recoin que je connais pour m'y être caché bien souvent autrefois, et où je défierais le diable de me dénicher, fut-ce le diable dans la peau du colonel. Selon toute apparence, voici comment les choses se passeront. Le faux Baroni conduira M. le duc d'Orléans jusqu'au bord du trou, l'aidera à y descendre et, une fois arrivé en bas, sifflera son monde, mais moi je sifflerai aussi et je vous réponds que la bande de La Jonquière trouvera à qui parler.

— Bon! mais si ce sacripant se voyant découvert s'avisait de poignarder M. le Régent ou de lui brûler la cervelle?

— J'ai prévu le cas, monseigneur.

— Comment, tu as prévu le cas? s'écria Dubois qui fit sur sa chaise un bond de trois pieds. Es-tu fou? De quel ton, maraud, parles-tu de la possibilité d'un attentat sur le Régent de France!

— Monseigneur, je veux dire que c'est moi qui recevrais le coup, car, au moment de donner le signal, j'aurai soin de me jeter entre M. le duc d'Orléans et La Jonquière, que je saisirai à bras le corps et que je me charge de tenir en respect.

Ce fut dit si simplement que Dubois, peu sensible de son naturel, fut touché de cet héroïsme modeste et de ce dévouement sans fracas.

— Je vois que j'ai eu la main heureuse, en te choisissant, dit-il d'un ton plus doux, et je crois qu'il n'y a rien à changer à tes dispositions. Va donc, fais à ta guise, et reviens cette nuit m'annoncer que le colonel et sa bande sont pris. Je te ferai compter mille pistoles.

— Monseigneur, je serai assez payé, si je puis vous satisfaire et venger mon ami Desgrais.

— Bon! bon! c'est fort bien dit, mais l'argent ne gâte rien, et tu toucheras tes mille pistoles demain matin, si tu réussis. Il est bien entendu que tu réponds de la sûreté de M. le duc d'Orléans.

— Sur me tête, monseigneur, dit Larfaille avec assurance.

— Cela suffit. Pars, maintenant. Tu n'as pas de temps à perdre pour tendre la nasse où viendront se prendre mons La Jonquière et sa bande.

L'exempt salua jusqu'à terre et sortit, pendant que Dubois arpentait à grands pas son cabinet et disait entre ses dents :

— Ah ! monsieur de Schlieben, vous avez voulu reprendre la suite des affaires de M. de Cellamare ! Il vous en cuira, monsieur l'agent secret de l'empereur d'Allemagne; vous, votre maître et le roi d'Espagne, vous verrez ce qu'il en coûte pour se frotter à moi, qui ne suis que le fils d'un apothicaire de Brives-la-Gaillarde !

Ce monologue, bien entendu, fut perdu pour Larfaille, qui s'en allait au plus vite rassembler son monde et donner ses ordres.

A la même heure, La Jonquière et le chevalier du Terne se disaient adieu en se jurant d'être exacts au rendez-vous nocturne.

Le sort en était jeté. La partie allait se jouer, une partie dont l'enjeu était d'un côté le sort du Régent et peut-être de la France; de l'autre, la vie du chevalier et le bonheur de deux jeunes filles.

A cette heure, Dieu seul savait par qui elle allait être gagnée.

VIII

Quoique la cérémonie de l'évocation, fixée d'abord à l'époque de la nouvelle lune, eût été avancée, la nuit était cependant fort noire quand Larfaille arriva, un peu avant dix heures, sur le territoire de Vanves.

On peut croire qu'il n'avait pas perdu sa journée. En sortant de l'audience du ministre, il était allé tout droit au Châtelet, afin de s'aboucher avec son second, l'exempt qu'il avait déjà employé la veille à surveiller les abords du cabaret de l'*Epée-de-Bois*. Grâce au concours empressé de cet intelligent subalterne, il n'employa pas plus d'une heure à réunir une escouade composée d'hommes d'élite auxquels il donna des ordres clairs et précis.

Les rôles furent distribués conformément au programme soumis à Dubois et approuvé par lui.

Le principal agent eut pour mission de surveiller le carrefour de la Croix-du-Trahoir et d'escorter de loin, avec deux compagnons vigoureux, M. le Régent et son ami le commandeur. Les autres, partagés en petits groupes et déguisés, qui en paysans, qui en bourgeois, qui en maquignons, qui en mendiants, s'en allèrent parcourir la plaine et choisir leur embuscade.

La consigne générale était de se poster de façon à cerner la carrière des Gloriettes aussitôt que le chef aurait donné les trois coups de sifflet qui étaient le signal convenu. Libre à eux, au surplus, de se tapir derrière un buisson, de se couler entre deux tas de pierres ou même de se coucher à plat ventre dans un sillon, pourvu qu'ils se tinssent à portée d'entendre l'appel et qu'ils demeurassent invisibles.

Ils devaient donc se promener isolément dans ces parages tant que le jour durerait, observer les allées et les venues des gens, du côté de Vanves, de Châtillon et autres lieux circonvoisins, noter leurs figures et leurs mouvements, le tout bien entendu, sans se faire remarquer; puis, s'embusquer à la tombée de la nuit. Mission difficile et délicate, mais qu'ils étaient tous capables de remplir, car on pouvait se fier pleinement au zèle et à l'habileté de ces serviteurs du lieutenant de police, vieillis dans le métier et possédant à fond la pratique des coups de main.

Larfaille, qui les connaissait et savait les manier, leur adressa, avant de les lancer sur la piste, une harangue courte, mais substantielle, où il leur rappela le camarade Desgrais, dont le sang criait vengeance, et, en guise de péroraison, leur promit qu'en cas de réussite chacun d'eux recevrait une gratification de cinquante pistoles.

A ce prix-là, ces bons drilles auraient arrêté le roi d'Espagne en personne, et l'éloquence de l'exempt obtint un succès d'enthousiasme.

Ayant ainsi préparé le piége où les conspirateurs devaien

tomber, Larfaille employa le peu d'heures qui lui restaient
à prendre quelques dispositions indispensables pour le
cas où il lui arriverait malheur. Il écrivit deux lettres,
l'une au notaire chez lequel il avait déposé ses économies,
pour lui rappeler le nom et la demeure de Gudule, sa légataire universelle, l'autre à Monseigneur Dubois, premier
ministre, pour le supplier de ne point abandonner l'orpheline. Il confia les deux messages à un huissier à verge qui
était de ses amis, et lui fit promettre de les remettre à leur
destination dès le lendemain, si, dans la journée il n'était
pas venu les réclamer.

Il pensa un instant à faire à tout événement, ses
adieux à Gudule, mais cela l'aurait ému, attristé, et ce
n'était pas le moment de s'attendrir, car il avait impérieu-
sement besoin de conserver toute son énergie et tout son
sang-froid. Il délibéra aussi sur la question de savoir si,
contrairement à sa première résolution et à l'avis du
sieur Venier, il n'irait pas faire un tour dans la rue Saint-
Antoine, du côté du logis de maître La Perrelle, ne fut-ce
que pour en reconnaitre les abords et prendre langue
avec les voisins ; mais, toutes réflexions faites, il se décida
à s'abstenir. Son principe invariable était de compliquer le
moins possible les affaires dont on le chargeait, et de ne
jamais suivre deux pistes à la fois. Il ne bougea donc
point du Châtelet et il y passa son temps à s'équiper
pour sa campagne nocturne.

Il avait là, à côté du corps de garde du guet, un réduit
où il serrait des vêtements et des armes, comme une
espèce d'en-cas pour les occasions où il n'avait pas le
loisir de rentrer chez lui avant d'entreprendre une expédition urgente. En quoi il procédait sans le savoir comme
le colonel, son insaisissable adversaire, et c'était là une

coïncidence de plus dans cette étrange lutte où les chefs des deux partis usaient des mêmes stratagèmes et semblaient se donner le mot pour entrer en guerre à la même heure.

Dans ce vestiaire, qui était aussi un arsenal, Larfaille prit un bon manteau bien ample et bien chaud, un solide couteau de chasse et une paire de pistolets dont il eut soin de renouveler la charge et l'amorce. Quant à son sifflet, il le portait toujours dans sa poche. La station dans la carrière pouvait être longue, la nuit était froide, et s'armer n'était point une précaution inutile.

Ainsi préparé à tout événement, le père adoptif de Gudule dîna sobrement et sortit du Châtelet au crépuscule.

Il avait du chemin à faire pour arriver à sa destination et il ne voulait pas se presser. Il s'en alla donc au petit pas, traversa la Seine au Pont-Neuf, gagna les Chartreux et, de là, Montrouge dont il dépassa les dernières maisons pour tourner ensuite à droite et s'engager dans la plaine de Vanves.

De nos jours, le plateau qui s'étend au sud de Paris n'est pas encore entièrement habité et n'offre pas à l'œil un aspect réjouissant. Il est nu, poussiéreux, bossué de place en place par des ondulations disgracieuses et agrémenté çà et là d'entassements de moellons grisâtres.

En ce temps-là, c'était un véritable désert, où on ne rencontrait en guise de puits que des excavations sèches creusées par les travaux séculaires de vingt générations de carriers. L'immense ville est sortie de ce sol incessamment fouillé depuis les Gaulois et, sous ces terrains arides, s'étendent les interminables galeries des catacombes, où les os des morts occupent maintenant la place des pierres qui ont servi à bâtir les maisons des vivants.

En l'an de grâce 1720, on s'aventurait rarement dans ces solitudes après le coucher du soleil, et l'exempt n'y rencontra personne. Comme il l'avait dit à Dubois, il les avait assez pratiquées autrefois pour ne s'y point égarer, et, en dépit de l'obscurité, il retrouva sans peine le chemin de la carrière des Gloriettes. Après une heure de marche il arriva au bord du trou au fond duquel le Régent de France devait, à minuit, s'aboucher avec le roi des enfers.

Un seul incident marqua ce trajet assez pénible. A cent pas du lieu du rendez-vous, Larfaille trébucha sur un corps humain qui se redressa vivement. Il allait se mettre en défense, lorsqu'une voix contenue lui dit :

— Nous sommes à notre poste. Tout va bien.

Il avait mis le pied sur un des hommes de sa troupe, et cet homme avait su le reconnaître en pleine nuit.

— Bon ! soyez prêts au coup de sifflet, dit tout bas l'exempt à son subordonné, qui se recoucha aussitôt dans un sillon.

La carrière des Gloriettes se distinguait des autres en ce qu'elle était accessible par un chemin en pente douce, qui permettait d'y descendre très-aisément quand on venait du côté de Paris. Du reste, il n'y avait de passage que celui de ce sentier ; les bords étaient escarpés, l'excavation profonde et creusée en forme d'entonnoir. Au total, ce lieu ressemblait fort à un coupe-gorge et, de fait, il avait eu jadis très-mauvaise renommée, car il servait de refuge aux malandrins des faubourgs et il s'y était commis plus d'un crime.

Larfaille, qui en avait maintes fois exploré les détours, s'y jeta sans hésiter, et, une fois arrivé au fond, s'alla tout droit cacher derrière un gros bloc de grès. Cette

I   15

masse avait roulé là des flancs de la carrière et masquait une fissure du rocher qui semblait avoir été produite autrefois par l'explosion d'une mine.

À l'entrée de cette espèce de niche, et à l'abri de l'énorme pierre, il y avait tout juste place pour un homme, et le hasard avait disposé l'endroit tout exprès pour une embuscade.

— C'est ici, murmura l'exempt, qu'en 1709 je passai trois nuits à guetter Arpalin et Petit-Jacques, ces deux routiers que j'eus la satisfaction de mener pendre en Grève. La place est bonne, et j'espère que j'aurai la main aussi heureuse cette fois-ci.

Larfaille avait bien en effet quelques raisons d'espérer, car jusqu'alors tout allait à souhait. Ses gens étaient à leur poste, et leur vigilance ne laissait rien à désirer, il venait d'en avoir la preuve. Si tout le monde faisait aussi bien son devoir que l'homme sur lequel il avait marché, le colonel n'avait qu'à se bien tenir.

Il ne devait pas tarder à paraître, ce terrible colonel, car onze heures venaient de sonner au clocher du village de Châtillon, et le diable ayant, de temps immémorial, accoutumé de se montrer à ses fidèles sur le coup de minuit, le moment solennel de l'évocation approchait, et le faux Angelo Baroni ne pouvait pas être loin.

— Pourvu que M. le duc d'Orléans ne se soit pas ravisé, pensait Larfaille; pourvu surtout qu'il ne lui soit pas mésarrivé en chemin. Non, non, le garçon que j'ai chargé de veiller sur lui est alerte et brave. Il n'y a pas de danger pendant le trajet. Ici encore moins, puisque j'y suis et que j'ai tout mon monde sous la main. Allons! allons! La Jonquière peut venir, il verra beau jeu.

Et l'exempt, rassuré, se mit à repasser dans sa tête les détails d'exécution du coup qu'il avait combiné. Si, comme il n'en doutait pas, ses instructions avaient été suivies, ses agents devaient savoir à quoi s'en tenir sur l'endroit où se tenait la bande du colonel, et toutes leurs mesures devaient être prises pour envelopper l'ennemi dès qu'il se montrerait.

— Je suppose, se dit Larfaille, que La Jonquière avertira ses coquins par un coup de sifflet. Ce sera le moment pour moi de siffler aussi ; mais je ne donnerai le signal qu'après m'être jeté entre lui et M. le duc d'Orléans. S'il saute sur moi, j'en serai quitte pour lui casser la tête d'un coup de pistolet.

Il en était là de ses réflexions, quand un léger bruit le fit tressaillir. Il prêta l'oreille, et il entendit qu'on marchait avec précaution.

— C'est lui, dit-il en s'appuyant au rocher et en avançant la tête pour mieux écouter.

Replié sur lui-même, le cou allongé, l'oreille au guet, la main prête et le cœur ferme, Larfaille attendait. Il n'était pas cependant sans éprouver une très-vive émotion, car il jouait là une partie où il allait risquer sa vie.

— C'est singulier, murmura-t-il, je n'entends plus rien, et pourtant je suis bien sûr que, tout à l'heure, quelqu'un marchait près d'ici.

Il écouta encore. Le vent d'ouest soufflait avec force et formait en passant au-dessus de la carrière une sorte de concert mélancolique ; mais c'était tout.

L'exempt crut s'être trompé et il voulut se remettre en position, car il était presque courbé en deux, le corps incliné en avant et appuyé sur le rocher. Il se redressa donc, mais il n'eut pas le temps de se relever tout à fait.

Avant qu'il se fût remis d'aplomb sur ses pieds, deux bras vigoureux l'étreignirent par derrière, pendant qu'un sac s'abattait sur sa tête et se nouait autour de son cou. Par un mouvement instinctif, il s'efforça d'abord de se débarrasser du lien qui l'étranglait. Deux mains saisirent ses deux poignets et les serrèrent avec la force d'un étau.

En même temps, il sentit qu'on lui appliquait sur la bouche, à travers le sac, une large courroie faisant office de bâillon. Il se trouva dans l'impossibilité de faire un mouvement et de jeter un cri, garrotté, étouffé à demi, et l'opération n'avait pas duré trente secondes.

Larfaille se crut perdu, et, — il faut lui rendre justice, — dans cette crise suprême, sa première pensée fut pour Gudule qui allait rester seule au monde, et sa seconde pour le Régent que cette catastrophe livrait à ses ennemis.

Combien l'exempt maudissait la fatale imprudence qu'il avait commise en venant seul au rendez-vous, au lieu de s'y faire accompagner par un ou deux de ses hommes! Peu s'en fallut qu'il ne suffoquât de colère, et que le coup de poignard attendu par le prisonnier ne frappât qu'un cadavre. Mais ce n'est guère qu'au théâtre qu'on meurt de rage ou d'émotion, et la robuste constitution de Larfaille résista à cet assaut. Le coup de poignard ne vint pas non plus. En revanche, l'agent vaincu fut enlevé comme une plume et chargé sur les épaules d'un homme qui l'emporta en courant.

Où le menait-on ainsi? Il ne le devinait pas. Le sol de la carrière offrait à peine un parcours de vingt pas en long ou en large. Le sentier qui remontait dans la plaine était rude à gravir avec un pareil fardeau, et, si vigoureux qu'il fût, le porteur eût été obligé de ralentir son allure, s'il eût suivi ce chemin. L'exempt, qui n'avait pas perdu la tête, conclut de ces impossibilités qu'on l'entraînait dans quelque souterrain creusé plus bas que le fond de l'excavation.

— Fou que je suis, pensait-il amèrement, triple fou de ne pas avoir prévu que le colonel et sa bande devaient s'être ménagé là un repaire invisible. Comment ai-je pu croire que ces gens-là oseraient se rassembler à découvert, dans une plaine accessible à tout venant ? J'aurais dû venir ici tantôt visiter moi-même la carrière au lieu de m'en rapporter à mes souvenirs... et pourtant, quand, il y a onze ans, j'y arrêtai Arpalin et Petit-Jacques, je suis bien sûr qu'il n'y existait point de communication avec une caverne.

Ce souvenir ne concluait rien contre l'évidence. Larfaille sentit bientôt ses jambes heurter contre des parois qui le meurtrissaient rudement, tantôt d'un côté, tantôt de l'autre. Donc, on l'emportait à travers des couloirs étroits comme on en trouve dans l'intérieur d'une mine. Il remarquait aussi fort bien qu'on descendait une pente assez rapide, et, indice encore plus significatif, il respirait cet air humide qui est comme la senteur propre des profondeurs de la terre.

— Que veulent-ils donc faire de moi ? se demandait-il avec angoisse.

Une mort prompte et violente l'eût moins effrayé que ce voyage à travers les ténèbres, que cette mystérieuse descente dans l'inconnu.

Tout à coup ses ravisseurs s'arrêtèrent, une porte grinça sur ses gonds; il entendit un vacarme épouvantable, et il respira une odeur âcre et nauséabonde. Presque aussitôt il fut jeté à terre comme un paquet et on le débarrassa du sac jeté sur sa tête.

Il ouvrit les yeux et il vit un étrange spectacle.

Au-dessus de lui, une voûte immense qui se perdait dans l'ombre ; autour de lui, une vaste salle faiblement éclairée par les mèches fumeuses de quelques lampes de fer accrochées à d'énormes piliers de grès qui s'élevaient de place en place. A droite, à gauche, en avant, des tables en planches à peine dégrossies, des tonneaux épars, les uns couchés, les autres debout, des bancs formés de poutres mal équarries posées sur des pieux fichés dans le sol. Çà et là des chaudrons pendus à trois piquets au-dessus d'un feu de sarments, des viandes grésillant sur des charbons, des bouteilles cassées, des seaux remplis de vin.

Et partout, chantant, riant, criant, buvant, des hommes dépenaillés, des femmes en haillons, des enfants nus ; une tourbe sans nom. Les hommes se disputaient, jouaient aux cartes ou se vautraient dans le vin répandu. Les femmes, pareilles aux sorcières de Macbeth, cuisinaient, accroupies dans les cendres, quelque ragoût infernal. Les enfants se roulaient en hurlant.

Etait-ce une orgie de bandits ou un bivouac de Bohémiens ? A coup sûr, ce n'était point la bande du colonel qui se débauchait ainsi à l'heure même où le Régent de France allait se prendre au piége tendu par La Jonquière.

— En quelles mains suis-je donc tombé ? pensait Larfaille abasourdi.

Il cherchait à saisir quelque particularité qui lui permît de reconnaître à qui il avait affaire, lorsqu'un homme vint se planter devant lui.

C'était une figure presque fantastique : une tête ronde surmontant un buste long, que supportaient des jambes interminables, un crâne chauve et luisant comme de l'ivoire, des yeux qui étincelaient sous d'énormes sourcils blancs, une bouche rentrée qui semblait n'avoir pas de lèvres, une peau tannée, ridée, recroquevillée et collée sur les os. On aurait dit un squelette échappé de la danse macabre.

Ce personnage, arrivé certainement aux dernières limites de la vieillesse, mais encore droit comme le bois d'un gibet, portait un pourpoint éraillé et un haut-de-chausses en loques, et traînait, accrochée à un ceinturon de cuir, une immense épée à coquille de fer.

— Me reconnais-tu? demanda-t-il d'une voix dont le son rappelait le grincement d'une scie dans du bois mouillé.

Larfaille, stupéfait, l'examina avec toute l'attention dont il était capable dans un pareil moment, et ne se rappela point avoir jamais vu cet affreux sacripant.

— Non? interrogea le bandit. Eh bien! moi je te reconnais, *mouche de credo*.

A ces mots qui, dans l'argot des voleurs de ce temps-là, signifiaient espion de potence, l'exempt comprit enfin. Il était au pouvoir d'une de ces bandes qui infestaient encore les campagnes de l'Ile-de-France, et qu'il avait pourchassées jadis, alors qu'elles rôdaient aux abords de Paris. Sa mauvaise étoile l'avait conduit à l'entrée d'un repaire où elles s'établissaient quand, par hasard, elles se risquaient à pousser une pointe jusque dans la banlieue. Ces gens de sac et de corde connaissaient sa qualité d'exempt. Il était perdu.

S'il eût conservé un doute sur le sort qui l'attendait, le bandit le lui aurait bientôt fait perdre, car il lui cria:

— Tu as la mémoire courte, *soudrillard* (1). Tu as donc oublié Arpalin et Petit-Jacques?

Larfaille frisonna. La fatalité l'avait jeté précisément

(1) Mauvais garnement, coquin.

dans les griffes du lieutenant des deux scélérats qu'il avait arrêtés en 1709. Il ne lui restait plus qu'à se préparer à la mort.

— Allons, vous autres, dit l'homme-squelette, mettez le drôle sur ses pieds, que je puisse lui dire son fait entre les deux yeux.

Deux bandits s'avancèrent, — les mêmes probablement qui l'avaient saisi à l'entrée du souterrain — et, le prenant sous les bras, le relevèrent.

— Otez-lui son couteau et ses pistolets, reprit le chef. Il pourrait se blesser avec ces joujoux-là, et ça ne ferait pas notre affaire, car il nous faut sa carcasse intacte, pas vrai, *fanandels?* (1). Et maintenant, à nous deux, *soudrillard*. Je suis le *Coêsre* (2) et j'ai le droit de t'interroger. Que faisais-tu tout à l'heure au fond de la carrière?

— J'attendais quelqu'un qui doit y venir cette nuit. Ce n'est point à vous que j'en voulais.

— Va conter ces contes-là à d'autres, mon fils. Je vais te dire, moi, ce que tu es venu faire ici. Tu as eu vent que les *fanandels* s'étaient rapprochés de Paris, tu es allé trouver ton d'Argenson, tu lui as dit que tu connaissais leur cachette et tu lui as offert de les prendre. Combien t'a-t-il promis pour ta peine, ce vieux chien pelé?

— Rien, car je ne l'ai pas vu et je vous croyais encore dans la forêt d'Orléans. Si j'avais su que vous étiez ici, je ne serais pas venu seul.

— Aussi as-tu amené ton monde, et je gagerais bien que tout le guet, à pied et à cheval, nous attend là-haut dans la plaine de Vanves. Mais ton maître n'aura pas encore

(1) Camarades.
(2) Le grand chef, le maître.

cette fois-ci la joie de nous envoyer en Grève, et c'est toi, *soudrillard*, qui tout à l'heure vas *gambiller*(1) au bout d'une corde.

— Faites de moi ce qu'il vous plaira, dit Larfaille, mais je jure devant Dieu que je n'ai pas cherché à vous espionner.

Le *Coësre* lui répondit par un éclat de rire sec qui résonna sous les voûtes comme un bruit d'os entrechoqués.

— Écoute, dit-il, quand cet accès de gaieté fut passé, ton affaire est claire et tu mérites une cravate de chanvre, mais nous sommes justes et nous voulons faire les choses en conscience. Nous allons te juger, tu seras condamné, et, quand il s'agira pour toi d'aller au *credo*, je te ménage une surprise.

L'entrée de Larfaille dans le souterrain n'avait pas tout d'abord produit beaucoup d'effet sur les *fanandels* plongés dans les capiteuses délices de l'ivresse ou absorbés par les émotions du jeu. Cependant, lorsque leur chef, le *Coësre*, comme ils l'appelaient, éleva la voix pour annoncer que le prisonnier allait être jugé et, sans aucun doute, exécuté, ils s'arrachèrent presque tous aux joies de l'orgie et vinrent entourer le petit groupe dont l'exempt était le centre.

Il y avait, dans l'honorable assistance, des représentants de toutes les catégories de coquins de ce temps-là.

On y voyait des *cagous*, voleurs solitaires, sentinelles avancées de l'armée du crime, des *hubins*, mendiants doublés de larrons, des *narquois*, soldats réformés qui couraient les grands chemins, tantôt détrousseurs de passants,

(1) Danser.

15.

tantôt *bravi* prêts à tuer un homme pour le compte d'autrui, moyennant une ou deux pistoles. Par-ci, par-là quelques *courtauds de boutanche*, autrement dit commis marchands exerçant la spécialité du vol chez les patrons, reconnaissables à leur mise presque décente.

Les femmes, pour la plupart, étaient vieilles. Il y avait pourtant dans le nombre trois ou quatre créatures non dépourvues de jeunesse, ni même d'une certaine beauté, robustes gaillardes à l'œil émérillonné, au geste hardi et, entre autres, une grande fille rousse qui paraissait jouir des faveurs du *Coësre*, car il lui avait confié sa perruque qu'elle portait sur son poing, comme les châtelaines, chassant au vol, portaient autrefois leur faucon.

L'exempt, pour son malheur, reconnaissait vaguement quelques-unes de ces figures-là, et il savait qu'il n'avait aucune pitié à attendre de gens qui devaient se souvenir aussi d'avoir passé autrefois par ses mains.

Il donna une dernière pensée à la pauvre Gudule, un dernier regret à M. le duc d'Orléans abandonné, sans défense, aux entreprises du colonel La Jonquière, et il attendit la mort sans pâlir.

— Réponds, *mouche de credo*, lui cria le *Coësre*; persistes-tu à nier que tu sois venu pour nous espionner?

— Je persiste, dit Larfaille d'un ton ferme.

— Bon ! avancez, vous autres, reprit le chef en s'adressant aux deux bandits qui avaient arrêté le prisonnier. Toi, le *Capucin*, fais ta déposition.

Le sacripant qui répondait à ce surnom monacal fit un pas et dit :

— J'étais de garde à l'entrée de la *turne* quand la *mouche* est venue s'y poser, et j'ai observé ses mouvements pendant dix minutes. Elle guettait, c'est sûr.

— Oui, je guettais, mais ce n'était pas vous, murmura l'exempt.

— Et toi, le *Craqueur*, qu'as-tu vu? demanda le *Coësre* à l'autre brigand.

— J'ai vu la *mouche* faire son métier. Quand elle a entendu tomber un caillou que j'avais lancé dans la carrière par-dessus sa tête, elle s'est presque couchée à plat ventre pour mieux écouter. C'est même ce qui nous a permis de l'empoigner.

— Tu vois que les deux témoins sont d'accord, dit à Larfaille l'affreux vieillard. Qu'as-tu à alléguer pour ta défense?

— Je vous répète que je ne m'occupais pas de vous. J'attendais quelqu'un que j'avais mission de surveiller.

— Un *fanandel*, pas vrai?

— Non.

— Qui donc alors?

L'exempt réfléchit un instant et répondit :

— Je ne veux pas vous le dire.

— Ah! pour le coup, mon fils, s'écria le chef, tu nous la bailles belle. Est-ce que tu nous prends pour des *porteurs de serpilières* (1) que tu te gausses de la sorte? Voyons! sois raisonnable; explique-nous clairement ce que tu es venu faire dans la carrière, et, si tu nous prouves que ce n'était pas à nous que tu en voulais, eh bien, foi de *Coësre*, je me contenterai de te garder ici jusqu'à ce que nous déménagions.

Le scélérat en parlant ainsi paraissait de bonne foi et Larfaille n'avait peut-être qu'à dire un mot pour sauver sa vie, mais ce mot pouvait exposer le Régent à tomber

(1) Des juges, des magistrats en robe.

entre les mains de ces misérables qui l'auraient certainement trouvé de bonne prise. Tout au moins auraient-ils fait cause commune avec La Jonquière et sa bande, où ils auraient sans doute rencontré d'anciens camarades.

Si forte que fût la tentation qui s'offrait à Larfaille, il eut le courage d'y résister. L'humble exempt, héros obscur, résolut de mourir martyr de son devoir.

— Je n'ai rien à vous apprendre, dit-il froidement; faites de moi ce que vous voudrez.

— La cause est entendue, prononça le *Coësre* en imitant le ton solennel d'un conseiller qui rend un arrêt. Tu vas être pendu, mon fils.

— Je le sais, dit le prisonnier en haussant les épaules.

— Apportez l'autre accusé, cria l'homme-squelette.

Cet ordre émut l'exempt, qui avait cependant fait le sacrifice de sa vie. Il oublia un instant la terrible situation où il se trouvait et il se demanda quel était le malheureux que sa mauvaise étoile avait conduit avant lui dans cette caverne.

Cependant, deux *fanandels* s'étaient détachés du groupe pour exécuter l'ordre du chef.

— A tout seigneur tout honneur, dit celui-ci d'un air goguenard; je me conduirais comme un croquant si je jugeais celui-là sans cérémonie. Donne-moi ma perruque, *Belle-Mirette* (1).

La fille rousse ainsi dénommée s'avança aussitôt et monta sur un escabeau pour coiffer respectueusement son seigneur et maître de l'objet qu'elle tenait à la main, et qui allait figurer sur la tête du *Coësre* l'insigne obligatoire d'un magistrat siégeant à l'audience.

(1) Bel-Œil.

Presque aussitôt, les satellites reparurent avec le patient, qu'ils tenaient chacun par un bras.

Larfaille avait les mains liées et le visage découvert; tout au rebours, son compagnon d'infortune n'était point attaché, mais sa tête était couverte d'un sac noué autour de son cou.

L'exempt l'examina avec une attention mêlée d'anxiété, car il tremblait que les bandits n'eussent mis la main sur quelqu'un de ses camarades. Il vit un homme de haute taille et d'apparence vigoureuse, quoique l'âge eût légèrement voûté ses larges épaules. Simplement, mais proprement vêtu de drap noir, ce prisonnier paraissait appartenir à la bourgeoisie aisée de la bonne ville de Paris, mais cet indice n'expliquait pas comment et pourquoi les *fanandels* s'étaient saisis de sa personne.

— De quel droit avez-vous mis la main sur moi? demanda-t-il sans attendre qu'on l'interrogeât.

— Du droit sur lequel tu t'appuies quand tu mets la tienne sur un des nôtres, répondit gravement le *Coësre*, du droit du plus fort.

— Vous vous trompez. Le droit dont j'use, c'est la loi qui me le donne.

— Écoute, vieux drille; nous ne sommes point ici pour discuter des cas de conscience, et je vais te dire en deux mots ce que nous voulons faire de toi.

— Il y a vingt-quatre heures que je vous somme de me l'apprendre.

— Sois tranquille, tu ne perdras rien pour avoir attendu. D'abord, tu dois bien te douter que nous n'avons pas, sans de graves motifs, pris la peine de quitter nos domaines de la forêt d'Orléans pour venir nous établir momentanément autour de Paris.

— Vous pourrez vous en repentir, murmura le prisonnier.

— Ce n'est pas non plus pour notre plaisir, reprit le *Coësre*, que nous sommes allés te guetter la nuit dernière dans la rue du Bout-du-monde (1), où nous savions que tu devais passer pour rentrer chez toi, après avoir fini ta besogne aux piliers des halles.

— Vous m'avez tendu un guet-apens, vous avez tué mon valet, et vous m'avez traîné ici en vous mettant dix contre un; je sais tout cela et n'ai nul besoin que vous me le rappeliez. Je vous demande ce que vous voulez de moi.

— Un peu de patience, mon fils; j'y arrive. Je te disais donc que nous avions de bonnes raisons pour t'enlever, et ces raisons, je m'étonne que tu ne les aies pas encore devinées.

— Je n'y tâcherai point, dit dédaigneusement l'accusé.

— Je vais t'en épargner la peine. Tu as bien connaissance du sort que devait subir, aujour'dhui même, un certain Pierrot-le-Bossu, au sujet duquel tu reçus hier un ordre...

— Ce Pierrot est un abominable scélérat, et...

— Il est fort de nos amis, et, comme nous avons tout préparé pour qu'il s'évade ce soir de la Conciergerie, nous tenions essentiellement à ne pas être entravés dans l'exécution de ce projet charitable. Comprends-tu maintenant pourquoi nous ne t'avons pas laissé rentrer en ton hôtel du faubourg Poissonnière?

— Je comprends que vous avez tenté, au prix du meurtre de mon valet, de sauver un des vôtres et je souhaite

(1) Aujourd'hui rue Montorgueil.

que vous n'y réussissiez point ; mais cela ne m'apprend pas le traitement que vous me réservez.

— Hé ! hé ! ricana le *Coësre*, tu dois bien deviner un peu ce qui t'attend. Entre toi et nous, c'est une guerre qui ne prend fin qu'à la mort, et tu ne prétends pas, je suppose, à être accueilli tendrement chez les *fanandels*.

— Vous voulez m'assassiner aussi, à ce qu'il paraît, dit froidement le prisonnier. A votre aise ; mais rappelez-vous que mon fils sera mon successeur et que vous aurez affaire à lui quelque jour.

Il y eut un silence. Le juge-bandit n'avait pu s'empêcher de tressaillir à cette réponse menaçante comme une prédiction. Il se taisait et il regardait sa victime avec des yeux sournois et méchants.

Larfaille assistait, muet et immobile, à cette scène étrange et oubliait sa propre infortune en cherchant à deviner quel était ce patient, dont il lui semblait presque reconnaître la voix.

— *Capucin*, dit tout à coup le *Coësre*, enlève donc ce sac qui nous empêche de voir la figure de M. *Charlot*.

L'ordre fut exécuté en un clin d'œil, et l'exempt, stupéfait, vit apparaître les traits, à lui très-familiers, de Sanson, maître des hautes œuvres de la ville de Paris.

Un frémissement agita tous ces bandits, quand ils se trouvèrent face à face avec l'homme par la main duquel ils étaient destinés à périr un jour. On a beau savoir qu'on mourra sur l'échafaud et en avoir pris son parti, ce n'est pas sans une certaine émotion qu'on envisage le bourreau, même quand le bourreau passé à l'état de patient est solidement garrotté. Le *Coësre* lui-même semblait avoir perdu un peu de sa jactance, et lançait à son prisonnier des regards moins assurés.

Quant à Larfaille, il n'en pouvait croire ses yeux, et il était presque tenté de s'imaginer qu'il rêvait. Les devoirs de sa charge l'avaient bien souvent mis à même de voir l'exécuteur accomplissant l'une ou l'autre de ses terribles œuvres, et il le reconnaissait parfaitement, mais il ne parvenait pas à s'expliquer comment il avait été amené dans ce repaire.

Il venait d'entendre parler, en termes assez obscurs, d'une attaque nocturne, du meurtre d'un valet, d'un enlèvement, mais aucun aperçu bien net de la situation ne se dégageait de ce chaos.

Le seul des acteurs et même des spectateurs de cette scène qui fût resté impassible, c'était Charles Sanson, deuxième du nom, alors titulaire de l'office de maître des hautes œuvres de la ville de Paris. Ce représentant d'une race fameuse qui s'est perpétuée jusqu'à nos jours, avait, comme ses ancêtres et comme ses descendants, l'orgueil de sa fonction héréditaire. Et, de fait, en ce temps-là, le bourreau tenait un rang dans l'échelle sociale. Les juges appliquaient la loi; lui, l'exécutait, impassible comme elle, sûr de son droit, soucieux de sa dignité, fier de ses priviléges, frappant sans piété et sans remords, au grand soleil, devant tout un peuple qui le redoutait, mais ne le haïssait point.

Charles Sanson, en charge depuis 1703, avait encore à cinquante ans passés le bras solide et le cœur haut. Ses réponses et son attitude venaient de prouver aux *fanandels* qu'il n'avait pas peur; il leur inspirait au contraire une sorte de terreur superstitieuse et il s'en apercevait bien.

L'aventure qui l'avait mis en leur pouvoir était bizarre. La veille, revenant vers dix heures du soir du pilori des

halles, où il avait exposé trois assesseurs convaincus de
prévarication, et regagnant son logis, il avait été assailli par des gens embusqués. On avait tué d'un coup
de pistolet son valet, qui cherchait à le défendre, on l'avait
lié, bâillonné, enveloppé dans un sac, jeté en travers sur
un cheval et amené à la carrière des Gloriettes en faisant
le tour de Paris à l'extérieur. Là, on l'avait enfermé dans
un cachot, et on venait de l'en retirer après l'y avoir laissé
vingt-quatre heures.

Il commençait maintenant à comprendre pourquoi les
bandits l'avaient enlevé. Un des leurs, voleur de grand
chemin que ses exploits avaient rendu fameux sous le
nom de Pierrot-le-Bossu, devait être roué le lendemain,
et les *fanandels*, pour se donner le temps de le faire
évader, avaient imaginé de retarder l'exécution en sé-
questrant le bourreau.

Cette découverte rassurait Sanson, d'autant qu'il savait
que ces coquins se piquaient parfois de générosité vis-à-
vis de ses pareils.

Il existait entre le bourreau et ceux qui devaient, un
peu plus tôt ou un peu plus tard, lui passer par les
mains, une sorte de lien occulte. Les *fanandels* le regardaient comme les soldats regardent le canon ennemi qui
les tuera peut-être. Ils tâchaient de s'en garer ; ils ne le
méprisaient pas. Ils le préféraient même de beaucoup à
un espion ou à un traître.

Au surplus, ils savaient qu'ils pouvaient un jour avoir
besoin de sa compassion. Il dépendait de lui d'adoucir la
torture ou d'abréger le supplice de la roue par un coup de
grâce asséné hâtivement.

De ces petits services qu'on pouvait en un besoin réclamer de M. de Paris, il résultait que, dans le monde

des bandits, on ne lui voulait pas trop de mal. Fort de la connaissance qu'il possédait de leurs habitudes et de leurs instincts, et convaincu que leur chef cherchait seulement à l'effrayer, Charles Sanson résolut de payer d'audace pour se tirer de leurs griffes.

— S'il est vrai, dit-il en regardant fixement le *Coësre*, que vous ne m'avez retenu que pour donner le temps à Pierrot-le-Bossu de se sauver, il doit être hors de peine à cette heure, et rien ne vous empêche plus de me rendre la liberté.

— Ouais ! répondit le coquin d'un air narquois, tu vas bien vite en besogne, *Charlot*, mon ami. Avant de te donner la clef des champs, il faudrait au moins que nos hommes eussent ramené Pierrot et je ne les vois pas revenir. Mais nous n'en sommes pas encore là et j'ai à te parler d'autre chose.

— Qu'est-ce ? demanda dédaigneusement Sanson.

— Écoute, *Charlot*. Tu es à notre merci, et je n'aurais qu'un signe à faire pour t'envoyer, toi qui as *rebâti* (1) tant de *fanandels*, *épouser la veuve* (2) à ton tour. Mais, au fond je ne te veux pas de mal. Tu es le *tolard* (3), c'est vrai, et ton métier est de nous pendre et de nous rouer, mais après toi ce serait un autre, et, au surplus, un brave garçon préférera toujours l'honneur de faire ta connaissance à un ennuyeux voyage sur les galères du roi. Aussi, je ne ferai point difficulté de te relâcher, — quand nous aurons repris Pierrot-le-Bossu, cela va sans dire, — seulement, j'y mets une condition.

(1) Tué, exécuté.
(2) Monter sur l'échafaud.
(3) Bourreau.

— Laquelle ?

—'Tu vois bien cet homme ? dit le *Coësre* en montrant Larfaille de son doigt décharné.

Pour la première fois depuis qu'il était débarrassé du sac qui lui couvrait la tête, Sanson regarda l'homme traîné à côté de lui devant l'odieux tribunal des bandits.

L'exempt avait souvent été de service à la Grève et, comme on l'a vu, il connaissait parfaitement l'exécuteur ; mais l'exécuteur, lui, n'avait guère pu remarquer la figure de Larfaille au milieu d'une escorte. Il examina d'un coup d'œil rapide son compagnon d'infortune et, quoique la vue de ses traits éveillât dans son esprit un souvenir confus, il ne le reconnut pas. Larfaille, qui s'était vêtu tout exprès pour son expédition nocturne, n'avait rien dans son costume qui rappelât sa profession. Sanson crut être en présence d'un malheureux voyageur arrêté sur le grand chemin.

— Cet homme, continua le chef, en élevant la voix de façon à être entendu de tous les brigands qu'il commandait, cet homme est un espion aux gages de d'Argenson, et nous l'avons surpris rôdant près d'ici. Il mérite la mort. Il vient d'être jugé, condamné et il serait déjà exécuté, si je n'avais décidé que les mains des *fanandels* ne devaient pas se souiller en écrasant une mouche de police.

Un sourd murmure courut dans l'assistance. Les bandits s'imaginaient que le *Coësre* voulait faire grâce.

— Au surplus, reprit l'horrible vieillard en poussant un ricanement sec, *rebâtir* nous-mêmes cet homme, ce serait empiéter sur tes droits et priviléges. On va le remettre entre tes mains, *Charlot*, et tu ne refuseras pas de nous donner un échantillon de ton savoir-faire.

Il n'avait point achevé que des cris d'approbation et de joie s'élevèrent de toutes parts.

— Oui, oui ! au *tolard*, la *mouche de credo !*

— *Charlot* sera son *maître à danser.*

— Vive le *Coësre !*

Le chef fit un signe de la main et le silence se rétablit.

— Ainsi, *Charlot*, voilà qui est dit, reprit-il. Tu vas nous pendre bellement ce coquin-là. Nous avons ici de bonnes cordes de chanvre et il *gambillera* tout à l'heure sous cette traverse que tu vois là-haut. Il a bien gagné la roue, mais nous manquons, par malheur, des ustensiles nécessaires et nous nous contenterons d'une potence d'occasion. Lorsque tu auras fait ton office, et dès que Pierrot nous sera rendu, deux de nos *fanandels* te remettront le sac sur la tête et te reconduiront sain et sauf à l'endroit où nous t'avons pris. Tu pourras coucher dans ton lit, *Charlot*, et demain tu seras libre d'aller raconter ton aventure au lieutenant de police, car nous déménagerons cette nuit, et demain nous serons loin d'ici.

Larfaille n'avait pas perdu un mot de ce discours et il croyait fermement que sa dernière heure était arrivée. Quelle apparence, en effet, que Sanson, qui ne passait guère de jour sans exécuter quelqu'un, refusât de le pendre pour sauver sa propre vie.

— Allons, *Charlot*, en besogne ! cria le *Coësre ;* saisis-moi le drôle et pends-le-moi, haut la main.

Le maître des hautes œuvres ne bougea point.

— Qu'attends-tu ? demanda le bandit.

— Que vous me montriez un ordre d'exécution régulier, répondit froidement Sanson. Vous dites que cet homme a été condamné. Par qui ? Est-ce par le Châtelet, par la Tournelle ou par M. le lieutenant de police ?

Où est la procédure ? où est la sentence régulièrement rendue ? où est le greffier pour me la signifier dans les formes ?

— L'ordre d'exécution, le voici, dit un *narquois* en s'avançant le pistolet à la main.

Le *Coësre* écarta le brigand d'un revers de main, et dit à Sanson :

— Tu vois, *Charlot*, que tu essayerais en vain de nous résister. Nous voulons nous passer la fantaisie d'un petit pendement de ta main, et nous n'en démordrons pas. Si tu persistes à nous priver de cette satisfaction, nous nous consolerons en t'expédiant toi-même, et, par les tripes de d'Argenson ! ce sera tout aussi curieux, car on n'a pas encore vu les *fanandels* accrocher le *tolard* au *credo*. Choisis, et choisis vite ; la nuit s'avance, et il nous faut déguerpir avant le jour.

— Je choisis la mort, dit hardiment Sanson. Je tue quand la loi me commande de tuer, je n'assassine pas. C'est affaire à vous d'assassiner ; à moi de vous rouer quand on vous prend.

— Réfléchis encore, *Charlot*. Je te donne cinq minutes pour te décider.

— C'est tout réfléchi. Je refuse.

— Il refuse ! s'écria le *Coësre*. Vous entendez, *fanandels*, et vous êtes témoins que j'en ai usé avec *Charlot* comme il convient à de braves compagnons qui dédaignent de profiter de leurs avantages sur un ennemi vaincu.

— Oui, oui, hurlèrent les bandits.

— Eh bien, mes enfants, qu'il soit fait comme le maître des hautes œuvres l'a voulu. Nous comptions sur une pendaison, nous en aurons deux. Nous voilà obligés de travailler nous-mêmes, mais nous gagnerons encore à ce marché. Voyons, qui de vous se propose pour faire l'office de M. Sanson ?

— Moi! répondirent en chœur les plus enragés.

Le *Coësre* promenait ses yeux d'épervier sur la bande, pour y choisir deux ou trois bourreaux, lorsque le *narquois* qui avait menacé Sanson de son pistolet s'avança et dit :

— *Daron* (1), la corde, ce n'est pas assez. Il faut brûler le *tolard* et écarteler la *mouche de credo*. Nous les tenons tous les deux, et c'est une occasion unique. Profitons-en pour nous amuser un peu.

— Oh! oh! Poulailler, mon ami, tu n'y vas pas de main-morte, dit le vieux coquin. Ton idée a du bon, mais tu oublies que nous manquons de moyens pour opérer comme Monsieur de Paris opère en Grève. Où est le bûcher pour rôtir M. Sanson? Où sont les chevaux pour tirer les membres de ce drôle en casaque noire?

— Bah ! le feu où nos *largues* (2) font cuire leurs grillades est bon aussi à chauffer le *tolard*, et, quant à la *mouche de credo*, nous nous attèlerons nous-mêmes à ses pattes, et nous serons bien de force à les lui arracher l'une après l'autre.

A cette épouvantable proposition, Sanson ne broncha point, mais Larfaille eut une sueur froide. Il était résigné à mourir, mais il n'avait pas prévu les tortures. Quant au *Coësre*, il semblait hésiter, quoiqu'il fût pourtant accoutumé aux atrocités.

— Que dites-vous de cela, *fanandels?* demanda-t-il à la ronde.

(1) Maître.
(2) Femmes.

Il y eut quelques cris d'approbation, mais il y eut aussi des murmures. La majorité se tut.

— Moi, j'ai une autre idée, s'écria la grande fille rousse qui, tout à l'heure, était préposée à la garde de la perruque du grand chef.

— Voyons ton idée, *Belle-Mirette*, dit le *Coësre*.

— Je suis d'avis, commença la donzelle, qu'il faut tirer parti de l'aubaine. Je prendrais plaisir autant que Poulailler à voir brûler et écarteler, mais l'intérêt des *fanandels* avant tout. Quand nous aurons dépecé la *mouche* et que nous en aurons partagé les morceaux, nous n'en serons pas plus avancés, au lieu qu'en la gardant comme otage, elle pourra nous servir.

— Hé! hé! ma fille, voilà qui n'est pas mal trouvé. Comment entends-tu cela ?

— J'entends que nous lui mettions une chaîne au cou et une au milieu du corps et que nous l'emmenions avec nous dans la forêt d'Orléans. Là, il sera notre esclave et notre chien. Nous pourrons du matin au soir et du soir au matin lui cracher à la figure et le rouer de coups; le plaisir durera plus longtemps, et si, quelque jour, un de nos *fanandels* est pris, nous ferons savoir aux *porteurs de serpillières* que nous tenons une de leurs mouches, et nous leur proposerons de la leur rendre à condition qu'ils lâcheront notre *frangin* (1).

Le *Coësre* consulta des yeux son peuple et lut sur les visages un assentiment presque unanime. Chacun des membres de l'honorable assistance se disait que le sort pourrait bien le faire tomber plus tard entre les mains des gens de justice et qu'alors il serait fort aise de bénéficier de l'échange.

(1) Frère.

— Viens çà, *Belle-Mirette*, que je t'embrasse pour ton bon avis, s'écria l'affreux vieillard en attirant sur son cœur la conseillère aux cheveux roux. C'est dit, pas vrai, mes enfants, nous enchaînons le *soudrillard*, et nous le traînons en laisse ?

— Oui, et nous le ferons marcher à coups de fouet.

— Au fait, il sera toujours temps de l'écarteler, grommela Poulailler qui tenait à son idée. Dans la forêt, ce sera même plus commode.

— Bon ! reprit le *Coêsre*, mais le *tolard*, qu'en faisons-nous ? A toi de *jouer du chiffon rouge* (1), ma fille :

Belle-Mirette, flattée qu'on la consultât, ne se fit pas prier pour opiner de nouveau.

— Celui-là, *daron*, il faut le *rebâtir*, dit-elle en montrant le poing à Sanson.

Avec sa chevelure en désordre qu'elle agitait comme une crinière, ses yeux brillants de férocité et ses bras étendus, elle avait l'air d'une Romaine abaissant le pouce pour demander la mort d'un gladiateur tombé dans le cirque.

— Oui, il faut le *rebâtir*, et tout de suite, continua cette furie en grinçant des dents. Il a pendu ma mère en 1713 et roué mon *rom* (2) l'an passé. Si vous le laissiez aller, avant qu'il sortît d'ici, je lui arracherais les yeux avec mes ongles, je...

— Là ! là ! interrompit le *Coêsre*, apaise-toi, la belle. Tu auras contentement, je te le promets.

La belle était déjà apaisée, car elle reprit froidement :

— Il faut le tuer, mais pas ici. La police de d'Argenson

(1) Jouer de la langue, parler.
(2) Mari.

connaît notre cachette, puisqu'elle a envoyé sa mouche en surveiller l'entrée. La maréchaussée peut venir demain faire une descente dans le souterrain. Si elle y trouve la carcasse du *tolard*, elle se mettra à nos trousses, et...

— Nous n'avons qu'à le brûler, elle ne trouvera rien, dit Poulailler vexé de se voir encore privé d'un supplice.

— Non. Ce serait trop long. Nous n'avons pas de temps à perdre pour gagner pays.

— Alors, ma fille, propose-nous autre chose.

— Je propose de remettre *Charlot* à deux *fanandels* solides; ils le conduiront dehors, lui feront monter à coups de pied le sentier qui aboutit en haut, le traîneront jusqu'à l'endroit le plus escarpé, et, arrivés là, le pousseront dans la carrière. Il s'y cassera la tête. Les *fanandels* l'y laisseront, après s'être assurés qu'il est bien mort, et, comme ils auront soin de le délier avant de s'en aller et d'emporter les cordes, ceux qui le trouveront croiront qu'il est allé se promener à Vanves ou à Châtillon, et qu'en rentrant de nuit, il est tombé là par accident.

Il n'y eut dans l'assemblée qu'un cri d'admiration en l'honneur de *Belle-Mirette*, et peu s'en fallut qu'on ne la portât en triomphe.

Le *Coësre* lui-même paraissait partager l'enthousiasme de ses sujets. Cependant, il crut devoir faire un dernier effort pour les décider à revenir au programme primitivement arrêté, et en même temps une dernière tentative auprès de Sanson pour obtenir de lui qu'il consentît à sauver sa vie au prix de celle de l'exempt.

Au fond, le grand chef n'épousait point les haines de la fille rousse, et il portait beaucoup plus d'intérêt au maître des hautes œuvres qu'à la *mouche de credo*, comme il appelait le malheureux Larfaille.

I   16

— *Fanandels*, dit-il en élevant la voix, je me range à l'avis général, mais votre *daron* n'a qu'une parole. J'ai offert tout à l'heure à *Charlot* sa grâce et la liberté s'il voulait pendre devant nous ce *soudrillard*. L'honneur m'oblige à les lui offrir encore. S'il refuse, il mourra. C'est lui qui l'aura voulu, et je m'en laverai les mains.

Un sourire de mépris contracta les lèvres de Sanson quand il entendit le brigand parler de son honneur.

Larfaille leva les yeux sur lui avec anxiété, car il préférait au supplice de la corde une captivité plus dure cent fois que la mort, mais qui lui laissait du moins l'espoir de s'échapper et de revoir Gudule.

La foule ne souffla mot.

— *Charlot*, cria le *Coësre* d'une voix tonnante, veux-tu faire ce qu'exigent les *fanandels?*

— Non, dit l'exécuteur avec fermeté.

—Prends garde ! Si tu n'acceptes pas le marché cette fois-ci, je ne te le proposerai plus.

— Et moi, je ne prendrai même pas la peine de vous répondre. Tuez-moi, mais ne m'insultez pas. C'est m'insulter que de me demander d'obéir aux ordres de misérables tels que vous.

—Alors, n'en parlons plus, dit le féroce vieillard en lui tournant le dos.

Et il alla reprendre sur un tonneau vide la place qu'il avait quittée pour interroger les prisonniers. A peine fut-il juché de nouveau sur ce singulier trône, au pied duquel *Belle-Mirette* vint s'asseoir, qu'il donna ses ordres pour en finir.

— Le *Capucin* et le *Craqueur*, cria-t-il, bâillonnez-moi le *tolard*, pour l'empêcher d'appeler au secours, quand il sera au grand air ; empoignez-le chacun par un bras, menez-le dehors, et quand vous l'aurez traîné là-haut, envoyez-le la tête la première voir en bas si les pierres de la carrière des Gloriettes sont tendres.

Les deux scélérats désignés étaient ceux qui avaient arrêté Larfaille. Ils se mirent aussitôt en besogne, et, pendant qu'ils travaillaient, le *Coësre* ajouta, en désignant le malheureux exempt :

— Toi, Poulailler, prends-moi ce drôle au collet et chasse-le jusque dans la niche où les *largues* serrent leurs chaudrons. Il s'y reposera en attendant que nous partions, et cela ne tardera guère, car je vous avertis, *funandels*, que si, dans deux heures, les camarades ne nous ont pas ramené Pierrot-le-Bossu, nous décamperons sans eux. Ainsi, qu'on se mette en devoir de plier bagage.

Les commandements du *Coësre* furent aussitôt exécutés. Hommes et femmes se dispersèrent pour vaquer aux préparatifs du départ, pendant qu'on appliquait une courroie sur la bouche de Sanson et que l'abominable Poulailler poussait brutalement Larfaille vers sa prison provisoire.

Le malheureux exempt aurait voulu embrasser les genoux du courageux exécuteur qui lui sauvait la vie. Il n'eut même pas le temps de lui jeter en passant un remerciement et un adieu.

— Allons, vous autres, en route, hurla le *Coësre*, et que tout soit fini dans dix minutes. Hé ! *Charlot*, mes compliments aux *funandels* que tu vas rencontrer tout à l'heure dans l'enfer où tu les as envoyés.

Charles Sanson, bourreau de Paris, était-il un héros ? Il serait absolument téméraire de l'affirmer. Il est même probable que le courage dont il fit preuve en cette terrible occasion procédait uniquement d'une qualité fort commune à cette époque et fort rare à présent, — le sentiment de l'honneur professionnel. Le maître des hautes œuvres se considérait alors comme étant lié par sa fonction, et il aurait cru déroger en tuant illégalement.

Aujourd'hui que personne ne tient plus à rien, et qu'il n'y a plus ni corporations, ni castes, chacun fait tout ce qui ne concerne pas son état et le mot déroger n'a plus de sens. Sanson, qui était de son temps, se résigna à la mort plutôt que de forfaire, et y marcha sans faiblir.

Il se laissa lier et bâillonner sans faire la moindre résistance. Le *Capucin* et le *Craqueur* le saisirent et le poussèrent dehors, sans qu'il leur donnât même la peine de le trainer.

Et pourtant ce bourreau était un homme, il avait un cœur et une famille. Treize ans auparavant, il avait épousé par amour une femme qu'il adorait encore, Marthe Dubut, qui lui avait donné deux fils, voués tous deux en naissant à l'affreux métier de leur père.

Charles-Jean-Baptiste, l'ainé, devait lui succéder directement, et ce fut lui qui donna le jour à Charles-Henri, celui-là même qui eut le malheur de faire son office pendant la Terreur, et d'exécuter un roi, une reine et une fille de France, celui que la fatalité destinait à décapiter le nation en tranchant ses plus illustres têtes. Le cadet, Nicolas-Gabriel, avait en perspective l'emploi plus modeste, mais encore très-lucratif, d'exécuteur des hautes œuvres de la *prévôté de l'hôtel.*

Et, de plus, Charles Sanson, cet heureux époux, cet heureux père, Charles Sanson était riche. La charge d'exécuteur était alors d'un grand rapport, et son produit ne s'élevait pas à moins de soixante mille livres, à cause des

droits de *havage* (1). Ces soixante mille livres de revenu,
qui, de nos jours, en représenteraient à peu près le double, permettaient à Sanson de se donner toutes les ai-
sances matérielles de la vie. Il possédait, au coin de la rue
des Poissonniers et de la rue d'Enfer (2), un hôtel presque
seigneurial, élevé entre une superbe cour protégée par
une grille et un immense jardin, qui passerait aujourd'hui
pour un parc.

Il vivait là chéri des siens, estimé de ses voisins, tranquille comme un honnête homme et comme un sage qu'il
était. Et les mains impures de deux scélérats allaient
l'arracher à ce bonheur paisible ; et, volontairement,
il allait mourir sans avoir même la consolation de penser que cette mort héroïque honorerait son nom. Mais,
en marchant au supplice, Charles Sanson se disait qu'il
avait fait son devoir, que Dieu est juste, que les scélérats
qui l'assassinaient seraient condamnés plus tard pour
quelque autre crime et périraient sur un échafaud, pendus
ou roués par son héritier, vengeant, sans le savoir, le
meurtre de son père.

Quand le bourreau, changé en patient, sortit du souterrain, la nuit était un peu moins obscure qu'au moment où le malheureux Larfaille faisait le guet. Le *Capucin* et le *Craqueur*, gens prudents, s'il en fut, s'arrêtèrent un instant derrière le bloc de grès pour regarder
et pour écouter, avant de s'aventurer dans la carrière des
Gloriettes.

Sanson, qui avait la bouche bâillonnée et les bras atta-

(1) Espèce de taxe en nature prélevée par le maître des hautes
œuvres sur les denrées mises en vente aux halles.
(2) Aujourd'hui la rue du Faubourg-Poissonnière et la rue
Bleue.

chés au corps, pouvait encore faire usage de ses yeux et de ses oreilles. Il regarda et il écouta aussi. Bientôt il crut voir deux ombres s'agiter au bas du sentier, et il crut entendre des cailloux bruire sous le pied de quelqu'un qui marchait avec précaution. Il lui revint comme une lueur d'espoir.

Le mal fut que les deux coquins s'aperçurent aussi que le passage n'était pas libre.

— On dirait qu'il y a du monde là-bas, souffla le *Capucin* à son acolyte.

— On le dirait, répéta le *Craqueur*.

— Comment faire alors ?

— Attendre que nous sachions à quoi nous en tenir sur les intentions de ceux qui rôdent par ici à cette heure de nuit.

— Si nous rentrions, en attendant...

— Pourquoi ? Ils ne nous découvriront pas derrière cette grosse pierre, et nous parlons assez bas pour qu'ils ne soupçonnent pas que nous sommes là.

— Hum ! je n'en suis pas bien sûr. Jolie commission que le *Coësre* vient de nous donner !

— Elle ne me déplaît pas, à moi. Depuis que je suis *fanandel*, j'ai toujours eu envie de *rebâtir* un *tolard*.

— Moi aussi ; mais il aurait mieux valu lui *faire épouser la veuve* dans le souterrain. Nous n'aurions pas eu à craindre d'être dérangés, au lieu qu'en plein air...

— En plein air, personne ne nous gênera non plus. Tiens ! on ne bouge plus. Je crois que tout à l'heure nous avons eu la berlue.

C'était vrai. On ne voyait, on n'entendait plus rien. L'espérance qui avait leurré un instant Sanson s'évanouissait.

— C'est égal, reprit tout bas le *Capucin*, je ne me soucie pas trop de grimper là - haut. La *mouche* que nous avons prise n'était peut-être pas seule, et je gagerais qu'il y en a d'autres dans la plaine de Vanves. Si nous allions tomber dans le guêpier, le *Coësre* nous aurait fait faire là de belle besogne !

— Il y a un moyen de nous épargner le voyage, murmura le *Craqueur*.

— Quel moyen ?

— As-tu ton couteau ?

— Belle demande ! Oui, je l'ai.

— Eh bien ! pique le *tolard* à la gorge, là, au bon endroit, sur le côté, à la jointure du cou avec l'épaule. Il ne bougera pas ; je le tiendrai. Si tu as le coup d'œil juste et la main sûre, il tombera roide.

— Bon ! et ensuite ?

— Ensuite, nous le traînerons un peu plus loin et nous le laisserons là.

— Oui, pour que le *Coësre* s'aperçoive que nous n'avons pas travaillé comme il nous l'avait commandé. Nous en aurions au moins pour deux heures de piquet sur le cheval de bois, avec un pavé de vingt livres à chaque pied.

— Laisse donc ! nous décampons avant le jour. Le *Coësre* verra le corps, et il lui donnera peut-être un coup de pied en passant, mais il n'ira pas s'amuser à lui regarder sous le nez. Voyons ! est-ce dit, *Capucin* ?

Sanson ne perdait pas un mot de ce dialogue, qui se tenait à voix basse, mais tout près de son oreille, et il crut que l'instant suprême était arrivé. Il éleva son âme à Dieu, et il ferma les yeux pour ne pas voir venir le coup.

Le *Capucin*, au lieu de frapper, ouvrit un avis.

— Moi, j'ai une autre idée, souffla le bandit. *Charlot* est riche, et il donnerait gros pour racheter sa peau. Si nous la lui vendions ?

L'exécuteur tressaillit. L'espoir revenait, car sa dignité ne s'opposait point à ce qu'il payât rançon. Il ne pouvait pas parler, mais il fit un signe de tête pour indiquer qu'il était prêt à entrer en marché.

— Tu vois, *Charlot* ne demande pas mieux, reprit le *Capucin*.

— Ouais ! dit le *Craqueur*, je le crois bien qu'il ne demande pas mieux ; mais il faut que tu sois un grand sot pour lui faire pareille proposition.

— Pas si sot. Mille pistoles chacun, par exemple, ce serait bon à empocher.

— Et où les empocherions-nous, âne que tu es ? Es-tu disposé à aller les chercher chez *Charlot* ? M'est avis que nous y trouverions plus d'exempts que d'écus, et qu'une si belle expédition nous conduirait finalement à la Grève.

— *Charlot* a peut-être l'argent sur lui ?

— Tu perds l'esprit, *Capucin*. Au surplus, interroge-le pour voir.

Sanson leur épargna la peine de le questionner. Il secoua la tête pour dire non.

— Là ! es-tu convaincu maintenant ? demanda le *Craqueur*.

— *Charlot* est honnête homme, et on pourrait se contenter de sa parole, reprit le *Capucin*, qui penchait décidément pour les moyens doux.

— A d'autres ! j'aime les pistoles autant que toi, mais je ne fais pas crédit. Et puis je n'ai pas envie de me fâcher avec le *Coësre*. Il est mal endurant, et il nous en coûterait cher de lui désobéir. Aussi bien, voilà un grand quart d'heure que nous perdons à raisonner au lieu d'agir. Finissons-en.

— Comment ?

— Comme le *Coêsre* l'a dit, puisque tu ne veux pas que nous saignions le *tolard*; seulement, dépêchons-nous. S'il y avait quelqu'un dans la carrière, il aurait remué depuis que nous bavardons ici. Le chemin est libre. Marchons.

Cette fois, le *Capucin* ne fit plus d'objection. Il saisit le bras gauche de Sanson, pendant que l'autre *fanandel* s'emparait du bras droit, et, à eux deux, ils l'entraînèrent.

Le maître des hautes œuvres se laissa faire sans se débattre. Il savait qu'à cette place ce serait inutile, mais il pensait aussi que dans la plaine un essai de résistance aurait peut-être quelque chance de succès. Non qu'il espérât, garrotté comme il l'était, se défendre contre les deux bandits, ni même éviter un coup de couteau, mais le piétinement d'une lutte pouvait être entendu et attirer quelqu'un.

Sanson n'avait point oublié l'exempt, et, comme les *fanandels*, il se disait que, vraisemblablement, cet homme n'était point venu tout seul visiter ce repaire de voleurs. Si ses camarades étaient cachés aux environs de la carrière, l'exécuteur devait être secouru, pourvu qu'il réussît à faire assez de bruit pour attirer leur attention. Il réserva donc ses forces, afin d'en user au moment propice.

Le *Capucin* et le *Craqueur*, pressés de terminer leur besogne, le menèrent grand train et lui firent traverser rapidement la carrière. Ils arrivaient au bas du sentier, et ils commençaient à monter, lorsque deux hommes se dressèrent devant eux.

— Qui va là? dit une voix contenue.

Les deux brigands qui tenaient Sanson possédaient l'agilité tout autant que la férocité du tigre. En un clin d'œil, sans s'être concertés, ils lâchèrent leur prisonnier, le renversèrent d'un coup de poing et d'un coup de pied, tirèrent leurs couteaux et se ruèrent sur l'ennemi. Mais l'ennemi était prêt à les recevoir. Le *Craqueur*, qui s'élança le prémier, rencontra la pointe d'une longue épée, et son attaque fut si impétueuse qu'il s'embrocha lui-même. Le fer entra au-dessous du sein droit et sortit entre les deux épaules. Au même instant le *Capucin* recevait sur la tête un coup de bâton, asséné par derrière avec une telle vigueur, qu'il lui brisa le crâne. Les *fanandels* tombèrent comme des masses et sans pousser un cri.

— Sont-ils morts? dit la même voix qui tout à l'heure avait crié : « Qui va là? »

Il y eut un court silence. L'homme qu'on interpellait s'était aussitôt jeté à genoux et examinait les corps gisants sur le sol pierreux de la carrière.

— Tout à fait morts, monsieur le comte, dit-il après les avoir tournés et retournés plusieurs fois.

— Bon! mais qui sont ces gens-là?

— Le diable le sait, monsieur le comte ; il y a apparence qu'ils avaient de mauvaises intentions, car chacun d'eux tient encore dans sa main un couteau fort long et fort pointu.

— Voilà qui est étrange! Pourvu qu'il n'y ait point là quelque méprise et que nous n'ayons point eu affaire à des amis du colonel; car enfin, il devrait être ici depuis longtemps, et je...

— Monsieur le comte, il y en a un troisième, s'écria l'homme agenouillé.

— Un troisième, quoi ?

— Un troisième corps, mais vivant celui-là, bien vivant. Je sens son cœur battre sous ma main, et il faut qu'il ait grand'peur, car il bat bien fort.

— Que signifie ?... je n'en avais vu que deux debout. Celui-là est-il blessé?

— Je ne sais pas, monsieur le comte; mais pour sûr il est attaché.

— Attaché !

— Oui, par les bras, et avec une corde solide. Tiens ! il est bâillonné aussi !

— Oh ! oh ! serait-ce quelqu'un des nôtres que ces coquins auraient pris? Ou plutôt... qui sait? Si c'était... mais, non... c'est impossible... ils n'auraient osé garrotter le duc d'Orléans... Liévin, examine donc son visage...

— Monsieur le comte, il fait plus noir ici qu'au fond de la forêt de Baussignies, et je ne saurais voir ses traits.

— Ote-lui ses liens, qu'il se relève, et que je le puisse interroger.

— Ses liens, monsieur le comte ! Ce serait imprudent, car il pourrait s'échapper. Je vais le débarrasser de son bâillon. Cela suffira pour qu'il réponde...

Et sans plus tarder, Liévin se mit en devoir de détacher la courroie qui fermait la bouche au malheureux Sanson.

— Là ! dit-il quand ce fut fini, rien ne le gêne plus maintenant, et nous allons savoir à quoi nous en tenir. Allons ! parle, drôle, et explique à M. le comte ce que tu es venu faire ici.

Un profond soupir fut la première réponse du prisonnier, à moitié suffoqué et encore tout étourdi de sa chute.

— Parleras-tu, coquin! lui cria le maître pendant que le valet le secouait rudement.

— Plus bas, monsieur, au nom du ciel, dit Sanson avec effort.

— Qu'est-ce à dire ?

— Monsieur, nous sommes ici à deux pas d'un repaire de brigands... l'entrée est là-bas, derrière ce rocher, à vingt pas d'ici tout au plus, et le moindre bruit peut nous trahir.

— Des brigands! murmura le comte; la peur affole cet homme... à moins qu'il n'ait pris les soldats du colonel pour une troupe de voleurs.

— Cette caverne est le refuge d'une bande tout entière. . pas de résistance possible, s'ils viennent à nous surprendre...

— Bon! bon! l'ami, et que faisiez-vous donc avec eux? demanda Liévin.

— J'ai eu le malheur de tomber entre leurs mains, ils m'ont condamné à mort et les deux que vous avez tués m'emmenaient pour m'exécuter.

— C'est donc pour cela qu'ils vous avaient lié comme un veau qu'on traîne à l'abattoir?

— Oui... ce sont les plus féroces bandits de toute l'Ile-de-France... Ils ne font de quartier à personne, et souvent ils infligent à leurs prisonniers des tortures effroyables...

— Diable! alors, nous qui venons d'en exterminer deux...

— Ils vous massacreraient sans pitié. Il faut fuir, vous dis-je, fuir à l'instant même, sans perdre une minute, une seconde...

Liévin se releva vivement et dit à son maître :

— M'est avis, monsieur le comte, que cet homme ne ment pas, et que nous ferions bien de quitter ce lieu, où il ne fait pas bon, à ce qu'il paraît.

— Je ne puis. Le colonel a ma parole, dit avec impatience M. de Horn, car c'était lui qui se trouvait là avec son valet, et, bien entendu, il y était venu sur les indications de La Jonquière..

— Monsieur le comte, insista le fidèle Liévin, nous

jouons gros jeu en restant ici, et je crains que vous ne vous exposiez pour rien, car je jurerais que le colonel ne viendra pas.

— Pourquoi cela?

— Parce que l'heure du rendez-vous est passée depuis longtemps. C'était pour minuit, si je ne me trompe, et...

— La Jonquière est peut-être en retard. Je ne veux pas qu'on puisse dire que j'ai déserté mon poste.

— N'est-il pas plus naturel, monsieur le comte, de supposer qu'un contre-temps aura dérangé le plan du colonel et que la partie a été remise?

— N'importe! je suis résolu à attendre ici jusqu'au jour.

— Monsieur, dit Sanson, qui ne comprenait rien à ce dialogue, mais qui l'écoutait avec une anxiété bien naturelle, je vous jure sur ma vie en ce monde et sur mon salut dans l'autre, que si vous tardez encore cinq minutes il séra trop tard. Ne voyant pas revenir les deux bandits qu'il avait chargés de me tuer, le chef des voleurs va en expédier d'autres à la découverte. S'ils nous rencontrent ici, nous sommes perdus.

— Pourquoi donc? nous nous défendrons, dit le comte. J'ai mon épée et...

— Et je viens d'éprouver, monsieur, que vous savez vous en servir vaillamment, mais fuyons, je vous en supplie. S'exposer ainsi, ce n'est plus du courage, c'est de la folie. Ils se mettront dix contre vous, vingt, s'il le faut, car, je vous le répète, nous sommes à l'entrée d'une nid de guêpes, et, d'un instant à l'autre, le venimeux essaim va en sortir et se ruer sur nous.

— Il a raison, dit tout bas le valet de M. de Horn.

— Monsieur, reprit Sanson, je vous jure que je ne crains pas la mort, mais, je vous le demande en grâce, ne me privez pas de la joie de vous prouver un jour ma reconnaissance.

L'exécuteur dit cette prière avec une telle chaleur et un tel accent de sincérité, que le jeune comte, touché enfin, consentit à suivre un excellent conseil.

— Soit! dit-il brusquement, partons.

Et il ajouta entre ses dents :

— Aussi bien, il me tarde de voir le colonel et de le sommer de m'expliquer pourquoi il m'a fait venir ici pour rien. S'il s'est joué de moi, je lui montrerai qu'on ne me berne pas impunément.

— C'est bien dit, monsieur le comte, murmura Liévin ; mais hâtons-nous.

— Monsieur, je ne saurais marcher lié comme je le suis, soupira Sanson.

— Attendez un peu, maître, répondit l'alerte serviteur en ramassant le couteau d'un des bandits.

Les cordes qui garrottaient l'exécuteur furent tranchées en un tour de main.

— Prenez cet outil pour le cas où nous ferions une mauvaise rencontre, et sauvons-nous, dit Liévin en tendant le coutelas à Sanson qui le prit sans se faire prier. Au surplus, maître, vous pouvez nous être fort utile si vous connaissez le chemin le plus court pour rentrer à Paris.

— Je le connais. C'est la route de Châtillon qui doit être tout près d'ici, sur notre gauche; car bien qu'ils m'aient amené la tête dans un sac, j'en ai entendu assez pour savoir que nous sommes au fond de la carrière des Gloriettes, à l'extrémité de la plaine de Vanves. Venez, messieurs !

Et Sanson commença de grimper, suivi de près par

Liévin et d'un peu plus loin par le comte de Horn qui ne s'éloignait qu'en maugréant.

— Il est donc écrit que Philippe m'échappera toujours, grommelait-il en jetant un dernier regard sur ce champ clos où il avait espéré croiser le fer avec le Régent.

Ils arrivèrent au chemin de Châtillon sans que leur fuite fût troublée. La nuit, plus obscure que jamais, était devenue pluvieuse et le vent soufflait en tempête. Peut-être durent-ils à ce mauvais temps d'échapper à la vigilance des agents dont la plaine était semée. Ces surveillants, trop fidèles à leur consigne, se tinrent cois dans leur embuscades, attendant toujours les trois coups de sifflet de Larfaille, et laissèrent passer les fugitifs sans les voir et sans les entendre.

Après une heure de marche précipitée, le comte et son valet entrèrent dans Paris en compagnie de l'homme qu'ils avaient sauvé. Ils n'avaient pas échangé un seul mot pendant le trajet. Le jeune Horn, furieux d'avoir manqué son duel, ne pensait qu'à l'explication qu'il voulait demander à La Jonquière. Liévin bénissait du fond du cœur le hasard qui avait fait manquer la dangereuse partie où son maître s'était engagé et se réjouissait silencieusement de se retrouver sain et sauf sur le pavé de la bonne ville. Sanson rendait de ferventes actions de grâces à Dieu qui l'avait si visiblement protégé dans cette terrible conjoncture, mais il n'oubliait pas qu'il devait la vie à deux inconnus, et, dès qu'on put se croire hors de l'atteinte des brigands, il céda au désir bien naturel d'apprendre les noms de ses sauveurs. En revanche, il ne tenait pas à leur confier le sien.

Le comte de Horn, en entrant dans Paris, avait, lui, de tout autres préoccupations. L'homme qu'il venait de délivrer lui était fort indifférent, et il ne s'en souciait guère plus que du bandit qu'il venait d'envoyer dans l'autre monde. Que lui importait la vie ou la mort de tous ces gens-là, à lui qui ne pensait qu'à ses amours et à sa vengeance ? Sa vengeance lui échappait pour cette fois et ses amours en étaient toujours au même point, depuis qu'il avait reçu la lettre encourageante de la marquise de Parabère. Aussi était-il fort irrité et ruminait-il déjà de rompre avec ce La Jonquière qui venait de lui faire entreprendre une expédition inutile.

En attendant qu'il pût joindre le colonel, il voulut d'abord se séparer de ce compagnon si étrangement rencontré au fond de la carrière des Gloriettes. A vrai dire, il était prudent de ne pas trop se fier à un inconnu. Horn prévoyait des questions auxquelles il était décidé à ne pas répondre. Mieux valait ne pas les attendre.

—Maître, dit-il à Sanson au moment même où celui-ci allait exprimer chaleureusement sa gratitude, je vous ai tiré d'un mauvais pas, vous m'avez averti d'un danger ; nous sommes quittes, et rien ne nous empêche de tirer chacun de notre côté.

— Oh ! monsieur, s'écria l'exécuteur, je ne l'entends pas ainsi, et je compte que nous ne nous séparerons point sans que je sache à qui je dois de revoir ma femme et mes enfants.

—Inutile, bonhomme! Votre femme et vos enfants doivent vous attendre avec impatience; il ne les faut point faire languir. Adieu !

Ce colloque avait lieu à l'angle d'un carrefour désert, sous une lanterne que le vent et la pluie n'avaient pas encore éteinte. Le comte fit aussitôt quelques pas pour s'éloigner, mais Sanson lui barra résolûment le passage,

— Qu'est-ce à dire? demanda M. de Horn en mettant la main sur la garde de son épée.

— C'est-à-dire, monsieur, répondit Sanson, que vous me tuerez plutôt que de m'empêcher de vous retenir jusqu'à ce que vous m'ayez appris le nom de mon sauveur.

— Et moi, mordieu ! je vous déclare que je n'ai pas plus envie de vous le dire que de vous tuer.

— Monsieur, dit doucement Liévin, mon maître est d'un naturel fort obstiné, et vous ferez sagement de renoncer à le persuader. Et puis, entre nous, d'où vous vient donc cette furieuse envie de le connaître? Que diable ! vous devez bien voir que, vous et lui, n'êtes point de même condition et ne vous rencontrerez plus jamais.

— Et c'est pour cela que je le supplie de me mettre à même de bénir son nom. Sans lui, sans vous, je giserais maintenant le crâne brisé sur les pierres de cette horrible fondrière.

— Bah ! ce sont de ces petits services qu'on se rend entre honnêtes gens et qui ne valent point qu'on en parle, dit le laquais wallon avec une désinvolture comique.

— Cela se passe peut-être ainsi entre grands seigneurs, mais veuillez considérer que je ne suis qu'un bourgeois de Paris, et que je donnerais de bon cœur tout mon bien pour avoir le droit de graver dans ma mémoire...

— Eh ! mordieu ! gravez-y mon visage, puisque je ne saurais vous le dérober, mais laissez-moi partir, s'écria le comte, qui piétinait d'impatience.

— Certes, je n'aurai garde d'oublier vos traits, mais, au nom du ciel qui nous a protégés tous, ne me refusez pas une satisfaction de plus. Tenez, monsieur, vous m'avez dit tout à l'heure que je vous avais rendu un service en vous avertissant du danger que vous couriez dans ce coupe-gorge. Eh bien, pour m'en récompenser, dites-moi votre nom.

Horn ne se laissa point toucher, mais il ne chercha plus à s'éloigner. L'insistance de cet homme commençait à lui devenir suspecte, et il se demandait s'il ne valait pas mieux répondre à ses questions par des questions, afin de savoir à quoi s'en tenir sur un personnage dont la reconnaissance tournait à la curiosité indiscrète. Après tout, il se pouvait que cette prétendue victime des bandits ne fût qu'un espion envoyé par Dubois ou par d'Argenson, et, dans ce cas, il importait au comte de ne pas le laisser s'en aller comme il était venu.

— Ah ça, mon maître, dit-il en regardant le compagnon bien en face, il me paraît que vous êtes prompt à interroger les autres, mais peu porté à les renseigner sur vous-même. En supposant qu'il me convînt de vous satisfaire, ce ne serait pas du moins avant d'avoir appris de votre bouche comment vous vous trouviez avec ces coquins.

— Hélas ! monsieur, répondit Sanson, vous me reprochez de questionner sans cesse, et cependant Dieu m'est témoin que je ne me suis point enquis des motifs qui vous avaient conduit au lieu où j'ai eu le bonheur de vous rencontrer. Pour ce qui est de moi, je suis tout prêt à confesser la malheureuse aventure où un funeste hasard m'a jeté. Je croyais même vous l'avoir déjà contée brièvement quand vous veniez de tuer ces deux misérables assassins.

— Vous m'avez dit que des voleurs vous avaient condamné à mort et qu'ils allaient vous exécuter, mais vous ne m'avez point appris ce que vous étiez venu faire chez eux. Vous conviendrez même que la rencontre en semblable compagnie d'un homme qui se prétend bourgeois de la ville de Paris est tout au moins étrange et vaut qu'on en recherche la cause.

— C'est trop juste, monsieur, et je vais tout vous dire. Hier, rentrant chez moi à une heure assez avancée de la nuit, j'ai été assailli dans la rue du Bout-du-Monde par une troupe de gens armés. Mon valet qui m'accompagnait a voulu me défendre : il a été tué d'une balle de pistolet dans la tête. Moi, j'ai été saisi, lié, bâillonné, et emporté jusque dans la caverne de ces bandits.

— Quoi ! ils ont pris la peine de vous faire faire un si long voyage, au lieu de vous dépouiller sur place ! Voilà, sur ma parole, des coquins bien scrupuleux.

— Ils n'en voulaient point à mon argent, mais à ma personne.

— Dans ce cas, rien ne les empêchait non plus de vous traiter sur-le-champ comme ils ont, dites-vous, traité votre valet.

— C'est qu'ils avaient un motif pour différer de m'assassiner, murmura Sanson avec embarras.

Il commençait à s'apercevoir que les confidences dans lesquelles il était entré pourraient bien le mener plus loin qu'il ne l'aurait voulu.

— Fort bien, dit froidement M. de Horn ; mais comment se fait-il qu'ils vous aient gardé vingt-quatre heures dans leur caverne ?

— Toujours pour le même motif, balbutia l'exécuteur, de plus en plus embarrassé.

— Je crois que je le devine, ce motif, reprit le comte d'un ton menaçant. Alors, selon vous, ces brigands ne vous ont conduit là-bas qu'afin de vous juger, de vous condamner et de vous exécuter tout à leur aise.

— Oui, monsieur. Et, au surplus, vous l'avez bien vu, puisque vous êtes miraculeusement intervenu au moment où on me menait au supplice.

— Et ce supplice, je crois que vous l'aviez mérité, mon maître, dit gravement M. de Horn.

— Moi !

— Oui, vous, car vous m'en avez dit assez pour que je sache maintenant à quoi m'en tenir sur votre compte. Ces braves voleurs étaient dans leur droit, quand ils vous ont saisi, et je comprends à merveille pourquoi ils ont tenu à vous traîner dans leur caverne, pourquoi ils vous ont fait les honneurs d'un jugement et d'une exécution dans les formes. C'est qu'ils voulaient vous traiter comme on doit traiter les espions, entendez-vous cela, maître fourbe ?

Sanson tressaillit, mais il n'articula pas une parole. Seulement, si la clarté de la lanterne municipale eût été un peu plus vive, on aurait vu deux grosses larmes rouler sur les joues du vieil exécuteur.

— Je suis de l'avis de ces gentilshommes de grand chemin, reprit le comte d'une voix sourde, et je pense comme eux qu'un espion mérite la mort.

Un éclair brilla à la lueur du réverbère. M. de Horn venait de tirer son épée, cette épée qui avait préservé Sanson dans la carrière des Gloriettes. Maintenant, elle menaçait sa poitrine. C'en était trop. Pour ne pas mourir de la main de son sauveur, Sanson se décida à parler.

— Monsieur, dit-il vivement, vous pouvez me tuer si vous voulez. Ma vie est à vous, puisque je vous la dois. Mais j'ai bien le droit de repousser la flétrissure qu'il vous plaît de m'infliger. Je ne suis pas un espion, monsieur, je suis le bourreau.

— Le bourreau ! répéta Horn en reculant de deux pas.

— Oui, monsieur, je m'appelle Charles Sanson, maître des hautes œuvres de la ville de Paris. Comprenez-vous maintenant pourquoi ces brigands voulaient me tuer ?

Le comte ne répondit point. Il était frappé de surprise, et il examinait, avec une attention mêlée de répugnance, l'étrange compagnon que le hasard lui avait imposé pour une heure. Quant à Liévin, il donnait des signes non équivoques de frayeur, et peu s'en fallut qu'il ne jouât des jambes.

— Si vous refusiez de me croire, reprit tristement Sanson, je vous dirais de me suivre jusqu'à mon logis. Mais un gentilhomme dédaignerait de franchir le seuil de la maison du bourreau, et je vois bien, monsieur, que vous êtes gentilhomme. Séparons-nous donc, et pardonnez-moi de ne pas vous avoir dit mon nom plus tôt.

Et maintenant, monsieur, il est probable que nous ne nous reverrons point en ce monde, mais laissez-moi vous dire que si jamais vous aviez besoin de Charles Sanson, quoi que vous lui demandiez, il le fera.

Et l'exécuteur s'éloigna à grands pas, sans que le comte de Horn songeât à le retenir.

17.

IX

Le lendemain de cette nuit, si remplie d'événements, M. de Horn se rendit, dans la matinée, chez le chevalier du Terné de Grandpré.

Il s'était levé de bonne heure, quoiqu'il eût fort mal dormi, et il était de très-méchante humeur. Peu endurant de sa nature, le comte prenait toujours fort mal les plaisanteries les plus innocentes. A plus forte raison devait-il se fâcher contre ceux qui l'avaient; il le croyait du moins, si cruellement berné.

Averti la veille par Laurent de Mille que le coup devait se faire à minuit, sollicité de se rendre, seul avec son laquais de confiance, à la carrière des Gloriettes, le jeune gentilhomme avait tressailli d'aise et s'était jeté à corps perdu dans cette hasardeuse aventure.

Il avait d'autant plus de mérite à ne pas reculer devant les périls d'une complicité, qu'il était en ce moment fort occupé de madame de Parabère, et que la lettre de la charmante marquise lui donnait beaucoup d'espoir.

D'autres, à sa place, auraient planté là le colonel et la conspiration pour s'inquiéter exclusivement de se procurer à Asnières cette petite maison où la chauve-souris du bal de l'Opéra lui promettait, par écrit, de venir se poser un beau soir. C'eût été une façon plus commode et plus douce de se venger du Régent. Mais Antoine-Joseph de Horn était né avec les instincts batailleurs de sa race, et il tenait tout autant à croiser le fer avec le duc d'Orléans qu'à lui enlever le cœur de sa maîtresse. Il était donc parti en guerre, sur les indications du sieur de Mille, à nuit close, à travers champs, au risque de tomber entre les mains des archers, d'être assailli par des voleurs, ou de se rompre les os dans une fondrière.

Le moins qu'il pût lui advenir, c'était de s'égarer et de coucher à la belle étoile par une pluvieuse et froide nuit de février. Or, tous ces inconvénients, tous ces dangers, il les avait évités, à force d'audace et de persévérance. Il avait eu l'heureuse fortune de rencontrer en sortant de Montrouge un paysan, un vrai, et non point un exempt déguisé en maraîcher, qui lui avait montré le chemin de la carrière, et d'y arriver sans accident. Et tout cela, pour quel résultat? Pour subir une maussade station de trois ou quatre heures, pour sentir à deux doigts de sa poitrine le couteau d'un bandit, et finalement pour faire la connaissance du bourreau de Paris.

Il y avait, certes, dans ces mésaventures successives, de quoi le mettre en fureur, et, comme il fallait toujours que sa colère se tournât contre quelqu'un, il s'en prit naturellement à La Jonquière et consorts.

Il aurait vivement souhaité d'être à même de demander raison au colonel en personne, mais il ne savait trop où le prendre. Le colonel changeait de logis presque aussi souvent que de costume; le colonel était introuvable autant qu'insaisissable.

Il y avait bien le cabaret de l'*Épée-de-Bois* où, en se présentant à de certaines heures et en se faisant reconnaître du cabaretier, Horn était à peu près sûr d'être introduit dans le sanctuaire intime des conspirateurs. Seulement, Horn avait conçu pour maître Blanche-Barbe une telle antipathie, qu'il s'était juré de n'avoir plus jamais affaire à lui. D'autre part, il pouvait être arrivé quelque catastrophe à la bande; la police de M. d'Argenson pouvait avoir pénétré les mystères du cul-de-sac de Venise. S'aventurer dans la taverne, c'était peut-être se jeter dans la gueule du loup. Le comte jugea qu'il valait mieux s'adresser ailleurs.

A la suite du coup de main qu'il avait donné au chevalier du Terne pour défendre Violette, celui-ci ne lui avait point caché qu'il logeait, sous le nom de Lestang, dans une maison de la rue Saint-Antoine. Louis du Terne de Grandpré était bon gentilhomme et plus sympathique à M. de Horn que tous les autres conjurés. Peut-être, au surplus, n'était-il pas complice de la déplaisante mystification de Vanves. Ce fut donc lui que le comte s'en alla trouver, bien résolu à exiger des explications catégoriques, et assez disposé à rompre avec tous ces gens-là, si les explications n'étaient pas satisfaisantes.

La nuit, dit-on, porte conseil et les déceptions instruisent; aussi, le jeune Horn commençait-il à se dire qu'il était venu en France pour s'amuser et non pour se jeter dans des bagarres politiques où il n'avait que faire. Justement, il avait reçu le matin même une longue lettre de sa mère, la princesse Antoinette, qui lui recommandait d'être sage et prudent, le grondait, comme grondent les mères;

de se livrer à de folles dépenses, et le suppliait de revenir promptement en Flandre.

Sur ce dernier point, pas plus que sur l'article de la dépense, il était moins préparé que jamais à entendre raison, depuis qu'il rêvait la conquête de madame de Parabère, mais il concédait volontiers qu'il avait fait une sottise en se liant avec La Jonquière, et que, de ce côté-là, les recommandations maternelles avaient du bon.

Le comte découvrit sans trop de peine la maison de maître La Perrelle, dont le nom s'étalait sur une enseigne, s'enquit auprès du garçon de boutique, et apprit que M. Lestang logeait au quatrième étage et qu'il n'était point sorti de la matinée. Sur quoi, il grimpa lestement l'escalier et s'en vint frapper à une porte de piètre apparence, la première qu'on rencontrait en descendant du grenier. Cette porte, aussitôt, s'ouvrit sans bruit, et Horn se trouva en présence du chevalier, qui fit un geste de surprise, mit un doigt sur sa bouche et introduisit le visiteur.

— Ah ! monsieur le comte, que je suis heureux de vous revoir, dit du Terne en modérant sa voix ; vous nous avez donné bien de l'inquiétude.

— Vraiment ! s'écria M. de Horn ; je ne m'en serais pas douté.

— Parlez plus bas, je vous en supplie ; je crains que cette maison ne soit pas sûre.

— Comment ! ne m'aviez-vous pas dit ?...

— Il s'est passé bien des choses depuis hier, monsieur le comte, et, en ce moment, les conjonctures sont si graves, que je me défie de tout. Mais passons dans la chambre du fond, nous y pourrons causer sans crainte d'être entendus, et vous y trouverez quelqu'un qui se réjouira autant que moi de votre présence.

Le comte suivit du Terne, qui lui fit traverser une seconde pièce, et, dans la troisième, il vit, non sans quelque surprise, La Jonquière assis au coin du feu.

Le colonel n'avait point quitté l'habit de garde-française qu'il portait la veille, et il paraissait plus soucieux que de coutume. Sa figure portait les marques d'une grande fatigue physique et de grosses préoccupations d'esprit, mais elle s'éclaircit quand M. de Horn parut.

— Quoi! c'est vous, mon cher comte? s'écria le partisan, qui se leva aussitôt et courut à lui les bras ouverts.

Le jeune gentilhomme recula pour se dérober à l'accolade, et toisa La Jonquière en disant froidement :

— Avant toute chose, monsieur, vous feriez bien de me dire pourquoi vous vous êtes joué de moi cette nuit.

— Bon! bon! dit le colonel en riant d'un rire un peu forcé, vous voulez parler de certain voyage inutile.

— Oui, monsieur. Je ne viens point chercher ici des embrassades, mais des explications, et, au besoin, des excuses.

A ce dernier mot, La Jonquière pâlit légèrement et se mordit les lèvres. Le vieux reître n'était point accoutumé qu'on lui parlât sur ce ton et la patience n'était pas sa vertu favorite.

— Pour un jeune coq vous chantez bien haut, répliqua-t-il sèchement, et je vous avertis que le colonel La Jonquière n'a jamais fait d'excuses à personne. Cela étant dit pour votre gouverne, je suis tout prêt à vous fournir des explications, si vous me les demandez avec la courtoisie qui sied entre gentilshommes.

— Vous êtes donc gentilhomme?

Le colonel fit un mouvement pour se jeter sur l'insolent, mais il se contint.

— Fort bien, monsieur le comte, dit-il avec un superbe sang-froid, je vois que vous êtes venu chercher ici une leçon dont il me paraît que vous avez grand besoin. Je vais vous la donner sur-le-champ. Nous causerons ensuite.

En même temps il dégainait.

— Colonel, je vous en supplie, s'écria le chevalier.

— Laissez-moi faire, mon cher du Terne. Il importe que nous ayons un entretien sérieux avec M. le comte, et il ne sera point en état de raisonner jusqu'à ce que sa colère soit passée. Je vais donc essayer de le calmer. Veuillez seulement repousser cette table qui nous gêne et nous laisser du champ.

Du Terne n'eut qu'à regarder M. de Horn pour comprendre que toute tentative de conciliation serait en pure perte. Le jeune comte était vert de colère et il avait déjà tiré son épée. Le chevalier pensa que La Jonquière était de force à ne pas tuer son adversaire et à ne pas se laisser tuer par lui. Il rangea les meubles pour faire de la place aux combattants et il alla s'adosser contre la porte.

Le colonel lui adressa un clignement d'yeux significatif et tomba en garde d'une façon véritablement académique. Bien cambré sur ses hanches, le corps effacé, le bras replié à demi, il avait l'air solide comme une arche de pont.

Horn attaqua le premier avec une furie incroyable. Il maniait l'épée à merveille et de plus il était jeune et alerte. La lutte ne semblait donc pas devoir être trop inégale et ce fut tout d'abord un feu roulant de dégagements serrés, de feintes subtiles, de bottes droites rapides comme la foudre, tentées coup sur coup par le comte et magistralement parées par le colonel.

Cela dura bien une minute. Puis, La Jonquière, après une riposte sur un coupé dans les armes, lia l'épée de son adversaire avec une adresse et une force merveilleuses et la fit sauter à l'autre bout de la chambre.

Le comte, désarmé, poussa un cri de rage, et fit mine de vouloir se jeter sur le colonel pour le prendre corps à corps au risque de s'enferrer. Mais du Terne le saisit à la ceinture et l'arrêta.

Pendant qu'il le retenait, La Jonquière remit tranquillement son épée au fourreau, alla ramasser celle de Horn et revint la lui offrir, en lui disant du ton le plus poli :

— Maintenant, monsieur le comte, que vous m'avez fait l'honneur de croiser le fer avec moi, j'espère que vous ne refuserez pas d'entendre le récit des événements qui nous ont empêchés, M. le chevalier et moi, de nous rendre cette nuit à la carrière des Gloriettes.

Le comte de Horn était né fier et emporté, mais il n'était point incapable de sentir un procédé généreux. La conduite courtoise de La Jonquière le fit promptement rentrer en lui-même. Il accepta l'épée que le colonel lui offrait, la remit au fourreau et dit, non sans rougir un peu :

— Monsieur, je ne ferai point difficulté de reconnaître mes torts. J'ai été trop prompt à dégainer, et vous venez de me prouver que je gagnerais à fréquenter l'académie de Berthelot, qui est, m'a-t-on dit, le meilleur maître de Paris. Je me déclare donc vaincu, et je confesse même que je n'ai plus le droit d'exiger de vous aucune explication.

— Et moi, monsieur le comte, répondit avec empressement La Jonquière, je suis prêt à vous fournir toutes celles qu'il vous plaira de me demander. Je vous dirai même, entre nous, que je suis ravi de rencontrer l'occasion de traiter à fond un sujet qui nous intéresse fort. Veuillez donc prendre place au foyer de notre ami du Terne et m'écouter.

Horn accepta, sans se faire prier, la chaise que le chevalier lui offrit, et un instant après, ces trois hommes, que le plus étrange hasard avait rassemblés, siégeaient paisiblement côte à côte, comme de vieux amis qui se chauffent en devisant gaiement de faits de guerre ou d'amour.

— Monsieur le comte, commença le colonel, je ne suis point surpris que vous m'ayez jugé très-sévèrement, après ce qui s'est passé cette nuit ; je conçois même fort bien que vous m'ayez accusé de trahison après m'avoir attendu inutilement au rendez-vous convenu. Mais vous me pardonnerez, je l'espère, quand je vous aurai appris que, dans la journée d'hier, il est survenu un grave incident, à la suite duquel j'ai dû renoncer momentanément à mettre notre projet à exécution.

— Fort bien, monsieur, dit vivement le jeune gentilhomme ; je suis persuadé que vous avez eu d'excellentes raisons pour vous abstenir ; mais permettez-moi de vous faire observer que vous auriez pu tout au moins m'informer de ce changement. En prenant la peine de m'envoyer contre-ordre, vous m'auriez épargné un voyage des plus déplaisants, et même quelques dangers.

— Ainsi ai-je fait, monsieur le comte, et j'ai vivement regretté que mon messager ne vous ait point rencontré à l'hôtel de Flandre où vous logez, dans la rue Dauphine. Mon lieutenant, M. de Mille, qui était déjà allé chez vous dans la matinée pour vous transmettre mes instructions, y est retourné dans l'après-dînée pour vous avertir de ma part que l'expédition était contremandée. Par malheur, il ne vous a point trouvé au logis. On lui a dit que vous étiez sorti avec votre laquais, et, ne sachant où vous rencontrer par la ville, Mille n'a pu s'acquitter de la commission dont je l'avais chargé. J'en ai été d'autant plus marri, que, par suite de ce fâcheux contre-temps, vous vous trouviez exposé à rencontrer là-bas les gens de d'Argenson. Je vois qu'heureusement il n'en a rien été, et je me réjouis que vous soyez revenu sain et sauf de votre campagne nocturne.

— Peu s'en est fallu qu'elle me coûtât cher. Mais ne puis-je savoir pourquoi, après avoir tout disposé pour enlever Philippe d'Orléans le soir même, vous avez si brusquement changé d'avis ?

— Vous le sauriez déjà, monsieur le comte, si vous aviez mis un peu moins de vivacité à me le demander. Apprenez donc qu'au moment où hier, à pareille heure, j'allais quitter le chevalier afin d'aller donner mes dernières instructions à mes hommes, quelqu'un est venu l'avertir que nos projets étaient connus de ce coquin de Dubois, que toute sa police était sur pied, la carrière de Vanves cernée, enfin que, si nous commettions l'imprudence d'y aller, nous serions tous pris comme des rats dans une souricière. Vous concevez, monsieur le comte, qu'il ne pouvait plus être question de donner suite à notre projet. Je n'ai pas perdu une minute pour arrêter nos soldats, qui étaient déjà sur le point de se mettre en route, et j'ai réussi à les rattraper; mais j'ai eu le chagrin de ne pas pouvoir vous joindre à temps.

— Vous avez agi avec une prudence que j'admire, dit froidement M. de Horn. Je me demande cependant si on ne vous aurait pas donné un faux avis, car je suis resté plusieurs heures seul avec mon valet au fond de cette carrière, et les gens de Dubois ne se sont point montrés. En

allant et en revenant, j'ai traversé de nuit la plaine de
Vanves, et je ne les ai pas rencontrés davantage. Pensez-
vous que, s'ils eussent été cachés dans les environs, ils
m'auraient laissé passer tranquillement ?

— C'est étrange, en effet, murmura le colonel. Ainsi,
monsieur le comte, vous n'avez pas été attaqué ? vous n'a-
vez rencontré personne ?

— Personne du guet ni de la maréchaussée, dit évasive-
ment le comte, qui ne se souciait point d'ébruiter sa rencontre avec le bourreau de Paris.

— Peut-être ces drôles avaient-ils l'ordre d'agir seulement dans le cas où toute ma troupe se trouverait réunie,
afin de nous prendre tous à la fois. Et puis, ils ne vous auront pas reconnu pour être des nôtres.

— Voilà de pauvres raisons, convenez-en, colonel, et
avouez qu'il est plus naturel de croire que l'avertissement
n'était pas sérieux. Qui sait même s'il ne cachait pas un
piège ? A votre place, je me défierais de ce dénonciateur s i
obligeant.

— Inutile, monsieur le comte ; nous sommes sûrs qu'il
ne nous trompe pas.

— Qui vous le prouve ?

— Demandez cela à notre ami du Terne.

Horn regarda le chevalier, qui n'avait point enc ore pris
part à l'entretien, et crut voir qu'il rougissai t légèrement.

— Ce donneur d'avis est-il donc de votre con naissance ?
lui demanda-t-il.

— Ce donneur d'avis, répondit du Terne, e st une femme
ou plutôt une enfant.

— Quoi ! la bouquetière ! s'écria étourdiment M. de
Horn.

— Non, monsieur le comte, une pauvre fille contrefaite qui repasse mon linge et qui n'a, que je sache, nul intérêt à mentir. Il se trouve qu'elle a pour père un exempt ; — c'est hier seulement que je l'ai appris, — et la Providence a voulu que, d'une chambre où elle était enfermée, elle entendît cet homme parler avec le secrétaire de Dubois de conspirateurs qu'il devait arrêter le soir dans la plaine de Vanves. Un instant auparavant, le nom de Lestang, que je me suis donné, avait frappé son oreille. L'exempt parlait de moi. Elle n'a pas pu comprendre ce qu'il en disait, mais elle a pressenti que je devais être compromis dans le complot et elle est accourue ici pour me dire tout ce qu'elle savait.

— Sans la permission de son respectable père, je suppose ?

— Son père venait de partir pour le Palais-Royal, où le ministre le mandait pour disposer en toute hâte une embuscade autour de la carrière des Gloriettes.

— Peste ! chevalier, dit le comte avec un certain air ironique, c'est affaire à vous d'inspirer aux jeunes filles des sentiments si tendres qu'elles trahissent leur père pour vous rendre service. Alors vous croyez que celle-là était de bonne foi ?

— J'étais là, monsieur le comte, dit La Jonquière ; j'ai entendu la petite, je l'ai interrogée moi-même, et j'affirme qu'elle nous a dit la vérité.

— Cela se peut, après tout ; mais cela ne m'explique pas comment et par qui vous avez été dénoncés à Dubois.

— Moi, je le devine. C'est le Régent lui-même qui nous aura trahis sans le vouloir. Il n'aura pu se tenir de conter à une de ses maîtresses ou à un de ses roués que, la nuit suivante, on devait lui montrer le diable au fond d'une carrière. Le confident — ou la confidente — pour se faire bien venir du ministre, aura couru lui reporter la nouvelle; mons Dubois, qui est fin comme un renard, s'est douté que cette diablerie cachait un projet d'enlèvement, et il a donné ses ordres en conséquence.

— Voilà qui est en effet assez plausible, murmura M. de Horn. Mais le nom qu'a pris le chevalier, qui donc a pu l'apprendre à cet exempt? Qui donc lui a dit que ce M. Lestang se trouvait mêlé à la conspiration?

— Je crois, dit, non sans embarras, du Terne, que c'est l'enfant elle-même qui, bien involontairement, l'a mis sur la voie. Le malheur a voulu qu'elle me vît parler à la fille de maître Blanche-Barbe, dans le cul-de-sac de Venise. L'exempt est précisément celui à qui nous avons eu affaire le jour de la bagarre de la rue Quincampoix. Il se sera souvenu que ce jour-là j'ai pris contre lui la défense de Violette, et il m'aura reconnu au portrait que sa fille lui a fait de moi. Il l'avait souvent entendue prononcer mon nom. En rapprochant toutes ces circonstances, il n'aura pas eu de peine à deviner que j'étais du complot.

— Diable! mais alors ce coquin peut venir vous arrêter d'un instant à l'autre. Il doit être furieux d'avoir manqué son expédition de Vanves, et il ne manquera pas de se rejeter sur vous.

— C'est fort à craindre, en effet, dit le colonel, et nous avons déjà pris nos précautions. D'abord ce matin notre homme ne se montrera point. Il a dû passer la nuit dehors avec les drôles qu'il dirige, et c'est à peine s'il a eu le temps de rentrer chez lui. Et puis je doute qu'il ait l'idée de nous chercher ici. Il ne sait pas que nous sommes avertis, et je gagerais qu'il espère encore nous prendre tous d'un seul coup de filet dans la plaine de Vanves, car il doit être persuadé que nous recommencerons l'expédition manquée de cette nuit.

— Ce ne sont là que des suppositions, colonel, et la prudence...

— La prudence veut que le chevalier déguerpisse, cela est certain, et c'est bien ce qu'il compte faire ; mais, en attendant qu'il ait trouvé un logis plus sûr, nous nous sommes ménagé une retraite en cas de surprise. Au milieu de cette cloison que vous voyez là, il y a un panneau qui s'enlève à volonté, et de l'autre côté c'est l'escalier de la maison voisine, laquelle a une sortie sur la rue du Petit-Musc. Si l'exempt s'avisait d'envahir, à la tête de sa troupe, l'immeuble de maître La Perrelle, nous serions en mesure de nous esquiver.

— Voilà qui est à merveille, colonel, dit le comte de Horn. J'aurais mauvaise grâce à insister, puisque, vous et le chevalier, vous êtes beaucoup plus exposés que moi aux recherches de cet exempt qui peut-être ne sait même pas que j'existe. Mais il m'est bien permis de vous demander ce que vous comptez faire par la suite, car j'ai intérêt à savoir si vous voulez reprendre sous une autre forme le projet d'enlèvement, ou si vous l'abandonnez tout à fait.

— L'abandonner ! s'écria La Jonquière, jamais ! Tant que je serai en état de monter à cheval, ou plutôt tant que j'aurai une goutte de sang dans les veines, je poursuivrai mon dessein. J'ai voué à Philippe d'Orléans une haine qui ne s'éteindra qu'avec ma vie, et notre ami du Terne n'aime pas beaucoup plus que moi ce Prince-Charmant. Seulement, je ne vous cacherai pas, monsieur le comte, que l'entreprise telle que nous l'avions conçue est

maintenant à vau-l'eau et qu'il nous faut la recommencer
sur de nouvelles bases.

— Diable! je serais bien aise de les connaître avant de
m'engager plus avant.

— C'est trop juste, et je commence par vous dire, monsieur le comte, que, dès ce moment, vous êtes complètement libre de vous séparer de nous. Je vous avais promis
de vous ménager une rencontre avec le Régent, et je ne
suis plus certain de pouvoir tenir ma promesse.

— Pourquoi?

— Eh! parce que ma ruse est éventée, parce que Dubois
ne manquera pas de prouver à son maître que le prétendu
gentilhomme italien qui s'était engagé à évoquer Satan
en sa présence voulait l'attirer dans un piége. Mon ingé-
nieuse combinaison s'en va donc en fumée, et il ne faut
plus penser à cette carrière des Gloriettes si bien disposée
pour un duel. Cela étant, je n'ose vous proposer de vous
associer encore à notre fortune.

— Mais quel est donc votre plan?

— De renoncer aux stratagèmes et de recourir tout simplement à une attaque de vive force. Madame de Parabère possède une petite maison dans le village d'Asnières; elle ira l'habiter dès que les beaux jours seront
venus et le Régent ne se fera pas faute d'y aller souper
incognito. Nous l'attendrons une belle nuit à un détour
du chemin, nous chargerons son escorte qui n'est jamais bien nombreuse, et nous la disperserons facilement. Au besoin même, nous tuerons les laquais, s'ils
s'avisent de résister ou de crier. Deux des nôtres saute-
ront dans le carrosse et tiendront Philippe en respect en
lui mettant le pistolet sur la gorge. Un troisième montera
sur le siége et touchera vers la route d'Orléans où des re-

lais nous attendront. Le chevalier et moi nous galoperons aux portières. Je suis à peu près certain que nous réussirons, mais, dans tout cela, monsieur le comte, il n'y a point de place pour un combat singulier entre vous et le duc.

— Qui sait? dit vivement M. de Horn. L'attaque se fera près d'Asnières, n'est-ce pas?

— A cent pas de la rivière, avant d'arriver au bac.

— Et... la tenterez-vous bientôt?

— La marquise ne va guère à sa petite maison qu'au printemps, mais il y a apparence que le mois de mars ne se passera point sans que l'occasion se présente de faire notre coup.

— Merci, colonel, c'est tout ce que je voulais savoir et je n'ai plus maintenant qu'une faveur à vous demander.

— Elle est accordée d'avance, monsieur le comte.

— Promettez-moi de m'avertir le matin quand vous aurez résolu d'enlever le Régent le soir.

— Et vous vous joindriez à nous?

— Peut-être.

— Cet espoir me suffit et je vous promets que vous serez informé à temps; mais, en attendant, monsieur le comte, soyez libre de vos actions.

— C'est bien ainsi que je l'entends. Seulement, faites-moi la grâce de me désigner un endroit où je puisse toujours vous rencontrer si j'ai besoin de vous parler.

— Quant à cela, je ne vois que la maison de maître Blanche-Barbe. Nous avons là, vous le savez, un réduit que la police de Dubois ne découvrira point, et qui va devenir plus que jamais notre quartier général, à tous, car vous sentez bien que le chevalier ne peut pas prolonger beaucoup son séjour ici. A quelque heure que vous

vous présentiez au cabaret de *l'Épée-de-Bois*, notre ami Blanche-Barbe ou dame Margot vous introduiront par l'escalier dérobé.

— Et pour ma part, monsieur le comte, ajouta du Terne, je m'estimerai toujours heureux de vous voir.

Horn tendit franchement la main au chevalier, qui lui inspirait une très-réelle sympathie, et se leva pour prendre congé.

— Un mot encore, dit La Jonquière. Quand viendra le jour de l'action, où devrai-je vous faire tenir le message d'avertissement ?

— A mon auberge, rue Dauphine, répondit le comte après avoir hésité un instant. Si je ne m'y trouvais point, Liévin, mon valet de confiance, recevrait l'avis et me l'apporterait là où je serais.

La conférence était finie. On se salua courtoisement et on se sépara sans rancune.

— Quand viendra le jour, disait tout bas M. de Horn en descendant l'escalier de maître La Perrelle, je serai tout porté pour prendre part à l'action, car j'habiterai Asnières, et la marquise m'aura déjà aidé à me venger de Philippe.

X

Le lendemain de ce conciliabule entre ses trois ennemis, le duc d'Orléans et ses amis tenaient conseil dans les petits appartements du Palais-Royal.

Les amis du Régent, c'étaient, pour ce cas particulier, Dubois et Law, car Philippe ne souffrit jamais que les roués et les maîtresses se mêlassent d'affaires sérieuses, en quoi il se montra supérieur à son oncle, le roi Louis XIV, lequel, sur la fin de sa vie, travaillait avec ses ministres dans la chambre de madame de Maintenon.

Dubois, depuis vingt-quatre heures, n'avait pas cessé d'être en colère. C'est assez dire qu'il ne pouvait tenir en place.

Après avoir copieusement injurié ses secrétaires, y compris le sieur Venier, dicté vingt lettres furibondes adressées à d'Argenson, au chevalier du guet, au lieutenant criminel, à tous ceux en un mot qui auraient dû être en mesure de lui donner des nouvelles de la conspiration et du colonel La Jonquière, menacé de la potence ses valets qu'il accusait de s'être laissé corrompre, et de la Bastille un pauvre diable d'intendant de province qui lui demandait une audience, Dubois avait couru chez son maître dans la louable intention de lui chanter pouille.

Il accusait le duc d'avoir commis quelque indiscrétion qui avait tout fait manquer, et, comme il ne se gênait jamais pour dire ses vérités à ce prince débonnaire, il était entré chez lui les yeux étincelants et la bouche pleine de reproches et de sarcasmes.

Il y avait trouvé Law occupé à développer pour la centième fois les avantages du *syst'me* et agrémentant ses théories financières d'anecdotes scandaleuses, selon la méthode des apothicaires qui enferment une médecine noire dans une praline pour la faire avaler plus facilement à un malade.

Tout au rebours de son ministre, le Régent était de fort joyeuse humeur, et il se mit à lui rire au nez quand il aperçut son visage enflammé et sa perruque posée de travers. Il fallut, pour le décider à causer sérieusement, que Dubois en vînt jusqu'à lui reprocher de compromettre par son indifférence et par son inertie la sûreté du petit roi Louis XV, auquel, prétendait-il, les conspirateurs finiraient par s'attaquer aussi. Sur ce chapitre, le duc d'Orléans n'entendait point raillerie, et ce sera son éternel honneur dans l'histoire d'avoir toujours veillé avec sollicitude sur la frêle existence d'un enfant dont la mort l'eût fait roi lui-même.

— S'il en est ainsi, dit-il vivement à Dubois, si ces misérables agents de l'étranger osent menacer la vie de Sa Majesté, je te permets de les traquer comme des loups enragés, et je te signerai contre eux tous les ordres que tu me demanderas. Mais, pour Dieu ! occupe-toi un peu moins de ma personne, car, si cela continue, je ne pourrai plus aller voir ma fille la duchesse de Berry au Luxembourg, ni souper chez la marquise, sans traîner sur mes talons tous les exempts du lieutenant de robe courte et tout le guet à pied et à cheval.

— Eh ! ventrebleu ! ce ne serait pas de trop, s'écria l'irascible ministre, car, à la tournure que prennent les choses, il me faudra bientôt le régiment des gardes-françaises pour vous garder de ces sacripants.

— Dubois, mon ami, tu exagères.

— Vous croyez ? Eh bien ! savez-vous ce qu'il a fait, ce damné colonel, après vous avoir si joliment berné ?

— Je sais que je suis allé l'attendre à la Croix-du-Trahoir, où il m'avait donné rendez-vous, et qu'il n'y est pas venu... si tant est que La Jonquière ait réussi, comme tu le prétends, et comme j'ai bien de la peine à le croire, à se faire passer auprès de moi pour Angelo Baroni. Cela ne prouve point que je coure encore de grands dangers par son fait. De deux choses l'une : ou le commandeur se présentera de nouveau au Palais-Royal et alors nous verrons bien si c'est un Italien pour rire ; ou il ne reviendra pas et, dans ce cas, je n'aurais plus à m'inquiéter de lui, car je serai sûr que, se sachant découvert, il a renoncé à son entreprise et repassé la frontière.

— Bon ! mais que direz-vous si je vous démontre, pièces en main, que tout était préparé pour vous enlever dans la plaine de Vanves ; que ces gens-là sont informés exactement de vos moindres actions et dirigés de façon à profiter de la première occasion pour recommencer le coup manqué de l'avant-dernière nuit ?

— Je confesserai que je me trompe. De quelles pièces parles-tu?

— Je vous les montrerai tout à l'heure. Mais d'abord, vous souvenez-vous d'un drôle que vous vîtes dans mon cabinet, la semaine passée, et qui disait avoir reconnu La Jonquière sous la défroque de votre soi-disant Baroni?

— Je m'en souviens fort bien. C'est le même qui s'était engagé, au bal de l'Opéra, à retrouver les assassins de ce pauvre diable si vilainement poignardé. Il a, par ma foi, la mine d'un garçon intelligent.

— Si intelligent, que je l'ai fait appeler, dès que j'ai appris par votre valet de chambre que vous alliez commettre la sottise de courir les champs en compagnie de votre ami le commandeur, et que je lui ai donné mission de cerner avec ses hommes la carrière où vous espériez voir le diable.

— Et il y est allé?

— Il y est allé et il n'en est pas revenu, monseigneur.

— Quoi! ces coquins l'auraient tué? demanda le Régent en fronçant le sourcil.

— Je n'en sais rien, dit Dubois, mais je sais qu'il s'est mis en route pour la plaine de Vanves, à la tombée de la nuit, après avoir donné ses instructions à ses hommes, et qu'à partir de ce moment-là nul ne l'a plus revu. Je sais qu'il s'était engagé à veiller de sa personne au fond de la carrière autour de laquelle les autres devaient s'embusquer. Je sais que son second, un exempt qui le remplaçait dans le commandement de sa troupe, a vainement attendu le signal convenu, qu'il est resté à son poste jusqu'au jour, et qu'alors il s'est décidé à descendre dans le trou du diable où il a vu une traînée de sang et rien de plus. A moins de supposer que Belzébuth, pour obliger

18.

son ami le commandeur, a emporté Larfaille, il faut bien croire que Larfaille est mort.

— Ce n'est que trop probable, en effet, et j'entends que le meurtre de ce pauvre garçon ne reste pas impuni.

— Cela viendra en son temps, mais j'ai en ce moment d'autres soucis. Que pensez-vous, monseigneur, de ces gens assez exactement renseignés pour éviter le traquenard que je leur avais tendu, assez hardis pour assassiner mon agent à quelques pas des siens, assez habiles pour faire disparaître son cadavre et pour disparaître eux-mêmes, sans qu'aucun de ceux qui les guettaient les ait vus ou entendus? Croyez-vous maintenant, que le colonel, leur chef, soit un adversaire à redouter? croyez-vous qu'il soit homme à abandonner la partie après un échec si adroitement paré?

— Je crois que ton exempt a eu affaire à une bande de scélérats très-dangereux et très-habiles; mais je ne sais pourquoi tu imputes tous leurs méfaits à La Jonquière.

— Pourquoi? Voulez-vous connaître sur ce point l'opinion de leur victime, de cet exempt qui vous a paru si intelligent? Tenez! je vous ai dit que je vous montrerais des pièces, en voici une, dit Dubois en tirant de sa poche un papier qu'il tendit au Régent.

— Qu'est-ce que cela? demanda le duc assez surpris.

— Lisez, monseigneur, lisez.

Philippe déplia le papier et lut à haute voix :

« Monseigneur, cette lettre ne vous sera remise que dans le cas où je ne reviendrais pas de l'expédition de ce soir. Si on ne me voit point au Châtelet dans la journée de demain, c'est que je serai mort, assassiné par ceux qui ont tué mon confrère et ami Firmin Desgrais. C'est pourquoi

je prends la liberté, monseigneur, de vous recommander
une orpheline que j'ai élevée comme ma fille.

« Elle se nomme Gudule, elle loge avec moi, et maître
Crozat, notaire au Châtelet, est en mesure de fournir sur
elle tous les renseignements nécessaires. Je lui ai laissé, par
testament, le peu de bien que je possède ; mais elle aura
à peine de quoi vivre.

« Je vous supplie donc très-humblement, monseigneur,
de l'honorer de vos bontés, en considération de ce que
son père adoptif a péri pour le service de l'État. »

— Voilà un brave homme, s'écria le Régent, et il faut
faire ce qu'il demande.

— Bon ! bon ! nous verrons cela plus tard, mais allez
jusqu'au bout.

Le duc reprit la lecture du placet de l'infortuné Larfaille.

« Si je succombe dans mon entreprise, avait écrit
l'exempt, c'est que j'aurai affaire au colonel La Jonquière.
Lui seul est capable de venir à bout de moi et de mes
hommes et, tant qu'il ne sera pas pris, la sûreté de M. le
duc d'Orléans sera grandement exposée. Aussi ne saurais-
je trop signaler un si dangereux ennemi. Il importe au
repos de l'État qu'il soit poursuivi sans relâche jusqu'à ce
qu'on l'ait mis hors d'état de nuire.

« J'emporterai en mourant le regret de n'avoir pas eu
la consolation de le saisir moi-même ; mais, au besoin,
mon second, le sieur Pillavoine, exempt de robe courte
comme moi, vous fournira, monseigneur, toutes les indications utiles pour mener à bien la capture du colonel et
de sa bande.

« Dans l'espoir que vous daignerez accueillir favorablement ma requête, je suis très-humblement, monseigneur... »

— Sais-tu bien, Dubois, que ce pauvre garçon est un héros inconnu, dit Philippe d'Orléans touché de tant de simplicité et de résignation. Il prévoit qu'il va périr et il ne pense qu'à sa fille et à moi. C'est admirable, en vérité.

— Oui, interrompit le ministre, mais il y a quelque chose de plus admirable encore, c'est votre insouciance à l'endroit de ce qui vous touche personnellement. Je ne vous ai point donné à lire cette lettre pour vous apitoyer sur le sort d'un agent infime, mais pour vous faire toucher du doigt le danger que vous courez. De bonne foi, monseigneur, doutez-vous encore que nous soyons en présence de La Jonquière?

— Ainsi ce malheureux n'a point reparu? murmura le Régent au lieu de répondre à la question.

— Le message a été remis ce matin à mon secrétaire par un huissier à verge du Châtelet qui l'avait reçu des mains de Larfaille. Cet homme, qui était son ami, l'a attendu toute la journée d'hier, et, ne le voyant pas revenir, a exécuté ses ordres en m'apportant cette espèce de testament de mort.

— Et qu'as-tu fait alors? J'espère que tu as songé à secourir l'enfant.

— Encore! Ah! décidément, vous serez toujours le même. J'ai bien le temps en vérité de m'occuper de cette créature. Vous me demandez ce que j'ai fait? J'ai mandé sur-le-champ l'exempt Pillavoine, coadjuteur de Larfaille en son vivant, et son successeur naturel. Je l'ai interrogé pour savoir quelles instructions le défunt lui avait laissées et j'ai déjà recueilli des renseignements précieux.

— Voyons.

— D'abord, feu Larfaille était persuadé, il me l'a dit
à moi-même, que la bande a établi son quartier général
dans un certain cabaret, à l'enseigne de *l'Épée-de-Bois*, et
le sieur Pillavoine est tout à fait du même avis.

— J'ai mémoire de cela, dit Law qui, jusqu'alors, avait
écouté sans prendre part à l'entretien.

— Vous entendez, monseigneur. Voici M. le contrôleur-
général qui assistait à l'entrevue que j'eus, l'autre semaine, avec ce Larfaille et qui vous affirme comme moi...

— Mais j'y assistais aussi, interrompit le Régent, et il
n'y fut question que de Baroni.

— Pardon. Vous oubliez que, la marquise vous ayant
écrit qu'elle vous attendait, vous n'êtes pas resté jusqu'à
la fin de la conversation. Or, c'est précisément après votre
départ que l'exempt nous a signalé ce repaire.

— Bon! mais n'a-t-il pas aussi parlé devant moi d'une
certaine bouquetière qu'il se proposait d'enlever parce
qu'il la soupçonnait d'accointances avec des conspirateurs?

— Oui, certes, monseigneur, et Pillavoine, qui était de
l'expédition contre cette créature, affirme que feu Larfaille
avait raison et qu'elle est la maîtresse d'un des lieutenants
de La Jonquière, de même qu'il assure que la maison du
tavernier de *l'Épée-de-Bois* sert de lieu de rendez-vous au
colonel et à ses gens. Il en connaît les abords, pour les
avoir surveillés sous les ordres de son chef, et il se fait
fort d'y capturer tous ces coquins. Or, comme nous ne
pouvons plus espérer que La Jonquière soit assez sot pour
se montrer encore au Palais-Royal sous les habits du
commandeur, il nous faut prendre un parti.

— Bon! auquel t'es-tu arrêté?

— A aucun. Je délibère et j'enrage contre ce Larfaille

que vous admirez tant. Croiriez-vous qu'ayant découvert le gîte d'un des lieutenants du colonel, il a gardé pour lui le secret de cette trouvaille!

— Alors, comment sais-tu qu'il l'avait faite?

— Il l'a dit à Venier, mon secrétaire, et Venier, autre sot, n'a pas pensé à lui demander où se cachait cet homme. Mais le mal est que Larfaille, par jalousie de métier, sans doute, n'a pas dit un mot de cela à son camarade Pillavoine. Donc, de ce côté, il n'y a rien à faire; et nous n'avons plus que le choix entre deux opérations : ou cerner cette nuit le cabaret, que le guet envahira et visitera de fond en comble pour arrêter tous ceux qu'on y trouvera; ou bien, revenir au projet de Larfaille, c'est-à-dire enlever la bouquetière, la jeter en prison où on saura bien la faire parler en la menaçant de la torture, et, en même temps, laisser courir le bruit qu'on l'a enfermée à l'hôpital général, afin d'y attirer son amant, qui ne manquera point de venir rôder aux environs et que Pillavoine se charge de reconnaître; mettre, par ce moyen, la main sur le sire, et, en fin de compte, si on ne peut rien tirer de la donzelle, l'envoyer peupler les bords du Mississipi. Mais tout cela serait bien long et bien compliqué, et je penche pour l'attaque de vive force sur le cabaret. On le brûlera, s'il le faut, et on dénichera les vilains oiseaux qui s'y rassemblent.

— Monsieur, dit Law, avec un sourire, je réclame en faveur des oiseaux de *l'Epée-de-Bois*; ils ne sont pas tous du même plumage, car nos plus riches courtiers fréquentent la taverne de maître Blanche-Barbe, et, si vous y mettiez le feu, vous feriez baisser les actions de la Compagnie des Indes.

Sérieusement, monseigneur, ajouta l'Écossais, et s'adresau Régent, je crois que l'État est gravement intéressé à ce qu'il ne soit apporté aucune entrave à la facilité des spéculations. Si vous voulez que les finances prospèrent, gardez-vous de blesser ceux qui soutiennent le *système*.

— Voilà, en effet, un motif qui mérite attention, murmura le duc d'Orléans. Que proposez-vous, alors, mon cher Law?

— Je suis d'avis qu'il faut se borner à surveiller étroitement le cabaret, mais qu'il faut se hâter d'enlever la bouquetière.

— Oh! oh! dit Philippe en riant, vous y mettez une chaleur! ne serait-ce point que la fille est fort jolie et que vous seriez disposé à l'exempter du voyage à la Louisiane en la retirant dans votre hôtel?

— Monseigneur, je vous jure qu'en cette affaire je n'ai en vue que le bien du royaume et la sûreté de votre personne. Mon opinion est qu'en saccageant le cabaret, on n'aboutirait qu'à effrayer des négociants paisibles, tandis qu'en arrêtant cette créature, on saisirait le fil de la conspiration.

— Qu'en penses-tu, Dubois? demanda le duc assez indécis.

— Ma foi! je pense que nous pouvons toujours commencer par là, sauf à revenir plus tard à *l'Épée-de-Bois*, si le premier moyen ne nous réussit point.

— Fais donc à ta guise, mais n'oublie pas la recommandation de ce brave exempt. J'entends que sa fille ait une pension et même un emploi dans ma maison.

— Soyez tranquille, monseigneur, je vais m'occuper d'elle, dit Dubois en se levant pour aller donner des ordres. Et de la bouquetière aussi, c'est plus pressé, ajouta-t-il entre ses dents.

XI

Violette n'avait plus revu le chevalier depuis le jour où il était venu la supplier de quitter la France avec lui, depuis le jour où l'apparition de Gudule avait brusquement interrompu ce suprême entretien.

Louis du Terne s'était enfui en promettant de revenir chercher le soir même la jeune fille, qu'il voulait associer à sa vie d'aventures, et il n'était revenu ni le soir, ni le lendemain, ni le surlendemain. Ce fut pour Violette une déception d'autant plus amère, qu'après le départ de son amoureux elle s'était enfin décidée à céder à ses prières et à le suivre en Espagne, où il devait l'épouser.

Gudule était pour quelque chose dans ce changement subit, et cependant la pauvre disgraciée ne se doutait guère d'avoir influé sur la résolution prise par la charmante bouquetière. Elle ne savait pas qu'au seul soupçon de l'existence d'une rivale, Violette passerait par-dessus les scrupules qui l'avaient retenue jusqu'alors, et que l'éperon de la jalousie lui ferait franchir tous les obstacles qui la séparaient du chevalier.

Funeste entrevue que celle de ces deux enfants faites pour s'aimer, et qu'une rencontre amenée par l'enchaînement bizarre des événements condamnait à souffrir l'une par l'autre.

La fille de maître Blanche-Barbe avait donc résolu d'abandonner la maison paternelle et de se fier aux serments de Louis du Terne de Grandpré. Il lui en coûtait assurément de désoler sa mère, qui lui avait toujours témoigné de la bonté, mais il faut bien avouer qu'elle se préoccupait peu de ce que penserait de sa fuite le brutal tavernier qui ne lui montrait jamais que le visage sévère d'un maître gourmandant sa servante.

Pour mettre sa conscience en repos, Violette se promettait d'écrire à dame Margot dès qu'elle serait mariée, d'implorer son pardon et de l'assurer de la joie qu'elle aurait à la recevoir sur la terre étrangère, s'il lui plaisait un jour de venir l'y rejoindre. C'était peu pour racheter une aussi grosse escapade, et les honnêtes gens y auraient certainement trouvé à redire ; mais Violette pouvait invoquer, comme atténuation de sa faute, le souvenir de son enfance attristée et de sa jeunesse opprimée, les amertumes de son pauvre petit cœur, condamné à renfermer en lui-même ses bonheurs et ses chagrins, car dame Margot elle-même, réduite par son terrible époux à une soumission craintive qui ressemblait fort à de l'esclavage, dame Margot n'osait point provoquer les confidences de sa fille.

A peine se permettait-elle de l'aimer silencieusement, et, rien qu'à la voir parfois regarder Violette avec des yeux pleins de larmes, on devinait aisément que maître

Blanche-Barbe avait frappé d'interdit dans sa maison toute démonstration de tendresse. Au surplus, si l'enfant déshéritée d'affection avait été coupable en prenant la résolution de se soustraire à l'autorité de ses parents, elle était déjà bien cruellement punie, puisque, depuis trois jours, elle n'entendait plus parler du chevalier.

Qui pourrait dire par quelles alternatives désolantes elle passa pendant ces longues heures d'incertitude? Ce fut d'abord du dépit, de la colère, toutes les tortures de la jalousie. Elle se disait que Louis du Terne la trahissait indignement pour une créature inférieure; car, malgré qu'elle en eût, l'image de Gudule se mêlait sans cesse dans son esprit troublé à la pensée de l'infidélité qu'elle reprochait au chevalier.

Une sotte ou une coquette n'aurait pris nul souci de cette enfant chétive et contrefaite; mais Violette, clairvoyante comme toutes les femmes qui aiment véritablement, avait su deviner le charme singulier des grands yeux bleus, de la voix douce et pénétrante de Gudule.

Elle sentait bien que la pauvre déjetée pouvait inspirer une passion d'autant plus vive, que, pour l'éprouver, il fallait oublier que Gudule était laide dans le sens absolu du mot. Alors son imagination galopait; elle entrevoyait confusément des côtés inaperçus de la vie de du Terne; elle le soupçonnait d'avoir séduit cette malheureuse enfant et de vouloir la tromper elle-même comme il avait trompé sa rivale. Et elle maudissait sa crédulité, et elle se reprochait d'avoir pu se fier un seul instant à des promesses mensongères, d'avoir commis un crime d'intention en se déterminant à préférer cet homme à sa mère.

Ces premières impressions avaient duré toute une soirée et toute une nuit. Puis l'inquiétude était venue, l'inquiétude sur le sort du chevalier, et, avec elle, les remords de l'avoir accusé. Il ne reparaissait point, et la veille il lui avait dit qu'il était sur le point de jouer sa tête. Au lieu de lui imputer une trahison, n'était-il pas cent fois plus naturel de croire qu'il lui était arrivé malheur?

Violette n'était point initiée à tous les secrets du complot, mais elle savait que du Terne conspirait avec La Jonquière, et c'en était bien assez. Les suppositions les plus effrayantes étaient permises sur l'absence d'un gentilhomme engagé dans une entreprise si périlleuse, en lutte ouverte avec les puissances du royaume, le Régent, les ministres, le lieutenant de police, les exempts; une armée contre une poignée de hardis compagnons. Tout annonçait qu'une bataille décisive avait été livrée et perdue par les conjurés. Le chevalier devait être mort ou prisonnier.

— S'il vivait et s'il était libre, il serait venu me rassurer, se disait la jeune fille dès la fin de la seconde journée.

Et elle oubliait Gudule pour ne plus penser qu'à celui qu'elle adorait toujours. Qu'était-il devenu? Un seul homme peut-être aurait pu le lui apprendre, et elle aurait eu le courage de le lui demander, quoiqu'il lui inspirât une sorte de terreur. Mais La Jonquière, contrairement à ses habitudes, ne s'était point montré au cabaret de l'*Épée-de-Bois*. Son lieutenant, Laurent de Mille, n'y avait pas paru davantage, pas plus qu'aucune des figures suspectes que Violette avait bien souvent remarquées à la suite du colonel. On aurait dit que les conspirateurs qu'elle était accoutumée à voir rôder dans la taverne et aux alentours étaient rentrés sous terre.

Cette disparition soudaine indiquait-elle qu'ils étaient

pris, ou qu'au contraire ils avaient réussi dans leurs projets et quitté Paris, comme du Terne l'avait annoncé? Maître Blanche-Barbe, leur complice, ou tout au moins leur agent dévoué, devait le savoir; mais pour rien au monde sa fille n'aurait voulu l'interroger.

Le rude tavernier paraissait du reste plus sombre et plus irritable que jamais. Il montrait à Violette un visage si renfrogné, et il la surveillait de si près, qu'elle n'avait pas pu trouver l'instant de parler sans témoins à dame Margot, qui peut-être aurait pu la renseigner.

Chaque matin, Blanche-Barbe conduisait sa fille au tonneau où elle était condamnée à travailler jusqu'au soir. Il venait plusieurs fois dans la journée se planter sur le seuil de la porte du cabaret pour s'assurer qu'elle subissait consciencieusement sa pénitence; à la tombée de la nuit, il la faisait rentrer pour servir les pratiques, et plus tard, quand il n'y avait plus personne à l'*Épée-de-Bois*, il la menait à sa chambre et l'y enfermait à clef. La malheureuse enfant souffrait sans se plaindre, mais elle se sentait mourir.

Le soir du troisième jour, elle était assise, comme de coutume, dans sa misérable logette, affaissée sur elle-même, le corps brisé, les yeux éteints, succombant sous le poids de sa douleur et n'ayant plus même la force de penser. Blanche-Barbe venait de rentrer, après s'être donné pendant près d'une heure la méchante satisfaction d'observer, tout en fumant sa pipe, la pauvre ravaudeuse. Violette, en relevant la tête, vit debout devant elle un homme vêtu comme un petit bourgeois, qui tenait à la main une paire de bas bleus.

Cette apparition n'avait rien qui pût la surprendre, car, pour son malheur, son tonneau était déjà fort achalandé et le ravaudage ne chômait guère. Elle allait demander à cet attardé attardé ce qu'il y avait à faire pour son service, lorsqu'il lui dit d'une voix douce :

— Mademoiselle, veuillez m'écouter sans donner aucune marque d'étonnement, et si quelqu'un vient, prendre cette paire de bas et faire semblant de la repriser.

La jeune fille le regarda avec stupéfaction et lui trouva un air honnête qui la rassura tout d'abord.

— Mademoiselle, reprit l'homme en baissant le ton, je vous suis envoyé par quelqu'un que vous aimez, et qui vous aime.

— Le chevalier du Terne ! s'écria Violette.

— C'est bien cela, dit le chaland, dont les yeux brillèrent un instant.

— Que lui est-il arrivé, monsieur ? Parlez, je vous en supplie ! Il y a trois jours que je ne l'ai vu, et je suis horriblement inquiète.

Si cet inconnu eût ignoré que du Terne ne se montrait plus à l'*Epée-de-Bois*, l'imprudente Violette, en le lui apprenant, lui aurait fourni le prétexte dont il avait besoin.

— Hélas ! il est fort malade, mademoiselle, et il souhaite ardemment de vous voir, reprit l'homme en poussant un gros soupir.

— Malade ! blessé peut-être ! où est-il ?

— C'est pour vous conduire près de lui qu'il m'envoie.

— Partons ! s'écria la jeune fille en se levant toute pâle d'émotion.

— Pas ensemble. Il ne faut pas qu'on nous remarque.

— Oui, oui, je sais qu'il se cache, qu'il est proscrit...

— Je vais vous attendre au coin de la rue Quincampoix,

à l'entrée de la ruelle où sont les communs de l'hôtel de la Compagnie des Indes. Mais venez vite.

Ayant dit, le placide bourgeois s'éloigna rapidement et disparut à l'angle du cul-de-sac de Venise.

C'était l'heure où Blanche-Barbe commençait à recevoir de nombreuses pratiques, et il ne se montra point. Violette, éperdue, affolée, jeta sa mante sur ses épaules, sauta hors de son tonneau et courut au rendez-vous que lui avait donné l'inconnu.

Elle l'y trouva, et ils firent quelques pas ensemble. La nuit tombait et la ruelle était déserte. Mais, dès qu'ils eurent dépassé l'hôtel de la Compagnie, quatre hommes s'élancèrent d'une porte cochère, saisirent la jeune fille, lui entortillèrent la tête dans sa mante et l'emportèrent avant qu'elle pût jeter un cri.

XII·

Le chevalier du Terne avait d'excellentes raisons pour ne pas se montrer au cabaret de l'*Épée-de-Bois*, ni même aux environs, et, pendant que Violette se désolait de ne pas le voir paraître, il enrageait, lui, de tout son cœur, au fond de son petit logement de la rue Saint-Antoine.

La Jonquière avait décidé dans sa sagesse que son lieutenant ne sortirait point de la maison de maître La Perrelle jusqu'à ce que Mille, qu'il avait chargé de ce soin, eût trouvé un autre domicile plus sûr que celui-là.

Du Terne n'avait point, comme le colonel, le talent de changer à volonté de costume et de visage, et il eût été fort imprudent de se montrer dans Paris, au moment où toute la police de Dubois devait être sur pied, tandis qu'en se tenant coi chez lui il lui restait, en cas d'alerte, la ressource de fuir par le panneau mobile. Il aurait donné gros pour pouvoir du moins écrire à Violette et la rassurer, mais à qui confier ce message? Pas à la Jonquière assurément, car il désapprouvait les amours du chevalier

et il aurait refusé de se charger de la commission. Encore
moins au comte de Horn qui regardait la bouquetière du
haut de sa grandeur et qui se serait moqué des tendres
sollicitudes de son ami. Quant à Laurent de Mille, du
Terne l'estimait trop peu pour le mettre dans la confidence, et le reste des conspirateurs ne valait pas qu'il y
songeât. Force lui fut donc de ronger son frein en attendant que le colonel lui eût donné congé de sortir; mais,
ne voyant rien venir, le quatrième jour, il n'y tint plus.

Il endossa les habits de petit bourgeois qu'il mettait
quand il voulait se déguiser et, au risque d'encourir les
reproches de La Jonquière, il s'en alla tout droit au cul-
de-sac de Venise.

C'était l'heure matinale où maître Blanche-Barbe avait
accoutumé d'aller faire ses provisions en ville. Du Terne
pensait trouver Violette à son poste de ravaudeuse et il
espérait que leur entretien ne serait pas gêné par la présence de ce fâcheux personnage.

D'ordinaire, la jeune fille et lui s'apercevaient de loin
avec cette soudaineté de coup d'œil dont les amoureux
sont doués, et ils échangeaient aussitôt un signe de tendre reconnaissance. Cette fois, hélas! dès que du Terne
eut mis le pied dans la ruelle, son cœur se serra. Du premier regard, il avait vu que le tonneau était vide.

Un instant il eut envie de rebrousser chemin, mais il
n'était pas venu jusque-là pour s'en aller sans avoir vu
Violette, et il avança rapidement, bien décidé à l'attendre,
et même à se risquer, s'il le fallait, dans la taverne pour
y demander de ses nouvelles à dame Margot. Il vint
donc se planter entre le tonneau abandonné et la porte
du cabaret.

Pendant qu'il regardait tristement la place où, naguère,

il avait laissé les deux jeunes filles en tête à tête, la porte
s'ouvrit. Le chevalier se retourna et se trouva en face du
farouche tavernier, qu'il tenait tant à éviter. Il laissa
échapper une exclamation de surprise à laquelle Blanche-
Barbe répondit par un grognement de colère.

— Que cherchez-vous ici ? cria le rustre du haut de sa
tête. Jeanneton, n'est-il pas vrai ? Eh bien, cherchez-la
ailleurs, car elle est partie et ne reviendra plus.

— Partie ! répéta le chevalier qui ne comprenait pas
encore, mais qui soupçonnait déjà un malheur.

— Partie avec un homme qui la vint chercher hier soir
et qu'elle a suivi de son plein gré jusqu'à deux cents pas
d'ici. Là, elle a rencontré quatre estaffiers qui l'attendaient et qui l'ont bellement enlevée. Que dites-vous de cela,
mon gentilhomme ? demanda le cabaretier en ricanant.

— Misérable ! s'écria du Terne exaspéré : c'est vous,
son père, qui osez parler de la sorte ! qu'avez-vous fait
pour la délivrer ?

— Rien.

— Et vous croyez que cela se passera ainsi ? Vous es-
pérez que j'imiterai votre indigne conduite ? Où est votre
fille ? Je veux le savoir, je veux la sauver, puisque vous
êtes assez dénaturé pour rester indifférent à son sort.

— Allez demander ce qu'elle est devenue au lieutenant
de police, à moins que vous ne préfériez vous adresser à
M. Law, répondit Blanche-Barbe d'un air railleur.

— Que prétendez-vous dire ?

— Que Jeanneton a fini comme elle devait finir. Les
filles qui aiment à courir les rues en vendant des bouquets
s'accommodent mal du métier de ravaudeuse et s'en vont
un jour ou l'autre à l'hôpital général, à moins qu'elles
ne tombent volontairement entre les mains d'un grand

19.

seigneur ou d'un riche financier. Vous n'êtes ni l'un ni l'autre. De quoi vous plaignez-vous?

— C'en est trop! vociféra le chevalier, en faisant mine de se jeter sur l'atroce tavernier.

— Tout beau! mon gentilhomme. Vous n'avez point d'épée et je vous assommerais d'un seul coup de poing, s'il vous prenait fantaisie de me toucher. Ainsi, croyez-moi, passez votre chemin et ne venez plus me rompre la tête de votre Jeanneton.

Sur ce beau discours, Blanche-Barbe rentra dans sa taverne et en ferma la porte au nez du chevalier, qui poussa un hurlement de rage et s'enfuit en courant. Où allait-il? Il n'en savait rien lui-même. L'affreuse nouvelle que le méchant cabaretier lui avait jetée si brutalement l'avait bouleversé au point de lui laisser à peine sa raison. Il allait au hasard, gesticulant comme un fou, montrant le poing au ciel et se frappant la poitrine, parlant tout seul et bousculant les passants, qui le prenaient pour un échappé des Petites-Maisons.

Cette course insensée ne prit fin que dans la rue Saint-Antoine, à cent pas de sa maison, dont il avait suivi instinctivement le chemin.

Une idée venait de germer tout à coup dans son cerveau troublé. Il se demandait qui avait pu enlever Violette, et il ne voyait que l'exempt, celui auquel il avait déjà eu affaire dans la rue Quincampoix. Puis il se rappela que cet exempt avait une fille, que cette fille se nommait Gudule et qu'elle était venue lui révéler les projets de son père, chargé d'arrêter les conspirateurs dans la plaine de Vanves.

Du Terne ne s'était pas mépris un seul instant sur le sentiment qui avait poussé l'enfant à trahir un secret de cette importance. Il avait deviné sans peine que Gudule l'aimait, lui, le chevalier de Grandpré qui, jusqu'à ce jour, l'avait à peine regardée.

Cette découverte l'avait même grandement attristé, car il ne pouvait s'empêcher de plaindre la pauvre petite que cet amour sans espoir condamnait à souffrir. Il lui devait de la reconnaissance et il aurait voulu la lui prouver en la détournant doucement de s'abandonner à une passion qu'il ne pouvait partager ; mais il ne l'avait vue qu'en présence du colonel et elle n'était plus revenue depuis le jour où elle leur avait apporté cet avis salutaire.

En creusant le souvenir qui lui était resté de Gudule, il en vint promptement à se dire que, si elle aimait, elle était jalouse, et que sa jalousie ne pouvait avoir d'autre objet que Violette.

Alors, la rencontre des deux jeunes filles dans le cul-de-sac de Venise lui revint en mémoire. Il revit par la pensée la figure altérée de Gudule, ses yeux pleins de larmes, le regard désolé qu'elle lui avait jeté, quand elle l'avait reconnu, quand elle avait pu entendre les paroles brûlantes qu'il adressait à la charmante bouquetière, et la lumière se fit soudainement dans son esprit.

— C'est elle ! murmura-t-il, c'est elle, et je comprends tout maintenant. Elle a voulu me sauver, moi, parce qu'elle m'aime, et elle a voulu la perdre parce qu'elle la hait, parce qu'elle sent bien qu'ayant une telle rivale elle ne peut espérer de me faire partager son amour... Alors elle l'a dénoncée à son père, et ce misérable espion a tendu un piége à Violette.

Et il ajouta en grinçant des dents :

— Je me vengerai.

Puis il se remit à marcher à grands pas vers le logis de

maître La Perrelle, et il lui vint d'autres pensées. Au lieu de chercher à punir une malheureuse créature indigne de son courroux, ne valait-il pas mieux se servir d'elle pour retrouver Violette ?

— Elle reviendra, se disait du Terne, elle osera se présenter chez moi, car elle ne se doute pas que j'ai deviné son infâme trahison. Dussé-je recourir au mensonge pour l'attendrir ou à la violence pour l'effrayer, il faudra bien que je lui arrache son secret, il faudra bien qu'elle me dise dans quelle prison ils ont traîné leur victime, dans quel odieux guet-apens ils l'ont fait tomber.

Ce nouveau plan n'était pas mal conçu, en apparence du moins, car le chevalier ignorait complétement que Larfaille, disparu depuis trois jours, n'avait point pris part à l'enlèvement de la bouquetière. Mais, pour le mettre à exécution, il fallait qu'il se trouvât en présence de Gudule, et si, comme cela était convenu avec La Jonquière, il déménageait sans dire à personne où il allait demeurer, il y avait bien des chances pour qu'il ne la revît jamais. D'un autre côté, rester dans la rue Saint-Antoine, c'était s'exposer à voir, d'un instant à l'autre, le guet envahir son logement, car il était fort à craindre que l'exempt ne tînt aucun compte des prédilections de sa fille pour un conspirateur. Et dans ce cas-là, l'escalier dérobé n'assurait qu'une retraite incertaine, puisque la sortie de la maison voisine pouvait se trouver gardée.

Tout en rêvant à la solution de ce problème à deux faces, du Terne s'était arrêté sous l'enseigne du mercier La Perrelle. Debout dans sa boutique, ce digne marchand s'occupait pour le moment à tambouriner contre les vitres, et il envoya un petit salut amical au chevalier, qui se hâta de le lui rendre et de se jeter dans l'allée.

Cette politesse prouvait qu'il ne s'était rien passé de fâcheux, car maître La Perrelle n'aurait certes pas salué son locataire si le guet se fût présenté pour l'arrêter.

Du Terne monta donc rapidement l'escalier, et, sur la dernière marche, devant la porte de son logement, il vit une femme assise qui avait l'air de pleurer. Elle releva la tête et il reconnut Gudule.

— Vous ici ! s'écria-t-il.

Gudule le regarda avec ses grands yeux bleus pleins de larmes et n'eut pas la force de lui répondre. Le lieu eût été mal choisi pour la questionner. Il ouvrit promptement la porte de son logement, releva la jeune fille en lui tendant les deux mains et la fit entrer.

— Je la tiens, pensait-il, et c'est le ciel qui me l'envoie.

Après avoir soigneusement poussé les verrous, afin de se donner le temps de fuir en cas de surprise, le chevalier conduisit Gudule dans la dernière pièce, celle où, quelques jours auparavant, La Jonquière s'était battu avec le comte de Horn. Là, il la fit asseoir dans un fauteuil, s'adossa à la cheminée, se croisa les bras et lui dit durement :

— Que venez-vous faire dans cette maison? y cherchez-vous celle que vous avez dénoncée à votre père? Vous devez cependant savoir qu'il l'a traîtreusement enlevée. Est-ce moi, maintenant, que vous voulez livrer aux exempts?

L'enfant pâlit; elle leva les mains, comme pour protester, murmura quelques mots inintelligibles et s'évanouit.

La colère de du Terne tomba tout à coup. Gudule, après tout, était une femme et il ne pouvait pas la laisser sans secours. Il employa les moyens usités en pareil cas, lui mouilla les tempes avec de l'eau fraîche, lui frappa dans les mains et lui fit respirer de vinaigre; le tout sans succès pendant plusieurs minutes qui lui parurent fort longues.

Enfin, la pauvre petite rouvrit les yeux et les referma aussitôt, quand elle vit le chevalier agenouillé devant elle. Peut-être rêva-t-elle un instant qu'il était à ses pieds pour lui dire qu'il l'aimait et voulut-elle prolonger le rêve.

— Excusez-moi, mon enfant, d'avoir été si brusque, dit la voix harmonieuse de celui qu'elle appelait encore M. Lestang. Il se peut que je vous aie accusée à tort et je souhaite de m'être trompé. Expliquez-vous, je vous en prie.

— Hélas! que voulez-vous que je vous explique? sanglota la malheureuse Gudule.

— Je vous demande de me dire ce qu'est devenue une jeune fille que j'aime et que vous connaissez bien, car vous m'avez vu lui parler dans le cul-de-sac de Venise.

— Je la connais et je sais que vous l'aimez. Que lui est-il donc arrivé?

Ce fut dit si naïvement et d'un ton si triste et si doux, que du Terne sentit se dissiper un peu ses préventions.

— Hier soir, à la brune, dit-il en appuyant sur les mots, cette jeune fille a été attirée dans une ruelle déserte, où elle a été saisie par des hommes de police qui l'ont entraînée de force, sans que personne ait pu savoir où ils l'ont conduite. C'est moi, je n'en doute pas, que ces misérables ont voulu atteindre quand ils se sont emparés de Violette.

— C'est vrai! elle se nomme Violette, murmura Gudule en passant la main sur son front.

— On sait que je conspire, on me cherche, on me tend des piéges, c'est vous-même qui me l'avez dit le jour où, poussée par un sentiment dont je vous suis reconnaissant,

vous êtes venue m'apprendre que votre père devait le soir
même m'arrêter avec tous mes amis. Grâce à vous, j'ai pu
éviter le guet-apens préparé dans la plaine de Vanves;
mais votre père est exempt de robe courte et fort habile en
son métier; il ne s'est certainement pas tenu pour battu
et je ne puis attribuer ce nouveau coup qu'à lui, à lui seul.

— Ainsi, c'est mon père que vous soupçonnez !

— Votre père, d'abord.

— Mon père et moi, n'est-ce pas ? demanda la fille de
Jean Larfaille.

Elle relevait la tête et ses yeux étaient secs.

Le chevalier s'inclina sans répondre un seul mot.

— Et vous vous êtes dit, n'est-il pas vrai ? reprit Gudule avec une émotion contenue, vous vous êtes dit que
c'était la jalousie qui m'avait poussée à commettre cette
infamie? Vous avez pensé qu'une misérable créature
comme moi n'avait pas pu voir, sans l'envier et sans la
haïr, la femme heureuse et charmante que vous aimez.
Vous avez cru qu'au lieu de me résigner aux disgrâces et
aux déboires dont il a plu à Dieu de m'affliger, je travail-
lais dans l'ombre à je ne sais quelle basse vengeance. Est-
ce donc ainsi que vous me récompensez d'avoir trahi mes
devoirs pour vous préserver d'un danger ?

— Je ne demande pas mieux que de me tromper, dit
assez sèchement du Terne, mais les apparences sont contre
vous, et...

— Les apparences ! répéta la jeune fille avec amertume ;
c'est sur des apparences que vous me jugez, sans m'entendre ! Soit ! j'ai mérité cet excès d'injustice, et je n'ai
qu'une prière à vous adresser. Ce sera la dernière. Je
vous prie d'écouter ce que j'allais vous dire quand vous
m'avez jeté cette indigne calomnie.

— Parlez.

— Celui que vous accusez est mort.

— Mort! votre père serait mort!

— Mon père est parti pour exécuter les ordres du ministre, et il n'est pas revenu. En me quittant, il savait qu'il allait risquer sa vie, et il avait chargé un ami de m'apprendre que si je ne le revoyais pas le lendemain de cette nuit fatale, je ne le reverrais plus. Moi, je l'attendais toujours... Ce matin... il y avait quatre jours que je pleurais... un homme vêtu de noir est entré chez moi... j'ai deviné qu'il m'apportait la nouvelle d'un malheur... il m'a dit que mon père avait été tué par les ennemis du roi... et puis, il m'a parlé de pension... de testament... il cherchait à me consoler... je l'écoutais sans le comprendre... il s'en est allé en me disant qu'il reviendrait quand je serais plus calme... il ne me retrouvera pas, car je me suis enfuie, et...

Un sanglot étouffa la voix de Gudule, et le chevalier, aussi ému qu'elle, lui prit la main et lui dit doucement :

— Je vous crois, mademoiselle, je vous crois et je vous demande pardon.

Elle le regardait avec des yeux où brillait un rayon d'espérance et elle eut la force de se lever en murmurant :

— Merci! adieu!

— Où allez-vous? s'écria du Terne.

— Je vais mourir, dit simplement Gudule.

— Mourir! vous voulez mourir!

— Je suis seule au monde et je n'ai plus personne pour m'aimer.

La douleur vraie a un accent qu'on ne feint pas, et le chevalier lut enfin dans ce cœur sincère qu'il avait si cruellement blessé. Non, Gudule, fille d'un exempt, n'était pas capable, comme son père, de prendre part à une œuvre ténébreuse; non, elle n'était pas tombée si bas que de livrer une rivale aux vils suppôts du lieutenant de police.

— Qui vous dit que personne ne vous aime? lui demanda chaleureusement du Terne; croyez-vous donc que je vous abandonnerai, vous qui m'avez préservé de mes ennemis?

— Je crois que vous auriez peut-être pitié de moi, mais je ne me sens pas la force de vivre.

— Pourquoi donc étiez-vous venue ici?

A cette question, qu'elle n'attendait pas, l'enfant tressaillit et baissa les yeux, puis, faisant un effort suprême, elle dit :

— Je ne sais point mentir. J'étais venue pour vous demander d'être votre servante.

— Y pensez-vous, mon enfant?

— Oui, votre servante, votre esclave, si vous l'aviez voulu. Et pourquoi en aurais-je rougi? Ne suis-je pas orpheline, née dans la plus humble condition, vouée maintenant à l'abandon, au mépris? Ne devrais-je pas m'estimer heureuse de vous servir en échange d'un peu de protection? Mais je ne mérite pas tant de bonheur, et puis... c'était une folie, un rêve insensé... vous ne pouvez pas prendre charge de moi, je le sais... à quoi vous serais-je bonne?... trop faible pour vous tenir lieu de laquais... trop laide pour que vous m'aimiez comme vous aimez...

Gudule n'acheva pas. Ses lèvres ne purent prononcer le nom de Violette.

— Écoutez-moi, dit du Terne, plus touché qu'il ne voulait le laisser paraître. Je vous jure, sur ma foi de gentilhomme, que j'ai pour vous la plus sincère, la plus pro-

fonde affection, et que vous aurez toujours en moi un défenseur et un ami. Si j'étais libre, si je pouvais disposer
de ma vie à mon gré, je vous dirais : Venez avec moi;
vous serez ma sœur et nous ne nous quitterons plus. Mais
je ne m'appartiens point, et j'ai le devoir de consacrer
tout ce qui me reste d'existence à délivrer une femme...

— Voulez-vous de moi pour vous y aider?

— Que dites-vous?

— A votre tour, écoutez-moi. Je voulais mourir, mais
je me résignerai à vivre si vous consentez à me laisser
l'espoir de servir vos desseins. J'aurai le courage de rentrer dans la maison de mon pauvre père, d'y recevoir ses
amis, de chercher à apprendre d'eux ce qui se trame
contre vous, ce qu'on a fait d'elle, et je viendrai vous dire
tout ce que je saurai, et peut-être que j'aurai un jour la
joie de la sauver.

— Vous feriez cela? s'écria le chevalier.

— Je le ferai.

— Mais vous ne savez pas à quels dangers vous allez
vous exposer. Je suis poursuivi, signalé à toute la police
du royaume, et si on venait à découvrir que vous êtes
associée à une de mes entreprises...

— Que m'importe? Je suis prête à partager votre sort.
Et, au surplus, comment devinerait-on que j'agis pour
vous? Qui donc se défierait de la fille d'un exempt?

— Mais je vais quitter ce logis qui n'est plus sûr! Mais
j'ignore où je serai demain, car je vais mener la vie er-
rante d'un proscrit!

— Il suffira que je vous voie chaque jour une heure,
une minute.

— Mais si j'allais chez vous, je courrais le risque de vous
compromettre.

— Vous n'y viendrez point. Tous les soirs, à la tombée de la nuit, je passerai dans la place Royale...

— Je puis m'y rendre sous un déguisement.

— Quel que soit celui que vous prendrez, je saurai vous reconnaître, dit Gudule avec un sourire triste. Et maintenant, j'ai à vous demander de me promettre...

— Quoi donc?

— De me jurer que, si nous retrouvons celle que vous aimez, si Dieu permet que vous quittiez la France avec elle...

— Achevez!

— De me jurer que vous me permettrez de vous suivre.

— Je vous le jure, Gudule, dit le chevalier de Grandpré en baisant respectueusement la main de l'orpheline.

FIN DU TOME PREMIER

D. THIÉRY ET Cⁱᵉ. — Imprimerie de Lagny.